国家社科基金项目一般项目“智慧社会信用体系法治完善研究”
（项目批准号：21BFX205）阶段性成果

SHANGSHI TIAOJIE
ZHIDU BIJIAO YANJIU

商事调解
制度比较研究

赵园园　王志萍　著

法律出版社
LAW PRESS · CHINA
北京

图书在版编目(CIP)数据

商事调解制度比较研究 / 赵园园, 王志萍著. -- 北京 : 法律出版社, 2023
ISBN 978-7-5197-8379-2

Ⅰ. ①商… Ⅱ. ①赵… ②王… Ⅲ. ①商业-经济纠纷-调解(诉讼法)-司法制度-对比研究-中国 Ⅳ. ①D925.114

中国国家版本馆 CIP 数据核字(2023)第 190386 号

商事调解制度比较研究 SHANGSHI TIAOJIE ZHIDU BIJIAO YANJIU	赵园园 王志萍 著	责任编辑 冯雨春 李 军 装帧设计 鲍龙卉

出版发行 法律出版社	**开本** 710 毫米×1000 毫米 1/16
编辑统筹 法律应用出版分社	**印张** 16.25 **字数** 257 千
责任校对 王晓萍 王语童	**版本** 2023 年 10 月第 1 版
责任印制 刘晓伟	**印次** 2023 年 10 月第 1 次印刷
经 销 新华书店	**印刷** 北京建宏印刷有限公司

地址:北京市丰台区莲花池西里 7 号(100073)
网址:www.lawpress.com.cn
投稿邮箱:info@lawpress.com.cn
举报盗版邮箱:jbwq@lawpress.com.cn
销售电话:010-83938349
客服电话:010-83938350
咨询电话:010-63939796

书号:ISBN 978-7-5197-8379-2 **定价**:78.00 元

凡购买本社图书,如有印装错误,我社负责退换。电话:010-83938349

目　录

引　言

当前我国面临全新的内外部环境，一方面，以构建人类命运共同体为价值追求的“一带一路”进入高质量发展阶段；另一方面，我国正处于加快形成国内强大市场，构建“双循环”新发展格局的战略转型期。在国内国际两个大局相互激荡的时代背景下，随着社会经济和国际贸易的发展，国际商事争议日益增加，便捷高效地解决争议成为进一步推动国际经贸发展的关键。经济全球化带来了国际商事法律规则趋同化，诉讼和仲裁的成本不断上升，与此同时，调解在国际商事纠纷解决中的重要作用越发突出。我国商事调解制度的发展，是从人民调解的法律框架中逐步健全，进而走向自成体系的历程。我国高度重视民商事纠纷解决机制的构建与完善，意图通过建立以诉讼、仲裁和调解等方式相互配合的机制提升法治工作的质效。但随着社会转型的加速，我国在民商事纠纷多元化解机制的现代化上依然面临诸多挑战，完善完备的纠纷解决机制是不可或缺的治理方式。[①]

在世界各国的 ADR 发展大潮中，中国已经融入并

---

① 参见祁壮：《国际商事调解发展的新趋势与我国的应对》，载《江西社会科学》2023 年第 2 期。

创造了具有中国特色的多元纠纷解决机制。建构公平、公正、高效、科学的多元化纠纷解决机制，深入挖掘不同解纷模式的比较制度能力，使之与转型社会繁复多样的矛盾纷争解决需求相契合，是国家治理技术的“创造性转化”在基层社会治理实践运行中的一个投射与缩影。①

近年来，不少国家和地区相继就调解进行了专门立法。2001 年美国制定《统一调解法案》，其丰富的调解实践影响着欧洲。2002 年欧盟委员会提交了关于民商法中的替代性纠纷解决方式的绿皮书，评估欧盟范围内替代性纠纷解决方式的现有形势，并与各成员方以及利益当事方就促进调解程序的应用的可能措施进行广泛协商，且于 2004 年出台《欧洲调解员行为法》，规范调解员行为。欧洲议会和（欧盟）理事会颁布的《关于民商事调解若干问题的第 2008/52 号（欧共体）指令》（以下简称《欧盟调解指令》）就调解相关事项向欧盟成员方提出了最低门槛要求，例如保证调解的质量、有条件地执行调解所达成的协议。2003 年，奥地利率先颁布了《民事调解法》，被公认为欧洲首部法典化的调解程序规则。尽管该法从书面上表述为《民事调解法》，但作为奥地利唯一专门规范调解活动的法律，它更适合被称为《调解法》。② 2010 年 12 月，希腊颁布《民商事调解法》。2012 年 7 月，德国颁布《促进调解及其他诉讼外冲突解决程序法》。2012 年 7 月，西班牙颁布了《调解法》。2012 年，我国香港特区制定了《调解条例》，意在为在香港特区进行的调解提供适宜的法律框架，并避免损害调解的灵活性。2013 年 4 月，葡萄牙颁布了《调解法》。2016 年 1 月 1 日，波兰《促进友好型纠纷解决法》正式实施。俄罗斯于 2011 年 1 月施行了《联邦调解法》。2017 年，新加坡议会通过了《调解法》，为商事主体在新加坡进行调解提供更为稳定的法律保障。

调解作为重要的纠纷解决方式在世界范围内发挥着独到的作用，成

① 参见吴元元：《人民调解员的制度角色考》，载《中国法学》2021 年第 4 期。

② 参见许林波：《奥地利：欧洲调解立法的开拓者》，载《人民法院报》2013 年 12 月 6 日，第 8 版。

为法院和政府机构在立法、司法、执法领域全方位推动的争议解决方案。但我国的商事调解缺乏高位阶的法律保障，尚未形成独立的制度体系，商事调解在实践中蓬勃发展亟待制度的保障和规范。[①]《联合国关于调解所产生的国际和解协议公约》（以下简称《新加坡调解公约》）应运而生，其聚焦调解制度的短板，完善了调解所产生的和解协议的执行机制，为以调解方式解决国际商事争议提供了强大动力和保障。《新加坡调解公约》确立的定义、规则与我国商事调解制度的进一步发展奠定了良好基础。我国应利用签署和批准公约的历史契机，出台调整商事调解的法律制度与法律规则，实现我国商事调解的大繁荣和大发展。如果《新加坡调解公约》对我国生效，国际和解协议的效力将按照《新加坡调解公约》的规定得到认可。国际商事调解程序在我国境内的进行、经此类程序所达成的国际和解协议在我国的承认和执行，以及境外达成的国际和解协议在我国的承认和执行，均考验我国商事调解制度与《新加坡调解公约》的匹配度。一方面，我国商事调解一般性立法的缺位使与调解相关的具体法律制度存在空白或不足，使《新加坡调解公约》在我国的适用造成障碍；另一方面，我国商事调解配套制度不够完善，在一定程度上会影响国际商事争议当事人运用调解解决纠纷的积极性。

坚持和发展新时代"枫桥经验"写入党的二十大报告，赋予了新时代"枫桥经验"在全面建设社会主义现代化国家、实现中华民族伟大复兴新征程的重大使命任务。[②] 为此，要以学习贯彻党的二十大报告精神为契机，推动社会调解，尤其是商事调解的高质量发展。[③] 立法支持是调解高

---

① 参见成阳：《管辖与执行：多元解纷体系中商事调解制度疑难问题研究》，载《上海法学研究》2022 年第 17 卷。

② 参见《新时代"枫桥经验"是中国式基层社会治理现代化的重大经验》，载微信公众号"焦作城管"2022 年 11 月 26 日。

③ 参见汪晖：《推动社会调解高质量发展》，载中工网 2023 年 2 月 3 日，https://baijiahao.baidu.com/s?id=1756768839122966806&wfr=spider&for=pc。

质量发展的根本。面对我国商事调解捉襟见肘的制度供给现状,加强商事调解领域的规则供给已刻不容缓,以更好地发挥调解在多元解纷机制中的作用,运用国际和国内两大规则体系以有效维护人民合法权益,真正实现习近平总书记提出的“坚持把非诉讼纠纷解决机制挺在前面”这一要求。为推动商事调解的法治化、市场化和国际化发展,需要国家层面尽快制定一部统一适用于国内、国际商事纠纷的调解基本法,通过立法规范商事调解组织成立条件、设立程序、职责定位、调解员资质、调解规则、收费标准、监督保障等内容,让分层递进多元解纷机制实质化运行,用良法推动商事调解在法治轨道上高质量发展。

第一章

我国民商事纠纷多元化解决机制

第一节　多元化纠纷解决机制与ADR的发展

一、多元化纠纷解决机制

在复杂的社会关系和人类活动中，总会充满各种形式的利益纠葛和冲突，人们渴望通过一定的方式和手段予以解决，以实现自己的需求。以诉讼方式解决利益纠葛和冲突，被认为是一种最具效力和公正的纠纷解决方式，因而备受追捧和青睐。作为一种社会机制和权力行使方式，其最深刻的社会功能就是以预先设定的规则实现国家语境下的社会秩序。[①] 虽然诉讼日趋专业化，但调解作为纠纷解决的重要方式仍然具有强大生命力，并深刻影响了我国纠纷解决机制的发展，尤其是党的十八大以来，中国已经明确了多元化纠纷解决机制的基本思路，为中国式现代化建设中的矛盾化解提供了制度保障。

---

① 参见王刚：《论非诉讼纠纷解决机制嵌入国家社会治理之基本途径——以青藏地区现实运作为切入点》，载《青海民族研究》2022年第1期。

多元化纠纷解决机制是社会中多样纠纷解决方式以其特定的功能和运作方式相互协调地共同存在,所结成的互补并满足社会主体多样需求的程序体系和动态调整系统。① 多元化纠纷解决机制的核心在于"多元",精髓就是不同纠纷解决方式的有机结合,避免将某种单一程序绝对化。多元化理念以人类社会价值和手段的多元化作为制度建构的基点,目的是为人们提供多种选择的可能性,形成社会发展和纠纷解决的动态平衡。②

引入法治力量的调解在化解基层纠纷、完善源头治理、推动治理走向善治等方面起着重要作用。自 1999 年起,最高人民法院每 5 年制定一个改革纲要,以当前五个人民法院改革纲要为例,后四个全部提及调解的重要性,呈现出调解主体范围扩大化、调解手段智能化、调解内容由国内调解贯通至国际商事调解等趋势。全面依法治国战略布局离不开司法权的正确行使,司法调解有助于实现社会管理向社会治理的飞跃。与此同时,契合官民共治的善治意涵,反映国家与社会在司法领域和社会领域的友好合作,进而实现国家治理现代化目标。③

2005 年,《人民法院第二个五年改革纲要(2004—2008)》首次提出建立多元化纠纷解决机制,传统的东方经验被注入新的时代内涵。2009 年最高人民法院出台的《关于建立健全诉讼与非诉讼相衔接的矛盾纠纷解决机制的若干意见》和 2016 年最高人民法院《关于人民法院进一步深化多元化纠纷解决机制改革的意见》成为多元化纠纷解决机制改革工作的纲领性文件,明确了今后一个时期人民法院进一步深化多元化纠纷解决机制改革的三大目标。

虽然我国充分认识到了调解制度的优越性,但关注重点是在人民调

---

① 参见范愉主编:《多元化纠纷解决机制》,厦门大学出版社 2005 年版,第 2 页。

② 参见范愉主编:《多元化纠纷解决机制》,厦门大学出版社 2005 年版,第 3 页。

③ 参见肖滨、戴少斌:《判决抑或调解——基层法官行为选择的政治学分析》,载《吉林大学社会科学学报》2022 年第 5 期。

解,对更具专业性的商事调解并没有投入更多的力量。商事调解所依仗的调解机构和仲裁机构力量薄弱,发展相对迟缓。但可喜的是,这一局面在党的十八大之后产生了根本性的变化,无论是中央对商事争议,尤其是国际商事争议解决的重视,还是最高人民法院致力于构建一站式纠纷解决机制,对商事调解的关注和扶植力度都显著上升。①

2019 年全国政法工作会议上,习近平总书记提出的"把非诉讼纠纷解决机制挺在前面"成为中国重要的司法政策。同年,最高人民法院在《关于深化人民法院司法体制综合配套改革的意见——人民法院第五个五年改革纲要(2019—2023)》(以下简称"五五改革纲要")中将"诉源治理"列为法院的重要工作任务。② 2019 年,最高人民法院《关于建设一站式多元解纷机制、一站式诉讼服务中心的意见》发布实施,创造性提出两个"一站式"建设目标,旨在打造中国特色纠纷解决和诉讼服务新模式,为世界提供多元解纷的中国方案,为人类司法文明贡献中国智慧。③

2021 年 2 月 19 日,中央全面深化改革委员会第十八次会议审议通过了《关于加强诉源治理推动矛盾纠纷源头化解的意见》,强调法治建设既要抓末端、治已病,也要抓前端、治未病。要坚持和发展新时代"枫桥经验",把非诉讼纠纷解决机制挺在前面,推动更多法治力量向引导和疏导端用力,加强矛盾纠纷源头预防、前端化解、关口把控,完善预防性法律制度,从源头上减少诉讼增量。其中的商事调解是最有活力、最有挑战、最有魅力的机制之一。2019 年,在构建大调解格局的背景下,我国商事调解进入加速发展阶段。中央和地方各有关部门、机构从健全商事调

---

① 参见刘晓红:《〈新加坡公约〉背景下的商事调解制度构建》,载《法治日报》2021 年 5 月 25 日,第 10 版。

② 参见廖永安、江和平:《构建中国特色多元化纠纷解决机制》,载《人民法院报》2021 年 4 月 6 日,第 2 版。

③ 参见李小晶:《多元化纠纷解决机制:传承经典的东方之治》,载光明网 2020 年 5 月 25 日,http://m. gmw. cn/baijia/2020 - 05/25/33857867. html。

解规范,完善诉讼、仲裁与调解对接机制,优化调解协议司法确认程序,推进商事调解组织建设等方面采取新举措,实现新突破。

至此,多元化纠纷解决机制改革经历了从试点到示范、从理念更新到理论升华、从改革实践到制度建设的过程。[①] 在党中央的领导下,立法、行政和司法机关不断强化对以调解和仲裁等为代表的非诉纠纷解决机制的支持,不断推动调解制度的完善,逐步建立起一套更为健全的社会化和市场化的纠纷解决机制,形成了"把非诉讼纠纷解决机制挺在前面"的解纷理念。[②]

二、新型非诉讼纠纷解决机制的发展及理念

非诉讼纠纷解决程序是总括性、综合性的概念,其内涵和外延难以准确界定,一般指传统的诉讼以外的纠纷解决方式,程序或制度的总称,其目的是帮助当事人在正式的审判程序之外解决纠纷,体现公民的自治精神。[③] 我国自古就有以和为贵的"无讼"传统,注重调解的法律传统被世界誉为"东方一枝花",优先运用诉讼外途径解决纠纷是我国社会治理的重要经验,而非诉讼纠纷解决机制是在对传统制度进行改良的基础上发展起来的原生型制度,是一种"社会调适系统",综合了调解在内的各种纠纷解决方式促使不同社会关系达至均衡,诉讼只是最后的解纷方式。

目前世界上很多国家采用英文 ADR(Alternative Dispute Resolution)来表述非诉讼纠纷解决的概念。ADR 源于美国,其形成并非纯粹的理论创造,而是有坚实的实践基础,是"诉讼中心主义"的产物,其重要价值在于诉讼和非诉讼机制的协调,但在不同的历史发展阶段、不同的社会体

① 参见李少平:《努力构建具有中国特色的多元化纠纷解决体系》,载《人民法院报》2016 年 7 月 6 日,第 5 版。

② 参见刘晓红:《论我国民商事纠纷多元化解决机制的现代化》,载《东方法学》2023 年第 2 期。

③ 参见高晓力:《加拿大替代性纠纷解决方式与法院调解》,载《法律适用》2003 年 Z1 期。

制以及不同的文化背景下，会呈现出迥然不同的形态，体现社会主体的选择与价值取向，而且始终处在动态的调整变迁之中。1990 年美国《民事司法改革法案》出台后，大多数法院建立起 ADR 程序；1998 年美国颁布了世界上第一部《替代性争议解决法案》（Alternative Dispute Resolution Act of 1998，ADR 法），授权法院为民事诉讼提供 ADR 服务，促进了 ADR 的迅猛发展。根据《ADR 法》的规定，ADR 指在审判法官判决程序以外的，任何由中立的第三方参与以协助解决争议的替代性纠纷解决程序和方法，包括早期中立评估、调解、小型审判和仲裁。当事人可以根据需要选择适用，法院在诉讼过程中也可以根据案情的可能性，建议当事人适用附设在法院的替代诉讼的纠纷解决方式，或将案件强制交付替代诉讼的纠纷解决机构处理。①

ADR 与多元化纠纷解决机制并非同一概念，但二者有着密切的关联。20 世纪 80 年代以来，世界各国和地区通过大力推进 ADR 来促进司法领域和社会治理体系的变革，并形成了世界性 ADR 潮流。多元化纠纷解决机制的理念强调诉讼与非诉讼机制的兼顾和协调发展，并以完善非诉讼程序和整合纠纷解决资源为主要任务，与 ADR 的理念目标一致，适应了当代社会纠纷解决的现实需求，符合纠纷解决和法治发展的规律。比较研究世界各国和地区 ADR 发展的理念、制度创新和趋势，对于完善我国多元化纠纷解决机制具有重要的借鉴意义。②

为将更多的纠纷引入非诉讼纠纷解决机制，提高纠纷处理的效益和社会效果，世界各国越来越多地在特定类型的纠纷处理中建立强制调解程序，当代全球调解呈现出强制性的发展趋势。由于司法资源的有限性与纠纷解决需求趋同性的冲突日益明显，以社会调解为代表的非诉讼纠

---

① 参见邱星美、王秋兰：《调解法学》（第 2 版），厦门大学出版社 2010 年版，第 18 页。

② 参见范愉：《当代世界多元化纠纷解决机制的发展与启示》，载《中国应用法学》2017 年第 3 期。

纷解决方式必然会成为新时代化解矛盾的必由之路。尤其是我国 2021 年修正的《民事诉讼法》,扩大了司法确认制度适用范围,将“依法设立调解组织”主持达成的调解协议纳入人民法院司法确认范围,切实解决了原先社会调解协议没有司法强制力的问题,提升了社会调解的权威性和公信力,社会调解的时代价值日趋明显。

中国非诉讼纠纷解决机制历史悠久,并早已存在一些相关法规制度,但直至 21 世纪才形成正式的非诉讼程序法的概念和体系。非诉讼程序法概念的内涵和外延均具有一定的不确定性,这是由纠纷解决活动的复杂性和解纷机制的多元性所决定的,也是立法技术难以完全解决的。随着今后社会纠纷解决与法律调整更趋复杂化和多元化,这种不确定性仍会存在。[①] 非诉讼程序法的建构,一方面,受国情和社会主体文化、观念及行为习惯的制约;另一方面,需要适应时代发展和社会需求的变化,尊重纠纷解决规律。中国非诉讼程序法体系建构中强调的基本理念主要是注重协商调解。非诉讼程序本身包括协商、调解和裁决等多种方式,当代社会更加认同协商调解的效果和程序优势,因为协商调解不仅有利于快速、便捷、经济、平和地解决各类纠纷,维系社会关系的和谐和持续,还可以缓解由于法律规范缺失、滞后或简单的处理结果的不足,达到更圆满的解决结果和社会效果。即使是在仲裁程序(包括商事仲裁、劳动仲裁乃至行政裁决)中,也逐步形成了调裁结合的模式。因此,相关立法采用注重调解或调解优先的原则,在各种程序中均应将调解贯穿始终。[②]

三、多元化纠纷解决机制中对调解的政策支持

习近平法治思想对于我国多元化纠纷解决机制起到了重要的指导

---

① 参见范愉:《中国非诉讼程序法的理念、特点和发展前景》,载《河北学刊》2013 年第 5 期。

② 参见范愉:《中国非诉讼程序法的理念、特点和发展前景》,载《河北学刊》2013 年第 5 期。

作用。党的十九大描绘了 2035 年基本建成法治国家、法治政府、法治社会的宏伟蓝图。党的十九届三中全会通过的《深化党和国家机构改革方案》决定组建中央全面依法治国委员会，加强党对全面依法治国的统一领导、统一部署、统筹推进。党的十九届四中全会对坚持和完善中国特色社会主义法治体系，提高党依法治国、依法执政能力作出专门部署。党的十九届五中全会就在国民经济和社会发展"十四五"规划和 2035 远景目标中提出，有效发挥法治固根本、稳预期、利长远的保障作用。2020 年 11 月召开的中央全面依法治国工作会议，明确了习近平法治思想在全面依法治国中的指导地位。

近年来，"重视非诉讼纠纷解决机制""源头预防和治理""培育调解等法律服务队伍"等表述频繁被提及。不同于西方源于诉讼的弊端开启以非诉讼方式替代诉讼的纠纷解决运动，我国的多元化纠纷解决机制改革始终强调诉讼与调解、仲裁、行政裁决、行政复议等非诉讼方式之间的相互配合与协调，将各种解纷方式之间的优势互补作为多元化纠纷解决机制运转的核心动力，将充分发挥各种解纷方式的作用作为多元化纠纷解决机制构建追求的目标。[①]

对于现代国家而言，法院面对纠纷增多的解纷压力不堪其扰，大量的专业性纠纷也令缺乏专业知识与经验的法官左右为难。而在民商事的法律形塑中，国家也逐渐认识到意思自治的重要性。民商事法律中充分体现了意思自治的原则，并逐步将意思自治规则化，实现意思自治与法秩序的统一，并倡导私主体依据国家法解决纠纷。在该过程中，国家认可了非诉讼纠纷解决机制的合法性，司法权也被分解和部分归还给社会，司法制度被分为以国家强制力为后盾的"国家司法"和以社会制裁力为后盾的"社会司法"。而在反复实践中，诉讼、仲裁与调解渐趋找到各

① 参见廖永安、江和平：《构建中国特色多元化纠纷解决机制》，载《人民法院报》2021 年 4 月 6 日，第 2 版。

自的权力边界,并建构起相互配合的制度框架,形成了多元化纠纷解决机制。①

"十三五规划"期间,调解被纳入国家治理体系的顶层设计之中,以人民调解、行政调解、司法调解联动工作为核心的大调解工作格局初步形成,其他非诉讼纠纷解决机制也受到高度重视。"十四五规划"强调要充分发挥调解在防范化解社会矛盾中的作用。司法部于2021年12月通过的《全国公共法律服务体系建设规划(2021—2025年)》对调解工作作了具体的部署安排:"进一步完善以人民调解为基础,人民调解、行政调解、行业性专业性调解、司法调解优势互补、有机衔接、协调联动的大调解工作格局。整合行业性专业性调解资源,在市县两级建立综合性、一站式矛盾纠纷调解中心。研究推动调解立法,建立健全人民调解、行政调解、商事调解相关法律制度。加强调解协会建设,拓展协会职能作用。研发推广全国智能移动调解系统。"从司法部的上述建设规划可以看出,新时期大调解格局范围包括了人民调解、行政调解、行业性专业性调解、仲裁调解、司法调解等各式各样的调解。散布于行业性专业性调解、仲裁调解、司法调解之中涉及商事活动主体(自然人、法人和其他经济组织)之间与财产权益纠纷有关的调解,又可统称为商事调解。本书所关注的调解,正是商事调解。

党的十八大以后,中央发布了一系列积极推动多元化纠纷解决机制发展的文件。党的十八届四中全会有关依法治国的决定中第一次将多元化纠纷解决机制概念纳入中央文件。此后,中央通过强调社会治理、加强社会自治等方式,关注和支持各种非诉讼及民间性解纷机制。最高人民法院也在积极支持促进商事调解的发展。很多部门机构如证监会和银保监会都相继与最高人民法院联署创建新型调解机制。最高人民法院、司法部、律协推动"律师调解",中央在推广"枫桥经验"中将纠纷

① 参见刘晓红:《论我国民商事纠纷多元化解决机制的现代化》,载《东方法学》2023年第2期。

解决与社会治理相结合，都将调解提升为社会主流意识。在自贸区和“一带一路”建设中，商事调解都得到重视，成为标配机制。在此背景下，商事调解进入高速扩张期，各种形式的商事调解应运而生，势不可当，还出现了一些具有创新意义的模式，各种商事调解组织（如中国国际贸易促进委员会系统的调解中心）得到了快速发展。

第二节　非诉讼程序的多元方式

除调解与仲裁外，现代商事争议诉讼解决还有中立案件评估（neutral case evaluation）、和解会议（settlement conference）、微型审判（mini trial）、简易陪审团审判（summary jury trial）、中立专家事实调查（neutral expert fact finding）、特别案件管理（special master）、事实发现裁决（discovery referee）、集团诉讼和解裁决（class action settlement adjudication）、项目中立和争议审查委员会服务（project neutral and dispute review board services）等其他方式，几乎没有商事争议解决服务机构仅提供商事调解服务，而是协同运用多种诉讼外商事争议解决方式化解纷争。①

在多元化纠纷解决机制建设中，我国法院通过创新民商事纠纷中立评估机制、无争议事实记载、无异议方案认可机制，丰富和发展多元化纠纷解决机制体系，探索建立调解前置程序，引导当事人在登记立案前选择特邀调解组织或特邀调解员先行调解；通过在线纠纷解决方式，建设集网上立案、案件查询、网上咨询、在线调解等功能于一体的在线纠纷解决系统，为人民群众提供经济、方便、快捷、高效的纠纷解决渠道，全面发挥繁简分流机制、小额速裁程序、督促程序的作用，畅通案件分流渠道，

① 参见黄忠顺：《论商事调解的市场化》，载《人大法律评论》2020年第1期。

最大程度地满足当事人的多元司法需求。①

一、早期中立案件评估

早期中立案件评估为域外概念，这一概念源自 ADR 的倡导国美国，原文为 early neutral evaluation，英美法系国家和地区惯常简称其为 ene，而美国的一些州有时还直接简称其为 neutral evaluation，case evaluation，即“中立评估”“案件评估”，如 outcome prediction，settlement judge，即“结果预测”以及“和解法官”等。在一些特殊法律领域，早期中立评估制度还被冠以该领域的名称，如在家庭子女监护、父母探望子女时间的法律案件中，早期中立评估会被称为 social early neutral evaluation，social ENE，即社会案件早期中立评估；在离婚案件的析产问题处理中，早期中立评估则被称为 financial early neutral evaluation，financial ENE，即离婚析产案件早期中立评估。

（一）早期中立评估概述

中立评估被认为是“调解和裁决的中间点”，可以独立存在，也可以与调解或其他争端解决机制结合运用；当域外法的理解和适用成为争议问题时，中立评估也可以成为衔接“法律查明”与“商事调解”的桥梁。

域外对于早期中立评估制度的定义主要集中于法院的 ADR 规则以及英美法系国家和地区的法院、提供 ADR 服务的民间组织、仲裁协会、律师事务所等机构和组织的宣传性介绍，这种宣传性介绍既存在于相关机构的网页之上，也存在于相关机构的引导性小册子中。加利福尼亚州法院的地方性《ADR 规则》第 5 条“早期中立评估”第 1 款描述性地规定了早期中立评估制度，所谓早期中立评估，是指当事人和他们的律师，通

---

① 参见李少平：《努力构建具有中国特色的多元化纠纷解决体系》，载《人民法院报》2016 年 7 月 6 日，第 5 版。

过一个秘密的会议，简短地陈述他们的请求以及抗辩，其中包括到会议阶段为止所收集到的关键性证据。在会议之后，当事人将收到一份由具有相关专业知识的、富有经验的中立律师所做出的无拘束力的评估报告。会议期间，评估人也可以帮助确认没有争议的事项、提供案件计划的建议，而且如果当事人要求，则可以帮助当事人双方促成和解的一项替代性纠纷解决机制。

美国仲裁协会（American Arbitration Association，AAA）的纠纷解决机制服务指南中，对于早期中立评估制度的定义进行了描述性介绍，早期中立评估制度是这样一项制度，它的程序是秘密的，它鼓励对抗的双方当事人就有关请求和支持请求的证据进行直接的交流，尤其是那些双方当事人对于案件适用法律以及案件的价值分歧较大的情形。最后，评估报告的做出将试图去寻找最好以及最坏的替代性纠纷解决机制，从而可以为和解协商指明方向。[①]

早期中立评估在法律辞典所做的定义为：一方或者双方当事人寻求一个有经验的中立人提供建议，这个中立人通常是律师，他将给出一个客观的报告，以评估他们的案件，使当事人能远离不切实际的幻想，或者至少使他们更明确他们在案件中的优势和劣势。是否成功取决于当事人对于中立第三方的公平性和客观性的信任，以及他们的和解意愿。[②]

澳大利亚国际争端解决中心（Australian International Disputes Centre，AIDC）认为早期中立评估是争议当事人双方为解决纠纷而在较早的阶段所适用的程序。在该程序中，争论和证据提交给纠纷解决的从

---

① See American Arbitration Association：*Early Neutral Evaluaion*：*Getting An Expert's Assessment*，American Arbitration Association，https：//www. adr. org/sites/default/files/document_repository/Early_Neutral_Evaluation. pdf.

② See FARLEX Free Dictionary：*Early Neutral Evaluation*，https：//legal-dictionary. thefreedictionary. com/Early + Neutral + Evaluation.

业者,从业者将对案件的关键争点做出决策,并且指明解决案件最有效的方式,但并不指明案件的事实所在。[①]

国内学界对于早期中立评估制度的定义为在案件生命周期的较早时期,由符合一定资质且和本案无利害关系的第三方主持评估会议,公平、公正地对案件进行评估,向当事人适时作出包含分析当事人优势劣势、指明未来走向的无拘束力的评估报告,能够帮助当事人认清案件本质、纠正认知、辨清局势,进而作出正确的行为决策,选择和解、调解、诉讼、仲裁等其他程序或者制度的间接性的、导向性的纠纷解决机制。[②] 早期中立评估作为一种预防性机制,在互联网快速发展和我国诉源治理的时代背景下,具有深远的发展潜力和重要的社会意义。[③]

(二)早期中立评估制度的优劣

早期中立评估程序的最终目的是实现公正。在中立评估开始使用的前 10 年,学界对各个方面的用户进行过调查。研究发现,绝大部分的用户(律师、当事人和中立员)支持这个程序是因为其可以体现公正性。早期中立评估程序主要通过以下几种途径来实现公正:提高当事人鉴别和理解相关法律问题的准确性;合理归纳争点,缩小双方争议的范围;提供获取证据和信息的渠道,提高对证据分析的准确性,增强当事人预测裁判结果的可靠性,增强公众对司法的信心。

中立评估机制的价值在于,它能够从完全独立的第三方的角度为当事人提供意见,能够让当事人跳出自身的限制以一个新的视角看待问题,从而为当事人推进后续过程提供一些帮助。

---

① See Australian International Disputes Centre: *Overview*, http://www. disputescentre. com. au/ADR-Services/Early-Neutral-Evaluation.

② 参见林轲亮:《早期中立评估制度研究——多元化纠纷解决机制的另一维度》,西南政法大学 2012 年博士学位论文,第 42 页。

③ 参见江和平:《早期中立评估机制发展概况》,载律汇通 2021 年 8 月 25 日,https://baijiahao. baidu. com/s? id = 1709037860392160092&wfr = spider&for = pc。

早期中立评估制度构建的平台，既可以让资料相对匮乏的一方得以分享信息资料，也可以让资料相对充足、胜算在握的一方借以向对方传达这样的信息，我已经胜算在握，你不该走入无理诉讼。毕竟，由第三方基于权利而非利益的意见公示，将比自我宣称以及基于利益导向的中立人的宣称更具效果。①

中立评估制度的不足在于：首先，早期中立评估程序的介入将会造成协商过程对一方当事人公平，而对另一方当事人不公平的局面。因为本身信心不足的当事人将变得立场坚定，而很难进行妥协，从而导致和解困难。而早期中立评估如果达不成和解，则会为将来的诉讼等其他纠纷解决方式带来额外的成本以及迟延。②

其次，公共部门的早期中立评估，要遵守特殊的实体法、规则和法令并且可变。虽然可变性是早期中立评估所倡导的创新性以及特征，但缺乏统一性是早期中立评估等非约束型评估 ADR 获得长期成功的威胁。③

最后，评估具有主观性。有学者认为许多评估者只就某一些方面进行评估，但这些评估的变数也很大，其既可以直接到类似于陪审团的裁决，又可以变化到仅仅就原告与被告各自的可能的弱点做微小的提示，甚至仅提示一些线索。④ 一些学者担忧怀有不良企图的人员会利用早期中立评估来拖延诉讼，但同时指出，这其实是几乎所有非约束性 ADR 的

① 参见林轲亮：《早期中立评估制度研究——多元化纠纷解决机制的另一维度》，西南政法大学2012年博士学位论文，第206~207页。

② See Libbey, D. E., *Avoiding a Civil Action: Mandatory Summary Jury Trial in the Settlement of Products Liability Design Defect Cases in Light of the Restatement (Third) of Torts*, 15 Ohio State Journal on Dispute Resolution 285 (1999).

③ See Woodley, A. E., *Strengthening the Summary Jury Trial: a Proposal to Increase Its Effectiveness and Encourage Uniformity in Its Use*, 12 Ohio State Journal on Dispute Resolution 541 (1997).

④ See Joshua D. Rosenberg & H. Jay Folberg, *Symposium on Civil Justice Reform: Alternative Dispute Resolution: An Empirical Analysis*, 46 Stanford Law Review 1497 (1994).

通病。①

为了促进纠纷的早期解决,2012 年 4 月最高人民法院印发的《关于扩大诉讼与非诉讼相衔接的矛盾纠纷解决机制改革试点总体方案》第 15 条就有相关规定。2016 年 6 月 28 日最高人民法院《关于人民法院进一步深化多元化纠纷解决机制改革的意见》提出"探索民商事纠纷中立评估机制……聘请相关专业领域的专家担任中立评估员。对当事人提起的民商事纠纷,人民法院可以建议当事人选择中立评估员,协助出具评估报告,对判决结果进行预测,供当事人参考。当事人可以根据评估意见自行和解,或者由特邀调解员进行调解"。

2019 年 11 月最高人民法院、中国人民银行、原中国银行保险监督管理委员会颁发的《关于全面推进金融纠纷多元化解机制建设的意见》规定,对于争议较大、具有典型性的金融纠纷,疑难、复杂的金融理财纠纷的投诉,均可以通过引入专家出具金融消费纠纷中立评估意见,以中立评估意见为参考,寻求以非诉方式解决纠纷。在实践当中,广州越秀法院、深圳前海法院、苏州姑苏法院等都作了中立评估探索,取得了一定成果。安徽含山法院建立了民商事纠纷中立评估机制,通过"第三方中立评估"处理涉及专业知识较强的工伤事故案件,大大缩短了审理期限,降低了维权成本。长春市二道区人民法院制定《关于建立民商事纠纷早期中立第三方评估调解机制的规定(试行)》,由资深社会专业人士担任人民调解员,以独立第三方评估的形式向民商事纠纷当事人传递处理纠纷的专业知识和法律知识,协助进行诉前调解工作。② 深圳市中级人民法院也于 2018 年 7 月在《关于加强产权司法保护的实施意见》中明确提出要"建立涉诉纠纷中立评估机制,引导当事人选择非诉方式化解纠纷,实

---

① See Stephen B. Goldberg, et al., *ADR Problems and Prospects*: *Looking to the Future*, 69 Judicature 291 (1986).

② 参见陈柳波:《首宗涉港案件中立第三方评估案例体现的制度创新和意义——多元化纠纷解决机制和香港法查明机制交叉创新的探索》,载《法律适用(司法案例)》2018 年第 4 期。

现诉讼与非诉讼纠纷解决机制之间的高效衔接”。[①]

二、微型审判

微型审判最早出现在美国，主要用于解决公司之间的争议，是指将争议提交一个专门小组，小组成员包括各方公司各自的一名高级管理人员及一名作为首席的中立第三人。专门小组对争议进行审理，并作出一致意见，如3人不能达成一致意见，由首席提出一致解决方案。首席中立的第三人一般由退休律师、当地有名望的律师等担任。当事人双方也可以完全弃用中立第三方，而完全由双方人员自行进行会谈，此时就没有要求提出预测案情的程序。微型审判的优势在于：首先，其可以更灵活地解决争议。这一程序的启动是由争议双方协商确定的，并不具有强制性，参与的当事人是争议双方的高级管理人员，对争议的缘由比较熟悉，可以更及时地处理争议。其次，其可以节约诉讼成本，提高诉讼效率，该程序避免了庭审中一审、二审的时间拖延，也没有诉讼中的高昂花费。最后，该模式有利于企业的信誉保护。此种模式是双方的洽谈，避免了企业的信息泄露，双方可以协商使损失降低，此时既保护了企业信誉，不至于让公众知悉对企业不利的信息，又能维护各自权益。

提供对于案件可能结果的预测，早期中立评估制度和微型审判制度有着制度的一致性，当然，也存在不少差异性。

其一，微型审判适用范围较为狭窄，一般适用于政府采购、环境争议、航空航天、能源储备、大型商业纠纷等大型的纠纷解决，[②]而且私人运用较为广泛，法院附设微型审判通常较少；早期中立评估的适用范围则相当广泛，甚至连婚姻家庭、社会保障等案件都可以进行制度适用，而且

---

① 参见蓝海中心：《蓝海中心关于中立评估服务的说明》，载深圳市蓝海法律查明和商事调解中心网2021年3月25日，http://www.bcisz.org/html/LHNEWS/1221.html。

② See Davis & Omlie, *Mini-Trial: the Courtroom in the Boardroom*, 21 Willamette Law Review 531 (1985).

早期中立评估制度的提供主体也相当宽泛,法院、仲裁机构、私人机构等都有制度可供选择,但主要载体还是法院。

其二,微型审判本质属于调解,因而当事人的能动性相当显著,除了程序规则由当事人自行商定外,中立第三方对于案件的预测也是由当事人提出要求后才予以进行,"选择一位受人尊敬又为另一方所信任的中立顾问相当重要,因为如果不能通过直接的谈判获得有利的和解结果,那么参加者的主要目标之一就在于说服中立的顾问去建议对方,和解总好过打官司"[①]。而只是搭建一个平台给予双方决策者知悉纠纷的来龙去脉,进而达成和解,微型审判的程序完全可以由当事人自行商定,被称为"当事人是在自行审判案件"[②]。早期中立评估制度的定位是为当事人厘清争点、评析优势劣势,指明未来的行为动向。早期中立评估制度由于主体在于评估,因而必须要有中立第三人主持会议,而且其程序也由中立第三人主导。

其三,微型审判只有在和解失败的情况下,中立第三方才有可能作出预测意见,彰显了制度的重心所在。早期中立评估制度虽然也可能在和解失败后才进行中立评估,但因其本质使然,中立评估报告的开示是常态,除非当事人合意要求不开示等情况的发生,才有可能不进行开示。因此,评估才是早期中立评估制度的重心所在。

其四,微型审判中第三方所作出的预测意见是高度模仿判决结果,只预测可能的输赢,而不加以分析以及评估;早期中立评估的中立评估报告则相反,它在预测结果的同时更侧重于评估当事人的局势、位置,并进而给出行为建议。在某些民事案件中,为了照顾当事人的感受,评估人并不直接说出预测的结果,而是直接分析当事人的局势,并给出行为

① [美]斯蒂芬·B.戈尔德堡、弗兰克·E.A.桑德、南茜·H.罗杰斯等:《纠纷解决——谈判、调解和其他机制》,蔡彦敏等译,中国政法大学出版社2004年版,第307页。

② Barron's Insurance Dictionary: *Alternative Dispute Resolution*, http://www.answers.com/topic/alternative-dispute-resolution.

建议。

三、私人法官

“私人法官”也称为“临时法官”和“租借法官”，是指纠纷当事人指定一名退休的法官（或者其他具有法律资格的人）作为中立的第三方来解决双方的纠纷。该程序是自愿性的，当事人可根据协议指定一名所谓“法官”。根据双方的约定，第三方作出的决定可以是有拘束力的，也可以是没有拘束力的。当双方约定第三方的决定没有拘束力时，这种程序也就相当于请专家提出了一个咨询性的意见。[①]

1976 年 4 月美国召开庞德会议（Pound Conference），这是美国司法走上非诉讼纠纷解决机制道路的里程碑会议。当时美国的经济处于萧条期，出现案件逐年增多，法院内部人员的流失，这些问题导致法院系统不堪重负。联邦政府为应对危机，鼓励地方法院采用诉讼以外的纠纷解决方式去探索适合自身的纠纷解决机制。在这其中，加利福尼亚州推行的“私人法官”制度具有一定的代表性和实践性。[②] 美国一些州允许当事人在离婚案或合同纠纷中聘用法律专家或退休法官在法庭之外主持法律判决，产生的费用由诉讼双方承担。如 2022 年全球排名第 6 的超级富豪、身价高达 940 亿美元的谷歌创始人之一谢尔盖·布林和第二任妻子妮可·沙纳汉的天价离婚案中，由于双方尚未就财产分割一事达成一致，同时为保护个人及子女隐私安全，双方将这起离婚官司处理得低调而隐秘，为加快离婚进程，布林以 950 美元/小时的价格雇用了一名私人法官，专门管理他和妮可的离婚案。

---

① 参见李广辉：《试论澳大利亚民商事纠纷的解决机制》，载《河南省政法管理干部学院学报》2000 年第 2 期。

② 参见吴朝辉：《美国私人法官制度及其借鉴探究》，载《法制与经济》2018 年第 10 期。

四、无争议事实记载和无异议方案认可机制

与诉讼相比，调解在成本、灵活性、自主性等方面具有明显的优势，但调解启动难是全世界法院都面临的问题。为推广调解的使用以及发挥调解的优势，美国纽约州准备2019年年底全面推行“推定ADR”机制（英文原文为“Presumptive ADR”，意思是推定所有纠纷适合ADR，将ADR作为诉讼程序的第一步）。这种做法改变了美国“多门法院”的个案甄选模式，即通过法院组织的甄选会议，为案件选定合适的纠纷解决程序，在ADR启动上更具强制性，也更有效率。尽管未使用“强制调解”（mandatory mediation）一词，但调解程序的进行带有强制性与自动性。被告提交答辩状后，案件将自动进入调解程序。每个案件都会获得调解员一小时的免费服务，这一小时的调解费用是由法院赞助的。一小时后，双方当事人可以决定继续聘请调解员进行调解或进入诉讼程序。[①] 纽约州法院希望通过此项改革，让调解更广泛地适用于所有民商事诉讼程序。这样不仅能节约当事人的时间、金钱，也能提升法院审理案件的效率。

我国司法实践中也出现了强制启动调解程序的试点，如最高人民法院在借鉴域外经验的基础上提出“探索无异议调解方案认可机制”。

无异议调解方案认可机制是指当事人之间已经就主要争议事项达成共识，仅在个别问题还有争议时，调解员征得双方当事人书面同意后，可以提出调解方案并书面送达当事人。当事人在规定期限内对该调解方案提出异议的，视为调解不成立；未提出异议的，该调解方案视为双方自愿达成的调解协议。这样有助于提高调解效率和质量，在日后诉讼阶段减轻办案法官对相关事实调查的负担。这意味着调解方案可以是调

---

① 参见龙飞、江和平：《美国纽约法院的“推定ADR”机制》，载《人民法院报》2019年10月18日，第8版。

解员提出,并给予当事人提出异议的期限,调解的程序自愿性有所弱化,与此同时,调解的实体自愿性也发生了某种意义上的弱化,从明示走向默示。[1]

无异议调解方案认可机制的探索运用,为当事人在调解过程中出现情绪对立时,提供了一个缓和机会。同时,由调解人员中立地提出折中方案,既基本解决了双方的争执,又避免了直接协商有可能带来的新的冲突。异议期间的设置,既充分尊重了当事人的意愿,又给予其充分时间考虑调解方案。这一“缓冲式”的调解机制,有利于使实际分歧小、对立情绪大的纠纷得到有效调处。[2]

无争议事实记载机制是指调解未达成调解协议的,但是经双方当事人同意,调解员可以对没有争议的事实进行记载,由当事人在调解笔录上签字确认。关于无争议事实记载机制,最高人民法院 2012 年印发的《关于扩大诉讼与非诉讼相衔接的矛盾纠纷解决机制改革试点总体方案》首次规定:“建立无争议事实记载机制。当事人未达成调解协议的,调解员在征得各方当事人同意后,可以用书面形式记载调解过程中双方没有争议的事实,并告知当事人所记载的内容。经双方签字后,当事人无需在诉讼过程中就已记载的事实举证。”2016 年出台的《关于人民法院进一步深化多元化纠纷解决机制改革的意见》再次规定:“调解程序终结时,当事人未达成调解协议的,调解员在征得各方当事人同意后,可以用书面形式记载调解过程中双方没有争议的事实,并由当事人签字确认。在诉讼程序中,除涉及国家利益、社会公共利益和他人合法权益的外,当事人无须对调解过程中已确认的无争议事实举证。”

在实践中,我国很多地方开始进行无争议事实记载的探索。如 2018

---

① 参见黄忠顺:《论商事调解的市场化》,载《人大法律评论》2020 年第 1 期。

② 参见吴其、杨雄:《三穗法院运用“无异议调解方案认可机制”发出首份调解方案》,载澎湃新闻 2020 年 5 月 23 日,https://m.thepaper.cn/baijiahao_7526384。

年 11 月,上海市银行业纠纷调解中心与长宁法院合作,成功开展首例无争议事实记载,当事人在记载下来的无争议事实签字确认后,该记载即具有证据效力,无须在后续诉讼过程再举证。一方面,通过无争议事实记载化繁为简的效用,在不影响法院公平公正审理案件的前提下,省却了对记载事实的审查与认证,提升审判工作的效率;另一方面,双方当事人通过积极参与诉讼、调解,有效缩短了纠纷解决时间,减少了自身的时间和精力成本,凸显无争议事实记载在司法实践中具有“1 + 1 > 2”的重要作用。

五、多层争议解决条款(multi-tiered dispute resolution clause,MDR 条款)

越来越多的企业在订立交易合同时会采用多层争议解决条款(以下简称 MDR 条款)。MDR 条款的特征在于设置前置性争议解决方案,如评估、协商、调解等,在上述方案无法解决时,才能采取仲裁或诉讼等方式。这种将替代性争议解决方案前置的方案,与习近平总书记提出的“把非诉讼纠纷解决机制挺在前面”的理念不谋而合。制度理念与实践操作的契合,既是习近平法治思想生命力的体现,亦使实践操作获得更多理论支撑。①

我国调解立法中对 MDR 条款未作出明确规定。在仲裁司法审查案件中,即便存在当事人没有全面履行 MDR 条款约定的情形,我国法院并未轻易否认仲裁协议的效力,尤其在仲裁裁决已作出后,法院所持观点通常是维护仲裁裁决的确定性。因此,与其他合同条款的设置和对合同的解释一样,MDR 条款的设置应具体明确,对 MDR 条款的解读应在尊重意思自治的基础上对程序的稳定性给予充分尊重。

---

① 参见成阳:《管辖与执行:多元解纷体系中商事调解制度疑难问题研究》,载《上海法学研究》2022 年第 17 卷。

第二章

我国商事调解制度

在全球调解趋势中，商事调解的独立作用、特殊价值和地位越来越受到重视，出现了将调解实质化和制度化的需求。商事调解制度发展趋势主要体现在商事调解的普及化、准司法化，商事主体自治性，商事纠纷解决机制独立化，商事调解的专业化、国际化，以及司法支撑的逐步加强，商事立法的快速发展等几个方面。①《新加坡调解公约》倡导的国际商事调解制度，正是在原有实践的基础上对其进一步实质化、制度化的产物。②

第一节　调解制度概述

一、调解的内涵及类型

根据布莱克法律词典的定义，调解是第三人涉足两

---

① 参见蓝海中心：《全国首个商事调解协会在深揭牌成立》，载深圳市蓝海法律查明和商事调解中心网 2021 年 5 月 21 日，http://www.bcisz.org/html/LHNEWS/1228.html。

② 参见范愉：《商事调解的过去、现在和未来》，载《商事仲裁与调解》2020 年第 1 期。

个对立的当事人之间,引导、说服和促成他们和解的过程,是通过第三人的斡旋、调停、劝说等,使纠纷当事人之间达成协议、消除争议的制度。① 调解作为重要的纠纷解决机制,符合中国主流哲学的"天人合一"思想,以"和谐"为其基础和追求的价值目标,是中国民间和司法程序主导性的纠纷解决手段,具有极强的社会适应性和纠纷处理策略的正当性,是我国纠纷解决机制的优良传统和宝贵经验。②

中国传统儒家文化也一直强调"以和为贵""无诉是求,调处息争"的理念。远在周代,官方设"调人"掌司万民之难而谐和之。至于调解方式,后世却经常建立在"君子重义轻利"的基础上,常见现象是"和稀泥",鼓励争议各方让渡权益了事。从现代社会学家费孝通先生 1948 年的著作《乡土中国》中,可管窥一斑。③ 而被誉为"东方经验"流传数千年的调解传统,从调解员的产生、运作方式到价值取向,都与当代国际通行的商事调解理念大相径庭。与之类似的还有起源于印度的乡村"五老会"制度,是由五个村社长者组成的乡村议会组织,其职能也包括调解当地民间纠纷,其秉承的原则、理念、实践等诸多方面都与现代西方商事调解制度存在差异,这些差异反而可能在亚洲国家探索建立现代商事调解制度的过程中起反作用。④

现代意义上"调解"制度的概念是哈佛大学桑德尔教授受任美国联邦最高法院首席大法官伯格邀请,在 1976 年庞德学术会议的演讲中首次提出的。前任联邦最高法院大法官奥康纳曾说:"法院不能成为解决争端首先考虑的地方,而应该是解决纠纷的最后途径,即通过所有其他

① 参见邱星美、王秋兰:《调解法学》(第 2 版),厦门大学出版社 2010 年版。
② 参见徐昕主编:《调解:中国与世界》,中国政法大学出版社 2013 年版,第 357 页。
③ 参见温先涛:《调解产业论——兼与仲裁、诉讼比较》,载《商事仲裁与调解》2021 年第 3 期。
④ 参见温先涛:《调解产业论——兼与仲裁、诉讼比较》,载《商事仲裁与调解》2021 年第 3 期。

替代纠纷解决方式都不能解决时，才由法院解决。”[①]作为纠纷解决方式或机制的调解具有特定的内涵，既区别于其他纠纷解决机制，又与一些纠纷解决机制存在相似或交叉，有必要进行对比分析。“调解”看似简单的概念之下，包含了丰富而繁杂的内容，既包括初民社会的独特纠纷解决方式，也包括西方国家流行的 ADR 运动，还包括作为一种悠久传统的中国调解。[②]

从纠纷解决方式上来看，调解（mediation，conciliation）是指在第三方协助下，以当事人自主协商为主的纠纷解决活动。调解是谈判或协商的延伸，区别就在于中立第三方，即调解人的参与。调解不同于审判和谈判的决定性因素是，调解人没有权利和义务对争议双方当事人施加外部的强制力，对争议事项作出判断和决定。范愉教授指出，调解是一种历史悠久的传统非诉讼程序，也是当代 ADR 最重要的方式，在世界各国广泛运用，但具体的形式和运作方式是灵活多样的。“mediation”和“conciliation”曾被作为调解的不同类型加以区分，目前这两个概念已经趋于统一，在调解的大概念下又可分为多种类型和形式，调解所达成的调解协议属于当事人的合意，即和解（settlement）。[③]

和解与调解有相似之处，也是一种纠纷解决方式，是指纠纷当事人对他们之间的权益争议，通过自行协商、反复谈判等方式，达成协议解决争议的制度，和解是自行解决争议的一种方式，因适用的场所不同而有所区别。我国《民事诉讼法》规定有诉讼和解制度，第 53 条规定双方当事人可以自行和解，但内容过于简单，司法实践中难以操作，其应有的重要功能难以发挥。第 9 条规定了诉讼调解制度，即人民法院审理民事案件，应当根据自愿和合法的原则进行调解；调解不成的，应当及时判决。

---

① 蒋惠岭主编、最高人民法院司法改革领导小组办公室编：《域外 ADR：制度 · 规则 · 技能》，中国法制出版社 2012 年版，第 29 页。

② 参见徐昕主编：《调解：中国与世界》，中国政法大学出版社 2013 年版，第 3 页。

③ 参见范愉：《非诉讼程序（ADR）教程》，中国人民大学出版社 2020 年版，第 114 页。

调解作为中国最具文化代表性和最富于文化韵味的司法形式，具备自愿性、和解性、协商性、开放性、灵活性等比较优势。[①] 调解过程的非对抗性，补充了诉讼与仲裁无法克服的缺陷，让争议双方都能把控结果，在争议双方高度自治并不再纠缠于是非曲直的情况下，达成一个符合各方利益又切实可行的解决方案(settlement agreement)。如果争议双方能谈成，即为和解；如需要第三方协助，即为调解。[②]

我国的调解类型十分丰富，既有官方机构主持的行政调解、司法调解等，也有非官方机构主持的社会调解，例如人民调解、行业调解、商事调解、律师调解、仲裁调解、公证调解等。

调解在实践范畴上比仲裁和诉讼要广泛得多，这也在客观上增加了对调解形态进行界定的难度。

(一)民间调解、行政调解、司法调解

1. 民间调解与人民调解

民间调解是由司法机关或行政机关以外的民间团体或个人所主持和开展的调解过程，包括社会团体调解、行业协会调解、律师调解及私人调解等。民间调解机构既包括民间自发成立的，也包括由政府或司法机关组织或援助的调解机构，在城乡基层社区的民事及轻微刑事纠纷的解决过程中起到一定作用。传统的民间调解以自愿性、自发性和自治性为特征，是一种自下而上的内生性调解。民间调解的典型形式是社区调解，包括消费者组织、行业协会、商会等各种社团和民间组织、营利性机构等提供的调解服务，有些由政府出面组织或资助，也有一些由基金、财团资助，既有公益性的，也有营利性的，在性质和功能上存在一定的差异。律师调解也可归入广义的民间社会调解范畴，主要指法律职业人士

---

① 参见沈伟、沈平生：《我国证券纠纷调解机制的完善和金融申诉专员制度合理要素的借鉴》，载《西南金融》2020年第5期。

② 参见温先涛：《调解产业论——兼与仲裁、诉讼比较》，载《商事仲裁与调解》2021年第3期。

作为中立调解人进行独立调解。[①]

人民调解从诞生之日起，就不仅限于一种单纯的纠纷解决制度，而是一种重要的基层治理机制。狭义上的人民调解，主要是指《人民调解法》规定的，人民调解委员会通过说服、疏导等方法，促使当事人在平等协商基础上自愿达成调解协议，解决民间纠纷的活动。广义上的人民调解的总体特征就是其民间性，即非行政、非司法的性质。其主要包括基层人民调解组织及公益性社区调解，即狭义人民调解组织，此外，未纳入人民调解组织的各种“民间调解”以及业主委员会、物业公司、农村经济合作社、社区工作者或志愿者组织的调解（包括临时调解），都能够发挥及时就地解决社区纠纷以及纠纷预防、社区建设等方面的社会功能，也属于社区调解的范畴。

人民调解融合了基层社会治理、传统文化传承、纠纷预防和解决等独特的社会功能和政治功能。有观点认为人民调解事实上被标签化了，我们应该强调民间调解的重要性，即民众通过自我调解，实现纠纷化解。鉴于“人民调解”已经标签化，人民调解委员会由司法行政机关管理的局面已经形成，提议统一调解法可以在承认并改进既有人民调解体系的前提下，并行规定“社会调解”，将“人民调解委员会”之外的其他所有诉讼调解组织一并纳入“社会调解”范畴。“社会调解”包括仲裁委员会专门设立的调解组织、商事调解组织、行业调解组织、其他具有调解职能或开展调解业务的组织的调解。[②]

《人民调解法》是中国首部真正意义上的调解法，它意味着我国的人民调解制度实现了“法律”化的重要转变，人民调解实现了有法可依，步入规范化、法制化的发展轨道。尽管在立法过程中涉及了诸多利益的博弈和各种理念的冲突，但对推动人民调解乃至整个调解体系的发展作出

---

① 参见范愉：《非诉讼程序（ADR）教程》，中国人民大学出版社 2020 年版，第 117 页。

② 参见徐昕主编：《调解：中国与世界》，中国政法大学出版社 2013 年版，第 413 页。

了重要的历史贡献。《人民调解法》没有针对不同类型纠纷的特点而建立起多元化的社会调解体系,而是突破传统人民调解地域性、自治性的原有制度定位,试图以一元化的人民调解统合各类民间社会性调解。这种一元化的统合模式导致其后的相关政策文件表达皆为以“人民的名义”,把实践中所涌现的各种新型调解组织类型都戴上“人民调解”的帽子或装进人民调解的“百纳袋”中,这种概念泛化掩盖了商事调解、行业调解、专业调解等多元社会调解方式的制度特色,造成了这些非官方调解的法律定位不清的后果,使调解立法滞后于新型调解实践,并制约了多元调解形式的协调发展。

2017 年 9 月,最高人民法院和司法部共同发布《关于开展律师调解试点工作的意见》,要建立律师调解工作模式、健全律师调解工作机制。由此,值得我们思考的问题是与人民调解相比,如何理解律师调解的法律定位及其特点是什么?律师调解主要有几种模式:建立独立的调解(仲裁)事务所,为双方当事人提供中立、专业的非诉讼服务;以志愿者或法律援助方式提供无偿调解服务,如资深律师在法院轮流驻守,提供诉前调解;注册为法院附设调解员,受法官指定或双方当事人委托参与诉讼案件调解;受委托聘用担任行业、企业的调解人或临时参与个案调解。除临时调解外,律师参与调解一般必须经过专门培训获得调解员资格并严格遵守相关道德规范,如保密、利益冲突等,严禁借机揽讼。律师作为一方当事人代理人参与调解(和解),不属于中立第三方调解。

在律师调解方面,杭州的做法值得关注和借鉴。杭州市贯彻落实最高人民法院、司法部《关于开展律师调解试点工作的意见》,探索建立“1 +60”的律师调解组织体系,市级层面由市律协发起设立民办非盈利专业性调解组织“杭州律协调解中心”,同时确定全市 60 家律师事务所设立律师调解工作室,完善律师调解工作的组织体系。杭州市司法局与市法院、市律协签订《共同推进多元化纠纷解决机制建设合作框架协议》,共同制定《关于建立律师参与多元化纠纷解决机制的会议纪要》,明确了律师调解工作在调解资质、组织管理、经费保障、试点要求、司法确认等方面内容。①

2. 行政调解

行政调解是指行政机关基于自身社会管理需要，对其职权涉及的民事纠纷进行的调解。行政机关主持调解不是行使行政权的结果，而是行使社会管理职能时对民事纠纷的附带性调解，体现的是行政权的公益性和服务性。

在2010年以前，行政调解凭借其权威性和专业优势独立于人民调解而发展，各级政府陆续在治安管理、医疗事故、知识产权、市场监管、环境保护等领域都设置了行政调解制度，体现"谁主管、谁执法、谁调解"的结构特征。《人民调解法》的颁布实施改变了这一状况，各地司法行政机关以此为契机，大力加强行业性、专业性人民调解委员会建设，纷纷在交警队、房管局、卫生局、工商局（消协）、旅游局、派出所、司法所等机构设立专业性人民调解委员会，并且直接聘请或委派所在行政机构工作人员为兼职调解员参与人民调解工作。② 2014年修改《行政诉讼法》时增加了"解决行政争议"这一立法目的，由此延伸规定了行政诉讼有限调解制度，该制度以行政诉讼不适用调解为原则，例外地规定了在行政赔偿、行政补偿以及行政机关行使法律、法规规定的自由裁量权的案件时可以调解方式了案。2018年，最高人民法院通过《关于适用〈中华人民共和国行政诉讼法〉的解释》，明确调解书的规范制作、行政诉讼调解的启动条件等重要内容。行政诉讼有限调解制度在实质解决行政争议、消解行政相对人与行政机关间冲突方面发挥显著作用。③

---

① 参见杭州市司法局：《市局扎实推进律师调解工作显成效》，载杭州市司法局官网，http://sf.hangzhou.gov.cn/art/2021/9/14/art_1659363_58924678.html。

② 参见王聪：《作为诉源治理机制的行政调解：价值重塑与路径优化》，载《行政法学研究》2021年第5期。

③ 参见薛清兰：《行政诉讼调解制度必要性及问题浅析》，载《经济师》2021年第12期。

经过梳理行政调解的相关规范，现行国家法律、行政法规和规章层面尚无统一的专门性规定，仅在《专利法》《商标法》《治安管理处罚法》《农村土地承包法》《道路交通安全法》等单行法律、行政法规及部门规章中有涉及行政调解的规定。此前"行政调解条例"曾数次被列入国务院立法工作计划，但因条件未成熟等原因，至今尚未制定颁布。现在大部分省、自治区、直辖市在地方立法层面对行政调解进行了不同程度的探索，在行政调解实践方面也积累了丰富的经验，如江苏省人民政府于2019年4月12日发布施行的《江苏省行政调解办法》，广州市人民政府于2015年9月30日施行并经两次修订的《广州市行政调解规定》。湖南省行政调解工作最主要的依据仍是《湖南省行政程序规定》，该规定于2022年进行修改，但修改内容没有涉及行政调解，是否需要制定行政调解的专门性规定还值得进一步探讨。①

3. 司法调解

司法调解是原被告双方在法官主持下根据自愿原则处分个人权利以达到纠纷解决的一种结案方式。司法调解包括法院附设调解和法院调解，其中，法院附设调解是由法院附设或委托独立的调解机构进行调解。司法调解是以当事人向法院起诉为起点，包括立案调解、庭前调解和诉讼调解。这种定义让我们能够更好地看清当事人经历过法院外调解后如何再经历法院内调解。在大调解体系下，因人民调解和行政调解的存在，调解程序首先隶属于非诉体系。调审分离的改革认可了开庭前的立案调解和庭前调解，并且这一做法成效显著。②

司法调解是民事简易程序中化解民间矛盾最重要的手段，中华民族博大精深的伦理文化给人们处理日常生活的冲突和纠纷提供了良好的

① 参见湖南省司法厅：《行政调解机制研究——以湖南省行政调解工作为例》，载《人民调解》2022年第12期。

② 参见张超、杜玉华：《司法调解的正当化基础、体系矛盾与改革》，载《东华大学学报（社会科学版）》2021年第4期。

互动作用，将伦理文化引入司法解纷的过程中，对于彻底解决纠纷、维护社会稳定、促进社会和谐具有重要作用。

人民调解、行政调解、司法调解构成的公益性调解格局以亲民、便民、利民为主要特色，在解决社会纠纷、促进社会和谐和稳定、组织和治理社会、传承文化和弘扬道德等方面发挥了不可替代的作用。但随着社会的发展，面对矛盾纠纷呈现多样化和复杂化的趋势，调解组织解纷能力不足，调解人才储备不够的问题日益突出。在这种背景下，我国在商事、行业、律师调解领域中引入市场化运作，涌现了中国贸促会商事调解中心、上海经贸商事调解中心、北京“一带一路”国际商事调解中心、深圳蓝海法律查明和商事调解中心等在业界具有影响力的调解组织。[①]

（二）行业性、专业性调解

行业性、专业性人民调解是指针对特定行业和专业领域的矛盾纠纷，依托依法设立的行业性、专业性人民调解组织，运用专业知识有针对性地开展矛盾纠纷预防化解工作，实现提前预防、及时化解、定分止争、案结事了的目的。行业性调解强调对行业组织的依托，而专业性调解主要是针对特定类型纠纷设立的专门程序，二者既有重合又有区别。

2014 年 9 月，司法部印发了《关于进一步加强行业性专业性人民调解工作的意见》，大力推进行业性、专业性人民调解工作。2016 年司法部又会同中央综治办、最高人民法院、民政部联合印发了《关于推进行业性专业性人民调解工作的指导意见》（以下简称《行业性专业性人民调解的意见》），就进一步加强行业性、专业性人民调解工作提出明确要求。《行业性专业性人民调解的意见》中，最高人民法院已注意区别旨在解决民间纠纷、基层矛盾的人民调解制度以及与金融、投资、房地产、知识产权、国际贸易等相对应的商事调解制度乃至民商事纠纷中立评估机制等。

---

① 参见廖永安、江和平：《构建中国特色多元化纠纷解决机制》，载《人民法院报》2021 年 4 月 6 日，第 2 版。

人民调解与商事调解，二者在调解主体、纠纷客体、调解员的资质和培训、运作方式等方面存有差异。而商事调解上位法的缺失，会掣肘商事调解制度的未来发展。为商事调解构建完备的制度体系，将其从人民调解制度中分立，是我国多元解纷机制在发展中不可或缺的重要一环。[①]

应发展行业纠纷调解，求纠纷解决之替代。寻求纠纷解决多元化是应对“案多人少”问题的最佳路径，当事人可以根据自己的情形或条件选择适用适合自己的纠纷解决方式，这也是纠纷解决多元化的重要意义所在。私权的可处分性正是这种选择的基本条件和前提，其中，最为有效的替代性纠纷解决路径应当是大力发展行业调解制度。制定相应的行业调解机制，结合具有区域性、生活性、基层性、伦理性的人民调解制度以及跨行业的仲裁制度，基本可以形成一个立体的、综合性的纠纷替代解决系统。[②]

二、商事调解的内涵及类型

（一）商事调解的内涵

商事调解是在中立第三方或调解员主持下，通过各方当事人平等协商解决商事纠纷的方式，是指为解决商事纠纷而设立的、由一系列组织、规则、程序、方法等要素构成的综合机制。[③]

在我国，商事调解并不是一个确定和统一的制度，在法律法规中也找不到这一概念，这导致了对商事调解的诸多误解，有人将商事调解与人民调解相对立而否认其存在的合法性，有人简单地把商事调解等同于市场化的收费调解，有人则将商事调解与行业调解混为一谈。商事调解

---

① 参见成阳：《管辖与执行：多元解纷体系中商事调解制度疑难问题研究》，载《上海法学研究》2022 年第 17 卷。

② 参见张卫平等：《关于“案多人少”的形成和破解有关问题讨论》，载《民主与法制》2022 年第 13 期。

③ 参见范愉：《商事调解的过去、现在和未来》，载《商事仲裁与调解》2020 年第 1 期。

属于一种专门化的调解机制，与劳动、家事、医疗、交通事故等专门性解纷机制并列；与行业调解、专业性调解、商会调解、综合性地域性调解（一站式解纷中心）等存在交叉或包含关系；传统商事调解主要是一种民间社会机制，但广义商事调解也包含行政性和司法性机制。①

商事调解在社会治理系统中具有其独特的价值，按照其功能和形态，可分为广义商事调解、狭义商事调解和新型商事调解。

根据调解案件来源的不同，商事调解可以分为独立调解与依附调解两种类型。独立调解，是指独立于诉讼与仲裁程序之外的商事调解，而依附调解是指依附于诉讼或者仲裁的调解。在我国当前的商事争议解决实践中，绝大多数调解案件采取依附调解模式，只有少部分商事争议通过独立调解获得解决，且独立调解的部分案源也来自人民法院以及仲裁机构。② 非独立商事调解主要包括诉讼程序中的调解与仲裁程序中的调解。随着诉调对接和仲调结合政策的推行，诉讼调解和仲裁调解在中国快速发展。还有学者将商事调解分为依托专业机构和专业人士开展的调解和诉讼过程法院主导的调解，在《新加坡调解公约》背景下，法院主导下的调解很难纳入公约范畴，这会减损当事人在进入诉讼后分流到调解的意愿。所以，如何将法院主导的调解和专业的商事调解相衔接，是打通两者对接壁垒的关键。③

提高顶层设计能力，加强综合调解立法、商事调解立法、单行立法等各种方式的研究。在立法之前，首先，应致力于建立商事纠纷解决机制的宏观整体发展战略，区分国际与国内商事调解，传统商事调解与新型消费和专门性调解，根据需要设计各种公益性与市场化并行的专门性制度。其次，应逐步整合各类商事调解组织、明确各自的性质、定位、功能

---

① 参见范愉：《商事调解的过去、现在和未来》，载《商事仲裁与调解》2020 年第 1 期。

② 参见黄忠顺：《论商事调解的市场化》，载《人大法律评论》2020 年第 1 期。

③ 参见刘晓红：《论我国民商事纠纷多元化解决机制的现代化》，载《东方法学》2023 年第 2 期。

和运行模式。最后，在继续完善诉调对接和司法确认模式的同时，应以“把非诉讼机制挺在前面”为目标，重点扶持非诉讼民间社会调解机制，发挥其在减少诉讼、预防和早期解纷、实行市场治理和商事主体自治方面的重要作用。

（二）商事调解与人民调解的区别

1. 商事调解与人民调解的观念基础不同

人民调解与商事调解都是调解领域里的重要组成部分，二者关系应是各司其职，并行不悖，在维护社会的和谐、稳定方面，有着共同的责任；在调解方法和技巧等方面也可以相互借鉴。①

民法最基本的价值取向是公平，即公平优先兼顾效益与其他；商法最基本的价值取向是效益，即效益优先兼顾公平与其他。传统民事纠纷当事人关注的重心是案件处理是否公平，精神利益的重要性往往超过物质利益。然而，在经济交往中，人们行为的动力并不是来自道德召唤，而是来自利益追逐。商事纠纷当事人着重于物质利益的争夺，且十分注重案件裁判对其他经济交往的影响，尤其是商业机会稍纵即逝，商事纠纷当事人往往希望纠纷尽快了结，关注的是效率和效益，这更容易促成相互妥协，提高调解成功率。

2. 商事调解与人民调解的行动基础不同

传统民事诉讼多发生于熟人社会，亲朋好友的反目往往令当事人绝望，即使握手言和将来相处也心存芥蒂；而一次性博弈的侵权行为则使当事人锱铢必较、无所顾忌，甚至产生故意敲诈对方利益的投机心理。商事纠纷的当事人往往判断对于自己而言，到底胜诉的价值更大，还是维持未来商业关系的利益更大，如果仅涉及一些非关键性问题，一方往往可以考虑在诉讼中作出让步以换取对方继续合作。另外，即便诉讼至

---

① 参见穆子砺：《鉴往知来，砥砺前行——回顾中国贸促会、中国国际商会调解中心发展历程展望中国商事调解发展前景（下）》，载《商事仲裁与调解》2020 年第 3 期。

关重要,让步无法进行,诉讼当事人也仍然会注意尊重对方,尽量保存潜在的商业合作机会。从商人视角思考,审判无非在国家面前延续谈判的过程,法庭也只是议论、交涉的平台。在商事审判过程中采用合适的调解方法,实行商谈审判模式,营造轻松的法庭氛围,可能更有利于纠纷的解决。[①] 也就是说,当事人之间的弱对抗性为商事调解提供了较为有利的行动基础。

行为经济学已经系统地从有限的理性、有限的意志力以及有限的自利三方面证明了现实人并非经济理性人,因而,在民事主体缺乏平等协商根基的情形下,强化对社会弱势群体的特殊保护以及对基本法律价值的维护就显得尤为重要。尽管商事主体也存在双方实际解纷能力悬殊的情形,但并没有民事领域常见,而且商事主体尚未被社会弱势群体化,因而,除极其个别情形外,发生交易行为的商事主体之间应当推定为具有平等性。既然商事主体具备平等协商的能力,作为商事主体平等协商结果的旨在解决商事纠纷的调解协议理应遵循商法的外观主义,推定商事调解协议具备合法性并确立商事调解协议司法不变更原则相对于民事调解协议更具备正当性基础。[②]

(三)商事调解与人民调解的协同发展

在我国发展商事调解,面临的一个现实问题就是如何与人民调解有机衔接、协同发展,对此问题,深圳市南山区为了摸清企业对争议解决方式的实际需求,客观分析南山区人民调解与商事调解协调发展的情况及存在的问题,课题组面向辖区内的企业群体开展了问卷调查。从反馈的情况看,受访对象在某种程度上混淆了人民调解与商事调解的特点:

---

① 参见上海市第二中级人民法院:《商事案件诉调对接机制的构建与实践》,载上海市第二中级人民法院网 2010 年 10 月 11 日,https://www.shezfy.com/view.html?id=33384。

② 参见黄忠顺:《商事调解与民事调解的区分原理及其实现路径——基于 2012～2013 年中国商事调解研究文献的分析》,载《北京仲裁》2014 年第 3 期。

首先,与人民调解广设点、广布网的设立思路不同,商事争议解决的服务是不以机构、执业人数多少作为服务是否完善的衡量标准。其次,根据《人民调解法》的规定,担任调解员只要求具有一定文化水平、政策水平、法律知识的成年公民。但专门性商事调解组织起点都比较高。然而,许多当事人对于调解的认识仍来自人民调解,对于调解员是否具有解决商事争议的专业性表示怀疑。最后,对于仲调衔接,由于人民调解解决的是民间纠纷,商事纠纷更倾向于选择仲裁,因此,仲裁与人民调解之间因为处理纠纷领域不同,很难发生联动。然而,商事调解则可以运用于诉讼、仲裁的任何阶段,"仲裁—调解"的模式也为国际社会所认同。尤其是《新加坡调解公约》仅适用于商事调解,通过研究人民调解与商事调解的协同关系,有助于厘清两者的边界以及在运行模式、职业要求等方面的区别,有利于推动商事调解服务的发展,加强商事调解的制度化进程,推动我国与《新加坡调解公约》尽快实现落地衔接。

第二节　商事调解的本质属性及定位

商事调解与仲裁都是适应民众的生活和生产实践需要而自发产生的,也是随着商品经济的产生而发展起来的。调解与仲裁的内容主要是针对私人之间的民商事纠纷。早期的调解人或仲裁人来自社区、宗族或行业协会的德高望重者。[①]

一、商事调解的本质属性

(一)商事调解具有有偿性、市场性的属性

自古以来,商事纠纷解决方式一直高度自治,有自身的传统理念、规

---

① 参见温先涛:《调解产业论——兼与仲裁、诉讼比较》,载《商事仲裁与调解》2021 年第 3 期。

律,基于案件的客观情况审理案件,具体问题具体分析,尊重当事人意思自治和遵循商业逻辑,与普通民事纠纷解决机制相独立。[①] 商事调解中解决的纠纷产生于商事关系中,因而具有自身的专属性和特殊性,也体现了有偿性和市场性的特征。商事关系是一种经营关系,由营利、营业、商人三大要素构成,其中,营利是商事关系的本质特征,也是商事活动中的特有属性。

作为一种非对抗性争议解决方式,商事调解着眼的是当事人的商业利益,维持或发展争议当事人之间的潜在商业关系,而不是确定权利与义务、对与错、非输即赢的博弈。商事调解具有如下特点:一是自愿选择,当事人可以自愿选择调解方式、调解员、调解语言、调解地点、调解期限。二是信息保密,调解涉及的材料、调解过程和调解结果都受到严格保密。三是随时调解,不论是否已经提起仲裁程序、司法程序或其他争议解决程序,均可随时进行调解。四是调解结果可以进行司法确认,经调解机构调解达成的和解协议,各方当事人可以依法共同向有管辖权的人民法院申请司法确认。五是调解不排斥其他争议解决程序的进行,即使调解不成,当事人仍可以选择将争议提交司法诉讼或协议仲裁。据不完全统计,通过调解达成的和解协议有超过 90% 的履行率,这相对于其他解决知识产权纠纷方式存在的耗时长、执行难等问题,具有很大优势。

商事纠纷的特殊性决定了商事调解员应当具有商事专业知识,熟悉商事营业活动的运作;决定了商事调解组织应当采取市场化运作方式,匹配商事活动的运作规律;决定了商事调解服务应当采取收费原则,与商事活动的营利性相吻合;决定了商事调解程序比较注重规范性,符合商事活动追求效率的目标。

第一,商事调解是商业交易当事人在发生纠纷后采取双方自愿的自

① 参见刘沁予:《〈新加坡调解公约〉签署后我国商事调解员的任职资格》,载《商事仲裁与调解》2022 年第 3 期。

力救济,能合理化解纠纷,维护交易安全,节省司法资源,是诉源治理和社会稳定的“调节器”之一。有效使用商事调解将有助于打造法治化营商环境。在解决商事争议时,作为理性经济人的商事主体不仅从争议的角度考虑问题,而且更多地从风险管理方面考虑,这包括对公司收入、资产、知识产权、专有权保护和公司声望、声誉的考虑。在很多情况下,双方当事人达成调解协议的关键不在于争议本身如何解决,而在于调解的结果能否带来双赢。商事调解遵循严格的保密原则,可以有效避免商事争议解决过程中可能带来的商誉减损等商业不确定性影响。基于此,大型跨国公司往往更热衷调解,甚至在所有商事合同中均加入了调解条款。尽管通过调解方式解决的商事争议越来越多,但绝大多数案件是通过诉讼调解或仲裁调解予以解决的,独立型商事调解的适用数量仍然不多。①

第二,商事调解基于当事人自愿和中立第三方如调解员居中调解,当事人与调解员没有利害冲突。这与当事人和法官、仲裁员之间的关系颇为相似,因此商事调解与仲裁、诉讼之间具有一定程度的包容性、可塑性。商事调解与仲裁、诉讼相衔接,有利于打造调解与仲裁、诉讼相衔接的一站式纠纷解决机制,发挥各自的优势和长处,共同服务于定分止争。

调解员作为商事纠纷的协调人和组织者,对争议具有裁判权,因此要求调解员应具有更高的业务素质,更敏锐的嗅觉、视觉,更强的协调力和判断力。商事调解员应该刚柔兼备。所谓“柔”,就是做到说话亲和、语调柔和、心态平和、态度温和,展示出调解员的人格魅力,让当事人对调解感到安心、放心和充满信心,在自行和解无望的情况下,当事人会自愿选择调解方式解决其纠纷。所谓“刚”,意味着商事调解员要凭借综合专业技能、实践经验、人格魅力、创造性思维、心理学知识、良好的沟通力和超强说服力,善于倾听聆听,劝导当事人摒弃“零和博弈”和狭隘思维,

---

① 参见黄忠顺:《论商事调解的市场化》,载《人大法律评论》2020 年第 1 期。

耐心协助当事人平息和消除之间的对立情绪,安抚当事人恢复平静和理性状态。基于坚持原则,明法析理,主持公道,尊重合同,公平合理的原则,查明案情是非、分清各方责任,调整和掌握好当事人心理和利益平衡杠杆,有条不紊地引导和说服当事双方在平等自愿的基础上达成和解协议。①

第三,商事调解蕴含和谐共生的商业文化,在世界范围内具有共通性,容易为不同地域、不同法律背景的商人们所接受,辅以国际层面调解公约和法律规则的成长,大力推广商事调解也有利于打造国际化营商环境。②

(二)商事调解的运行逻辑是技术理性主义

商事调解是涉及高度专业化领域的纠纷,其场域的运行逻辑是技术理性主义。商事调解是需要经过特定专业训练方可获得的能力或水准,其进入门槛、资质条件、技术标准等也决定了专业与非专业圈层的界分。专业圈层需要专属的话语系统、符号指引和认知逻辑,通向理性的门槛更高,具有更强的专业限制性和更为稳定的声誉评价,而这些对于非专业圈层而言,却是认知的留白区,由此自然而然地形成了前者对于后者的知识权威。恰恰是以专业权威为主轴的知识信任,促使纠纷各方产生了服膺的自觉,这是对于消除矛盾、化解纷争相当重要的意识资源。由技术理性引申而来,在商事调解的制度实践运行中,专业性的法律知识以及相应的法律职业经历、职业法律人显得越来越重要。原本主要着眼于对抗性诉讼的律师也开始加入人民调解、商事调解等,律师调解日渐普遍。调解的法治化色彩越来越浓重,有时成为定分止争的关键因素。

---

① 参见王源泉:《国际实践视野下商事调解员的素质及个人调解的作用》,载《商事仲裁与调解》2021 年第 4 期。

② 参见北京仲裁委员会/北京国际仲裁中心编,费宁、赵芳、陈菁菁:《中国商事争议解决年度观察(2022)》,中国法制出版社 2022 年版。

随着公众的法律意识也越来越强,“依法疏导法”成为调解领域的重要方法。[①]

二、商事调解在解决商事纠纷中发挥的重要作用

(一)商事调解有助于利益协调与互利

调解的本身目的是在纠纷双方之间寻找一个平衡点,而这个平衡点是一种软性的平衡点,它意味着双方可以在不断的博弈妥协中控制结果的走向。调解机构扮演的角色就是提供帮助双方沟通的机制,在博弈妥协的过程中积极寻找共同点,促成软性平衡点的达成。[②]

商事或经济纠纷争议的对象是一种利益,利益与法律上的权利义务有很大不同。一般而言,权利和义务是简单的、对等分配的,利益却是复杂的、可以综合考虑的;权利、义务的划分结果是胜负分明、一方获益或“零和博弈”,而利益的协调却可能达到双赢或多赢,实现双方利益的最大化。当代 ADR 的一个重要理论就是利益协调论,它强调在纠纷解决中不仅要关注自身的权利和利益,也要关注对方的利益;不仅关注眼前利益,更应该着眼于长远利益,尽可能在协商中寻求双方的互利和双赢,以及兼顾社会公共利益的多赢结果。[③]

调解的功能好比一个坐标系的两轴,两条轴线分别代表着共同关系的修复和解决纠纷成本的降低,把重心放在坐标的哪一点上是在获得合意的过程中不得不做出的选择。无论是东方还是西方都逐渐认识到法律并不是调整商业关系的唯一手段,在某些方面甚至不是重要的手段,有时文化、道德、习惯等因素在化解矛盾时能够起到更为重要的作用,因此,相比刚性的诉讼而言,柔性的调解更有助于商业关系的维系和商事

---

① 参见吴元元:《人民调解员的制度角色考》,载《中国法学》2021 年第 4 期。

② 参见王亚明:《中美调解机制比较再探》,载《海峡法学》2016 年第 3 期。

③ 参见范愉:《非诉讼程序(ADR)教程》,中国人民大学出版社 2020 年版,第 30 页。

纠纷的解决。①

（二）商事调解可以搁置不同法系间差异，灵活便利地解决争议

我国"一带一路"建设中，沿线国法系既包括大陆法系、英美法系，还包括伊斯兰法系、混合法系，不仅法律体系不统一，而且由于各国政治、经济和文化方面的差异，很多具体法律制度也存在差异。交易双方产生争议提交诉讼或仲裁时，适用不同的法律可能造成当事人利益状态悬殊甚至完全打破当事人对交易的整体预期。如果采用调解解决，那么双方就可以搁置法律制度差异而将目光和精力投向损失和风险的实际分担，在第三人主持下通过协商谈判寻求双方当下利益的最佳平衡点，不至于因法律制度差异而引发更大交易风险。

（三）商事调解的特有商事属性体现了效率优先

民商事调解秉持和天下的基本原则，并非简单止步于处理中的争议化解和事中利益的恢复，而是着眼于未来交易安排或利益重塑，采取做蛋糕而非分蛋糕的方式寻求争议双方全新的利益增长点，促成全新交易或利益分配方案，从而使争议消弭于互利共赢和互相成就之中。其突出价值还在于，通过第三方协助友好解决争议，有效避免商业关系破裂或终止，有效避免双方关系严重恶化或冻结，从而降低交易成本，最大程度上维护共同利益和长远利益。

第三节 商事调解的模式

在规则层面，《新加坡调解公约》及《贸易法委员会调解规则》（2019年）都对调解模式保持沉默，显示了公约层面足够的包容性。调解在实

① 参见祁壮：《国际商事调解发展的新趋势与我国的应对》，载《江西社会科学》2023年第2期。

践中表现为各种不同的模式或程序。

一、商事调解模式的不同分类

以调解人在调解过程中的能动性和法律法规对调解程序的介入程度不同,可以将各种调解模式依次进行排序,该序列的一端是治疗型调解,强调赋权给当事人的重要性,评价型调解模式和法律性调解模式(legal mediation models)重视的则是由作为实体专家或程序专家的调解人(经常是律师调解人)对纠纷作出理性的处理。

自愿性是调解的本质属性,自愿原则是调解定义中基本的、无争议的原则,由调解规则中的调解方法或调解模式承载,当中尤其涉及调解员提供的意见对当事人自决程度的影响。根据调解员在调解程序中所担任的不同角色,调解的基本模式有协助型(facilitative approach)调解和评估型(evaluative approach)调解。促进式调解需遵循的原则是当事人意思自治。调解员的作用是作为中立第三方,促进当事人之间的沟通和理解,同时围绕当事人的利益诉求,协助当事人探索可行的和解方案,引导当事人基于其自己的意思达成和解。因此,调解员在此过程中一般不主动发表其对案件争议的观点,仅起到协助当事人澄清、强化沟通的作用。促进式调解的优势在于,基于案件争议涉及的各方利益,当事人可以跳出法律权利义务的框架,达成各方利益最大化的和解方案。同时,各方当事人也更愿意履行以这种方式达成的和解方案。但如果当事人就争议中各方的法律权利义务分歧较大,促进式调解可能难以在短时间内使当事人就争议问题达成共识。

评估式调解是调解员通过对当事人法律关系的梳理和评估,协助当事人在进入对抗式诉讼或仲裁程序之前,加深对己方法律观点的认识,从而实现当事人达成和解的目的。如果调解员在评估中表现出倾向于某一方当事人立场的观点,则可能引发其他当事人对调解员中立性的质疑,从而导致调解失败。

莱纳德·里思金(Leonard L. Riskin)提出划分调解方式的模型,被称作里思金表格(Riskin Grid)。里思金认为,调解能够解决的问题可以划分为四个层面,包括法律问题、商业利益、个人关系和集体利益。最狭隘的认识为,调解仅解决当事人在个案中的法律纠纷;最广泛的认识为,调解不仅解决个案中的法律纠纷,还考虑到争议所涉及的当事人的商业利益、维系和改善当事人之间的关系,甚至行业内的集体利益。因此,在调解开始前,调解员应当根据案件具体情况和各方当事人的诉求,明确当事人希望通过调解解决何种问题,即调解的目的。评估型与协助型调解的分类并不是对真实调解过程的反映,而是在理论上建构了一组相互辩证的调解模式的理想类型。在真实的调解实践中,调解的展开过程是评估与协助不同程度的交织,即评估与协助在实践中是综合的,而不是对立的。①

此外,网上调解的快速发展使调解的程序样式更加多元,并对传统面对面的调解模式提出挑战。南非学者 Paleker 认为,正是因为缺乏清晰的程序界定才有了完全不同的调解实践。而形态各异的调解实践,虽然反映了调解程序的多样性本质,但对调解的质量控制以及调解在当事人中的推广适用提出了挑战。总之,调解的自治性和灵活性特质,使调解必然呈现反法制的外观,况且调解承载了太多的社会价值目标,其多样化的程序样式正是对社会多元需求的反映。但为了确保调解程序质量和保障调解行业健康发展,调解的适度制度化又是发展的必然。②

二、协助型调解

《新加坡调解公约》下的商事调解是指不依赖仲裁和司法的、独立

---

① 参见熊浩:《语境论视野下的〈新加坡调解公约〉与中国商事调解立法:以调解模式为中心》,载《法学家》2022 年第 6 期。

② 参见史长青:《调解人行为规范的国际视野与国内现象解读》,载《民事程序法研究》2010 年第 00 期。

的、民间性调解，调解类型为“协助型调解”（facilitative mediation）。这种调解模式要求调解员持中立立场，辅助各当事人自主决定争议内容和解决方案。[①]

在相当长的历史时期，协助型调解是英美世界调解的主流范式，其基本理念对西方的调解规则与伦理规范之建构产生了深刻的影响。在这些法域的协助型调解模式下，调解员被要求不应该给当事人提供自己的主观意见。原因包括以下方面：第一，从当事人视角来看，与法庭的权威式裁判不同，调解的核心是当事人的自治。而调解员的评价型介入，会与当事人自治这一要求产生冲突。第二，从调解员视角来看，调解员需要恪守严格的中立性（strict neutrality），而调解员依据自身经验与知识为当事人提出建议，会使调解员偏离这种中立性要求。[②]

目前国际商事调解实践的主流做法为“协助型调解”。这种调解模式要求调解员持中立立场，协助各当事人自主决定争议内容和解决方案。例如，《澳大利亚调解员准则》要求“调解程序旨在最大限度地实现当事人决策”。《美国调解员行为示范标准》规定调解员需依据当事人自决原则促使各方当事人自由而明智地作出结果选择。《新加坡调解公约》规定调解员无权将一个解决方案强加于当事人，只能协助当事人设法友好解决争议，帮助双方寻求解决争端的和平方式。西方观念更倾向于把调解看成是一个由调解员组织引导的当事人之间的谈判。[③] 而法院附设调解或行政调解、人民调解属于评价型或指导型调解。不同调解类

① 参见刘沁予：《〈新加坡调解公约〉签署后我国商事调解员的任职资格》，载《商事仲裁与调解》2022 年第 3 期。

② 参见熊浩：《语境论视野下的〈新加坡调解公约〉与中国商事调解立法：以调解模式为中心》，载《法学家》2022 年第 6 期。

③ 参见刘沁予：《〈新加坡调解公约〉签署后我国商事调解员的任职资格》，载《商事仲裁与调解》2022 年第 3 期。

型下调解员的职能不同。[①]

三、评估型调解

中国的调解更倾向于评估型调解模式，这种模式广泛地影响人民调解、行政调解、律师调解、司法调解等各种调解形态。我国法院附设调解或行政调解、人民调解属于评价型或指导型调解。即使把考察的目光仅仅聚焦在相对高端、专业化的商事调解领域，相对领先的商事调解机构也没有采纳西方那种协助型调解的基本模式。商事调解机构希望在尊重当事人意思自治的大前提下，保留调解员实体性介入冲突化解过程的权力，而不是将这种权力限缩殆尽。如北京国际仲裁中心发布的《调解员守则》规定："调解员在调解程序和调解结果上应充分尊重当事人意思自治，并运用其创造力与经验，积极引导调解程序进行，根据具体纠纷情形最大程度满足当事人的需要。"上海经贸商事调解中心发布的《调解员守则》规定调解员不得强迫当事人达成和解协议，调解员不应仅满足于"消极有效"的角色定位，而是应当引导当事人在互谅互让的基础上，秉承在商言商、以和为贵的精神，逐步减少分歧，达成和解协议。在上述这两个商事调解机构的调解员行为规范中，都没有出现类似其他法域对调解员实质性介入解纷过程的禁止性规定。[②]

第四节　我国商事调解制度的不足及现代化需求

为了实现秩序的生成，纠纷解决机制会接纳权威的介入，由于这样

---

① 参见刘沁予：《〈新加坡调解公约〉签署后我国商事调解员的任职资格》，载《商事仲裁与调解》2022 年第 3 期。

② 参见熊浩：《语境论视野下的〈新加坡调解公约〉与中国商事调解立法：以调解模式为中心》，载《法学家》2022 年第 6 期。

的语境性嵌入,无论在微观维度还是在宏观维度,我们都会看到中国非诉讼纠纷解决机制的发生、发展过程与西方的明显不同。所以,我们需要在中国非诉纠纷解决制度构造的社会、文化语境性特征这一大前提下,在立法设计中创设中国语境与《新加坡调解公约》有机衡平的立法构造。[①]

一、缺乏基础性法律、法律条文碎片化

作为多元化纠纷解决机制的重要组成部分,商事调解的重要性毋庸置疑。虽然我国《人民调解法》《仲裁法》《民事诉讼法》等法律对调解机制进行了规定,但《人民调解法》仅规范人民调解制度,对其他行业调解、商事调解等问题没有涉猎。调解作为纠纷解决机制,依赖实体法对于调解权利的基本规定。《民法典》对调解的规定也非常简单,只有三处提到了调解。第一处是关于物权纠纷,可以通过和解、调解、仲裁、诉讼等方式解决;第二处是提到针对离婚案件法院应当调解;第三处是关于继承的纠纷可以通过调解来解决。从这三处调解的规定来看,离婚、继承实际上还是一个民事或家事调解的范畴;物权纠纷相对来说可能是民事的,也可能是商事的。但总体上来看,《民法典》对于调解制度的基础性问题,如当事人可以调解的处分权利边界没有明确规定。

目前商事调解主要由最高人民法院、中国证券业协会、中国证券监督管理委员会等机关颁布的规范性文件构成,但规范性文件仅能在宏观方面作出原则性、概括性要求,不能替代基础性的法律法规。顶层法律设计诸如《证券法》《民事诉讼法》等也仅以个别条文规定了调解职能,法律条文过少,缺乏权威性。

随着司法改革的"立案登记制"与"法官员额制"的实施,调解成为

---

① 参见熊浩:《语境论视野下的〈新加坡调解公约〉与中国商事调解立法:以调解模式为中心》,载《法学家》2022年第6期。

缓解法院案多人少矛盾，分流案件，实现诉前治理的一个重要渠道。但从我国民商事案件处理情况来看，商事调解仍然只是占很小的一部分，大部分案件还是通过法院来解决。商事调解的发展面临商事调解和人民调解分工不明确、商事调解机构市场化发展缺乏制约和监管、调解员的素质参差不齐等诸多挑战。容易将商事调解这一对专业化水平、调解员品德及专业能力要求极高的调解制度与我国当前人民调解法规范和调整的旨在解决民间纠纷的民事调解相混淆。专业调解的地位最终需要依靠相应配套的成熟法律文件或制度来彰显其权威性，一旦缺失，相较于诉讼仲裁等方式这些新型调解组织的规范性和接受度便会大打折扣。①

目前我国调解立法在内容上侧重对诉调对接、仲调对接、案件分流、诉源治理以及一站式多元纠纷解决机制等方面的规定，而相对忽视对于独立的调解制度的规范。这反映出我国调解制度在立法和政策导向上侧重法院调解、人民调解以及与法院相关或由法院主导的调解制度。在目的上，更多考虑的是通过引导原本将争议诉至法院的当事人接受调解的处理方式，引入特邀调解员和委托调解机制帮助法官进行调解，提高调解结案率和调撤率，从而减少法院审判工作的负荷，从源头上减少矛盾纠纷的产生，实现多元化纠纷解决，最终服务于维护社会稳定和安全的目标。在制度设计层面，还需让各类不同的调解机制在各自领域进一步发挥作用，在实践中推动和促进我国调解制度的优质发展。②

二、商事调解协议效力不明确

不同国家和地区对于国际商事调解协议的效力认定不一。虽然调

---

① 参见宣一洲、郁玥：《法经济学视域下非诉讼纠纷解决机制市场化运行的现状检视与优化路径——以S市经贸商事调解中心为样本》，载《上海法学研究》2021年第15卷。

② 参见王宇石：《我国自由贸易试验区商事调解制度的优化与创新——以〈新加坡公约〉为背景》，载《求索》2022年第5期。

解在理论上是独立于诉讼、仲裁之外的第三种纠纷解决路径,但在绝大多数国家中,其不具有独立的救济功能。诸多国家将调解协议视为合同。例如,美国第三巡回上诉法院指出,调解协议需适用禁反言等合同原则解决执行问题。也有国家将是否具有强制执行力归入当事人意思自治的范围,如加拿大的法律规定,只有调解协议写明或表明具有强制执行力,当事人才可直接申请强制执行。[①]

国内学者对《新加坡调解公约》的文本、适用问题以及如何与我国商事调解制度衔接等方面提出了诸多见解,但对和解协议是否应当具有强制执行力以及以何种方式赋予强制执行力尚未达成一致意见,这不仅制约了我国商事调解制度的发展,也阻碍了我国批准《新加坡调解公约》的进程。

商事调解协议效力不明确导致调解协议形同虚设。调解协议在法律上不具备强制执行力,导致其一直处于边缘化状态。国际商事纠纷的当事人由于处于不同地域,国际商事调解协议的内容很难被执行,当事人不愿选择调解方式,或者虽然选择了调解方式,也不认真参与调解或对自愿达成的调解协议不严肃履行,这大大影响了调解案件的数量和结案率。并且,调解协议主要通过司法确认书获得执行力,这虽在一定程度上减少了调解协议可能存在的违法问题,却干扰了当事人的意思自治并相应加重了司法审查的负担,使争议的解决效率无法得到提高,即形式上激活了调解,实际上却削减了调解的意义。[②]

阻碍我国商事调解发展的另一因素是商事主体缺乏诚信,调解协议得不到履行的情况较常见,甚至调解成为某些商事主体拖延履行合同的手段。因而,即使商事调解可以周延地实现商业利益,但因商事主体的侥幸心理与目光短浅,商事调解未能发挥其预期的争议解决效

---

① 参见孙南翔:《〈新加坡调解公约〉在中国的批准与实施》,载《法学研究》2021 年第 2 期。

② 参见孙南翔:《〈新加坡调解公约〉在中国的批准与实施》,载《法学研究》2021 年第 2 期。

果。因而,尽管商事调解效力应当坚持多元化发展趋势,但在商事主体缺乏信用以及调解协议往往得不到履行的背景下,应当强化调解协议向执行名义转化的机制。综观我国现有的制度与实践,商事调解协议可以转化为法院调解书、支付令、确认调解协议效力的裁定书、仲裁裁决书(和解裁决)、仲裁调解书、公证债权文书,但调解协议向执行名义的转化路径并不通畅。我国各法规对调解协议司法确认效力的规定如表2-1所示。

表2-1 我国各法规对调解协议司法确认效力的规定

年份	文件名	内容
2002	《关于审理涉及人民调解协议的民事案件的若干规定》(已失效)	经人民调解委员会调解达成的、有民事权利义务内容,并由双方当事人签字或者盖章的调解协议,具有民事合同性质。当事人应当按照约定履行自己的义务,不得擅自变更或者解除调解协议
2009	最高人民法院《关于建立健全诉讼与非诉讼相衔接的矛盾纠纷解决机制的若干意见》	第20条规定,经行政机关、人民调解组织、商事调解组织、行业调解组织或者其他具有调解职能的组织调解达成的具有民事合同性质的协议,经调解组织和调解员签字盖章后,当事人可以申请有管辖权的人民法院确认其效力。 第25条规定,人民法院依法审查后,决定是否确认调解协议的效力。确认调解协议效力的决定送达双方当事人后发生法律效力,一方当事人拒绝履行的,另一方当事人可以依法申请人民法院强制执行
2010	《人民调解法》	经人民调解委员会调解达成调解协议后,双方当事人认为有必要的,可以自调解协议生效之日起30日内共同向人民法院申请司法确认,人民法院应当及时对调解协议进行审查,依法确认调解协议的效力
2012	《关于扩大诉讼与非诉讼相衔接的矛盾纠纷解决机制改革试点总体方案》	落实调解协议的司法确认制度。经人民调解委员会调解达成协议的,当事人根据《人民调解法》第33条的规定共同向人民法院申请确认人民调解协议的,人民法院应当依法受理。经行政机关、商事调解组织、行业调解组织或者其他具有调解职能的组织调解达成的协议,当事人申请确认其效力,参照最高人民法院《关于人民调解协议司法确认程序的若干规定》办理

续表

年份	文件名	内容
2012	《关于在全国部分地区开展建立保险纠纷诉讼与调解对接机制试点工作的通知》	规定了当事人可以申请法院对保险纠纷调解协议进行司法确认
2016	最高人民法院《关于人民法院进一步深化多元化纠纷解决机制改革的意见》	第31条规定,完善司法确认程序。经行政机关、人民调解组织、商事调解组织、行业调解组织或者其他具有调解职能的组织调解达成的具有民事合同性质的协议,当事人可以向调解组织所在地基层人民法院或者人民法庭依法申请确认其效力。登记立案前委派给特邀调解组织或者特邀调解员调解达成的协议,当事人申请司法确认的,由调解组织所在地或者委派调解的基层人民法院管辖
2020	最高人民法院《关于印发〈民事诉讼程序繁简分流改革试点实施办法〉的通知》	进一步在管辖方面优化了司法确认程序。 第3条规定,经人民调解委员会、特邀调解组织或者特邀调解员调解达成民事调解协议的,双方当事人可以自调解协议生效之日起30日内共同向人民法院申请司法确认。 第4条规定,司法确认案件按照以下规定依次确定管辖: (1)委派调解的,由作出委派的人民法院管辖; (2)当事人选择由人民调解委员会或者特邀调解组织调解的,由调解组织所在地基层人民法院管辖;当事人选择由特邀调解员调解的,由调解协议签订地基层人民法院管辖。 案件符合级别管辖或者专门管辖标准的,由对应的中级人民法院或者专门人民法院管辖
2020	最高人民法院《关于印发〈民事诉讼程序繁简分流改革试点方案〉的通知》	提出要优化司法确认程序。健全特邀调解制度,加强特邀调解名册管理,完善诉前委派调解与司法确认程序的衔接机制。合理拓宽司法确认程序适用范围,经律师调解工作室(中心)等特邀调解组织、特邀调解员,或者人民调解委员会依法调解达成民事调解协议的,当事人可以按照程序要求,向人民法院申请司法确认

续表

年份	文件名	内容
2021	《民事诉讼法》	第201条规定，经依法设立的调解组织调解达成调解协议，申请司法确认的，由双方当事人自调解协议生效之日起30日内，共同向下列人民法院提出： (1)人民法院邀请调解组织开展先行调解的，向作出邀请的人民法院提出； (2)调解组织自行开展调解的，向当事人住所地、标的物所在地、调解组织所在地的基层人民法院提出；调解协议所涉纠纷应当由中级人民法院管辖的，向相应的中级人民法院提出

从效力上看，我国法律和司法解释仅规定了对人民调解协议可以进行司法确认，但没有规定法院可以对第三方调解协议和行业调解协议进行司法确认。根据已出台的相关规范性文件，不能完全避免最高人民法院在司法确认方面存在扩大适用的可能性。就严格意义上而言，"意见""方案"等表述并非司法解释范畴，不具备强制性和效力性，即使双方当事人达成调解协议，后续履行也有待商榷。①

《民事诉讼法》的修改进一步提升了民事诉讼的质效，突出了多元化纠纷解决的功能。首先，完善了调解协议司法确认制度，进一步扩大调解协议司法确认的范围，为诉讼和 ADR 的解纷效果一致性提供保障。其次，提高纠纷解决效率优化司法资源配置，提高了小额诉讼的标的额并简化程序，促进基层简单民商事纠纷的快速解决。最后，认可诉讼信息化方式，鼓励并支持信息化平台的民事诉讼活动，丰富诉讼电子化手段。②

① 参见宣一洲、郁玥：《法经济学视域下非诉讼纠纷解决机制市场化运行的现状检视与优化路径——以S市经贸商事调解中心为样本》，载《上海法学研究》2021年第15卷。

② 参见刘晓红：《论我国民商事纠纷多元化解决机制的现代化》，载《东方法学》2023年第2期。

三、诉调对接与仲调对接机制不够完备

我国《人民调解法》主要规范人民调解活动，解决民间纠纷，难以有效约束和规范商事调解活动。针对商事调解的研究大多集中在诉讼中的调解、仲裁中的调解，不属于公约范围内的非经公权力介入的协议调解；或者基于和解协议缺乏执行力的理论基础，集中研究国内商事和解协议的司法确认、诉调对接、诉仲对接等制度。

诉讼机制与商事调解的对接在实际运行中存在以下不足：一是诉调对接机制的现实利用率较低。相对于法院的受案量而言，商事纠纷启用诉调对接机制并成功的案件数量较少，法院诉讼调解在调解机制中发挥的作用远超于诉调对接的作用。诉调对接机制缺乏资金保障，目前法院委托商事调解组织或邀请调解员参与调解的费用方面没有明确的规定。商事调解的难度大、专业性高，没有回报的付出难免会挫伤调解员的积极性，没有经费保障做支撑，诉调对接机制将难以维系。二是诉调对接机制的发展缺乏统一性。诉调对接呈现点状发展态势，各地法院虽然与商事调解组织建立对接关系，但法院之间缺乏协调互通，在对接程序和模式方面并没有形成统一的操作规范，导致操作规范模糊，对接效果不佳。

在仲调对接方面，《仲裁法》明确写入了调解和仲裁相结合的规则，即仲裁庭应当主动询问当事人是否同意调解的意见，实际上就是鼓励调解加仲裁。早在法院出台多元化纠纷解决机制的相关促进政策之前，不少仲裁机构就已经发挥《仲裁法》中关于仲裁与调解相结合的优势，开始探索实行"仲裁确认"的纠纷解决机制，与法院的"司法确认"异曲同工，都能够起到对调解协议进行有法律强制力的审查确认的效力，同时仲裁确认的调解协议还具有商事交易所青睐的保密性特点。

第三章

国际商事调解的最新发展

第一节 《新加坡调解公约》框架下商事调解的新特征

2018 年 12 月 20 日，由联合国国际贸易法委员会主持起草的《新加坡调解公约》经联合国大会第七十三届会议第六十二次全体会议以第 73/198 号决议形式审议通过，标志着国际社会为各国和区域经济一体化组织所提供的执行调解所产生的和解协议并允许当事人援用和解协议的跨境框架正式搭建。《新加坡调解公约》是国际商事争议解决制度历史上的一座里程碑，其诞生标志着国际调解协议可跨国执行，国际商事调解制度成为诉讼、商事仲裁之外具有独立救济功能的国际商事争议解决方式，对于强化国际商事争议解决领域的国际法治规则具有深远意义。[①] 与国际商事仲裁领域的《纽约公约》以及国际商事诉讼领域的《承认与执行外国民商事判决公约》一起被称为国际民商事承认与执行领域

① 参见孙南翔：《〈新加坡调解公约〉在中国的批准与实施》，载《法学研究》2021 年第 2 期。

的“三驾马车”，开辟了国际商事纠纷解决的崭新局面。

《新加坡调解公约》包括序言和正文部分。正文共有16个法律条款，其中前8条规定了公约的适用范围、定义、一般原则、对依赖于和解协议的要求、拒绝准予救济的理由、并行申请或者请求、其他法律或者条约、保留等主要内容；后8个条款规定了对和解协议的效力，保存人，签署、批准、接受、核准、加入，区域经济一体化组织的参与，非统一法律制度，生效，修正，退约等程序性事项。《新加坡调解公约》规定公约若对签署国产生效力，还需要经过批准、接受或者核准等程序，因此公约也将对缔约国的国内立法与司法产生深层次影响。

一、《新加坡调解公约》对“商事”与“调解”的概念界定

《新加坡调解公约》对“调解”采用了非常宽松的界定，具有通俗和非法律化的特征，实际上这在起草过程中是有争议的。在起草过程中，有建议将“调解”定义为一种“结构化”（structured）或“组织化”（organized）过程。该观点强调调解需要可靠和可信，排除纯粹在非正式场合或仅仅是谈判中签订的协议，并强调该过程必须有为协议的达成提供协助的第三人。该建议的目的不是规定具体的调解技术，也不是要引入强制性的规定，而是要求调解必须符合某些法定的条件，这样才可以给负责执行的机关带来更多的信心和确定性。虽然这一观点得到了一些支持，但起草小组最终对此不予认可，因为调解具有多样性的特点，不同国家的代表对“结构化”一词通常有不同的理解。① 面对全球调解的多样性，《新加坡调解公约》对调解的宽泛界定能包含不同的国家和区域的调解做法，这其实增加了调解的灵活性，也在实质上认可了世界各地调

① 参见联合国国际贸易法委员会第二工作组：《第二工作组（仲裁和调解）第六十四届会议工作报告》，载联合国国际贸易法委员会网站2016年2月10日，https://documents-dds-ny.un.org/doc/UNDOC/GEN/V16/007/99/PDF/V1600799.pdf? OpenElement。

解“多样化”的做法。

与调解密切联系的是“商事”，但何谓“商事”难以明晰。《新加坡调解公约》对此采取的是排除法的策略，规定该公约不适用于以下和解协议：(1)为解决其中一方当事人（消费者）为个人、家庭或者家居目的进行交易所产生的争议而订立的协议；(2)与家庭法、继承法或者就业法有关的协议。同时，该公约也明确排除经由法院批准或者系在法院相关程序过程中订立的协议和可在该法院所在国作为判决执行的协议，以及已记录在案并可作为仲裁裁决执行的协议。民商合一的实践使商事模糊化，这带来的后果是难以将商事调解和其他大部分类型的调解区别开来，这种模糊和混同使调解普遍意义上存在的困境也适用于商事调解，当然也包括国际商事调解。[①]

《新加坡调解公约》之所以在界定商事调解时首先排除劳动争议、消费争议、家事纠纷及普通的民事争议，就是要明确该条约适用的范围并不是所有的民商事纠纷，而只是狭义的传统商事争议，且仅限于国际商事主体之间发生的纠纷。当代商事调解在设计制度时需要有针对性和精确化，将传统商事纠纷和新型商事纠纷以及国际商事争端和国内商事纠纷加以区别，分别建立专门性的调解机构、调解规则和程序。[②] 商事调解服务尚未形成市场竞争机制，整体上仍然遵循权力推动型发展模式，与商事争议解决之社会化与市场化尚且具有较大的距离。在商事诉讼与商事仲裁难以满足商事争议解决之需求的情形下，开放商事调解服务市场对于及时解决商事争议和促进社会经济发展具有重要价值。[③]

二、国际商事调解的跨境执行机制

国际商事调解，主要是指自然人、法人或其他组织之间因商事争议

---

① 参见蔡伟：《〈新加坡调解公约〉的困境和应对》，载《清华法学》2022 年第 2 期。

② 参见范愉：《商事调解的过去、现在和未来》，载《商事仲裁与调解》2020 年第 1 期。

③ 参见黄忠顺：《论商事调解的市场化》，载《人大法律评论》2020 年第 1 期。

而产生的具有国际因素或涉外因素的调解，是一种“既节省时间，又节省金钱”的最为友好的争议解决办法。

联合国国际贸易法委员会制定了《贸易法委员会调解规则》(1980年)和《国际商事调解示范法》(2002年)，这构成了国际调解框架的基础。《国际商事调解示范法》提供了在国际商事争议解决领域内实现统一实践和统一标准的机会，第1条第3款规定，“在本法中，调解是指请求第三人或其他人调解员协助他们进行调解的过程，无论是指调解、调停还是类似含义的表述。试图友好解决因合同或其他法律关系引起的或与之相关的争议。调解员无权将争议的解决方案强加于各方”。这个规定抓住了调解的核心特征，调解的过程就是高度灵活自主的过程，该过程由当事人的协议和调解员的指导决定。调解为每个案件提供定制解决方案的概念得到确认，《国际商事调解示范法》中关于调解程序的唯一强制性规定是第7条第3款，该条解决了程序公平问题。并强调在任何情况下，调解员在进行程序时都应寻求保持对当事人的公平待遇，并在此过程中考虑案件的具体情况。调解不需要进一步的强制性规定，因为调解的结果只能是当事人约定的和解。各方在调解过程中始终对争议保持充分的决策权。如果出现调解中一方或双方的利益没有得到充分考虑的情况，结果很可能是不能达成和解协议，但调解员永远不会作出决定。由于当事人对结果的控制，调解过程的核心在很大程度上是自律。①

当事人双方自行就争议达成的协议，称为“和解协议”；而当事人双方经由调解组织或者调解员达成的协议，称为“调解协议”。但在我国香港特区，经调解组织或者调解员调解，当事人就全部或者部分争议所达

---

① See Nadja Alexander & Natasha Tunkel, *International Commercial Mediation and Dispute Resolution Contracts*, https://ink.library.smu.edu.sg/cgi/viewcontent.cgi?article=5314&context=sol_research.

成的协议称为“经调解的和解协议”(mediated settlement agreement)。[①]“调解协议”是指“两人或者多于两人所订立的书面协议,同意将他们之间的争议交付调解”。[②] 我国澳门特区的“调解协议”与“和解协议”的称谓类似于我国香港特区,即“和解协议”强调的是结果,“调解协议”强调的是过程和手段。

《新加坡调解公约》为和解协议的国际性设置了三个判断标准,即营业地标准、实质性义务履行地标准、最密切国标准。只要满足这三项标准之一,便可判定和解协议具有国际性。《新加坡调解公约》中“营业地”的国际性由执行地国自由裁量,与《纽约公约》中“仲裁裁决地”的规定相比是一种进步。随着互联网的快速发展,线上调解逐渐兴起,为和解协议找一个“调解地”并非易事。

第二节　《新加坡调解公约》对我国调解理念及立法的影响

一、加强国际商事调解协议的效力问题研究

民事调解协议经法院司法确认决定是否具有既判力,无论在理论还是实践都有较大的争议。在法院主持下的判决或者调解,法官直接参与审理的过程,对于证据、事实等有自身的专业判断;但对于第三方作出的调解协议,法官并不了解调解程序,无法保障质量;和一国之内的调解相比较,法官对跨境调解协议的核查就更难了。承认司法确认决定具有既判决力的理论难点,在于司法确认程序因其非讼性的特点而缺少充分的

① 参见《香港法例》第620章《调解条例》。

② 《香港调解条例》关于调解协议的释义:“指两人或多于两人所订立的书面协议,同意将他们之间的争议交付调解,不论——(a)协议是另一协议中的调解条款,还是作为单独协议存在;(b)协议是在争议发生之前或之后订立的;及(c)在协议订立时,是否有委任调解员。”

程序保障，赋予其既判力缺乏正当性；不支持司法确认决定具有既判力的困难则在于，因司法确认决定具有强制执行力，一旦通过法院强力实现后，当事人之间的实体法律关系便处于相对稳定的状态，若当事人和法院不受约束而进行相反主张或作出不同的权利义务关系判断，这不但不利于既成实体法律关系的安定性，已经完成的强制执行也存在潜在的危机。[①] 从全球的实践来看，赋予调解结果以确定的法律执行力还存在巨大的现实障碍和理论困境，调解的多样性及其带来的质量控制难题影响国际商事和解协议的跨境执行和公约的实施。

国际民商事判决和国际商事仲裁可以分别根据《承认与执行外国民商事判决公约》及《纽约公约》获得跨境执行，而国际商事和解协议无法直接跨国执行这一司法困境始终没有得到有效解决，成为制约调解机制发展的主要障碍。《新加坡调解公约》第 3 条参照《纽约公约》第 3 条规定，确定适用该公约的和解协议采用直接执行的机制。采用简化执行机制的原因与合理性在于，一是和解协议不同于法院判决与仲裁裁决，来源国很难确定；二是审查机制可能会导致和解协议的执行需要经过双重执行确认。这一执行机制，保障了执行程序更为简单、直接、高效，具有明显优势。《新加坡调解公约》的应运而生，填补了国际商事争议解决强制执行环节中“缺失的一块”（the missing puzzle），回应了实践痛点，它与《纽约公约》《承认与执行外国民商事判决公约》共同构成了国际商事争端解决的完整体系，在国际商事争议解决历史上具有里程碑意义。

与诉讼和仲裁相比，调解不确定因素更多，诉讼和仲裁程序可以在被申请人无故不到场的情况下开庭，判决书和裁决书具有强制执行力。而调解需要各方当事人到场，也未必取得一致，即使达成了和解协议，或称君子协议，完全依赖于当事人诚信、自觉遵守和自愿履行，没有强制执行力。如果一方不遵守，不仅浪费时间和费用，可能面临再次仲裁或诉

---

① 参见蔡伟：《〈新加坡调解公约〉的困境和应对》，载《清华法学》2022 年第 2 期。

讼程序的困境,这是调解未能广泛采用的主要因素。[①] 因此,《新加坡调解公约》没有采用和《纽约公约》中“仲裁地”相类似的“调解地”制度设计。从立法技术和目的上来看,调解将各方带入友好商议谈判的程序,各自根据商业现状和需求达成纠纷解决结果,甚至可以重新拟定合同条款,重新界定争议或重新选择纠纷的处理方式(比如仲裁还是诉讼以及相关的仲裁或诉讼地和适用的法律)。调解是一个不确定的过程,与选择仲裁或诉讼条款以及相应的程序和结果的确定性截然不同。

在理论界,对于调解协议的效力问题也众说纷纭。有学者根据调解协议的性质对其效力进行类型化:人民调解协议具有民事合同的性质;行业调解协议原则上仅具有民事协议的性质,但可申请公证机关依法赋予强制执行效力;行政调解书经双方当事人签字确定即具有法律效力,亦可作为行政机关强制执行或申请法院强制执行的依据;仲裁调解协议和法院调解协议具有强制执行效力。也有学者认为,调解协议具有民事合同效力、强制执行力、既判力三个层次的法律效力,其中,合同属性是调解协议的最基本属性,通过《民事诉讼法》《仲裁法》等相关规定来实现强制执行力及既判力。[②]

作为英美法系国家的代表,美国的 ADR 发展正符合为应对“法化”过剩而采取的“非法化”战略。德国作为大陆法系国家的代表,于 2012 年颁布《促进调解及其他诉讼外冲突解决程序法》时声明其制定的主要目的在于“通过强化调解程序及调解协议的效力,培养普通社会民众以及司法职业共同体对于调解的感知与意识,以此从根本上改善德国法律文化中悠久与浓厚的辩争色彩”。综观美、德对 ADR 的推进,不难得出一个结论:在过度“法化背景下”以“非法化”或者说“去法化”为目标的

① 参见王源泉:《国际实践视野下商事调解员的素质及个人调解的作用》,载《商事仲裁与调解》2021 年第 4 期。

② 参见廖永安、覃斌武主编:《调解实训教程》,中国人民大学出版社 2019 年版,第 121 页。

发展调解的国家,在调解协议效力问题上更倾向于采用一种更为“宽容”的态度,即直接赋予其执行力。例证之一是《新加坡调解公约》是由美国最早向联合国国际贸易法委员会秘书处建议拟定的,美国也在公约制定过程中主张直接执行机制。德国《民事诉讼法》和《调解法》均赋予了当事人主张调解协议具有程序法和实体法上的效力,并在对方当事人不履行的情况下可以申请强制执行的权利。① 区别于纯粹的合同,赋予国际调解协议可执行性具有法理层面的正当性。与仲裁裁决相比,当事方对调解协议的控制力更大,其不仅可就争议程序达成一致,还可针对实体问题形成合意。

许多国家将调解协议视为契约,但是会给予调解协议比合同更多的尊重。一方面,当事方在调解程序中表明放弃部分诉讼权利,以换取对方尽快履行义务;另一方面,当事方在调解中花费了时间和经济成本,若其仅达成一个新合同,但争议仍未解决,这显然并非其选择调解的初衷。从制度设计上,如果调解协议更多的是通过司法确认来确定其阻却新程序的效力并通过司法确认书获得执行力,这虽在最大程度上减少了调解协议可能存在的违法问题,却干扰了当事方的意思自治并相应加重了司法审查的负担。这使得争议的解决效率无法得到提高,虽然是形式上激活了调解,却实际上削减了调解的意义。②

从诉源治理的角度来看,与调解条款的设置、调解程序的启动同样重要的,就是通过调解达成权利义务安排的实现,即调解协议的执行问题。如果在调解期间达成的和解协议享有快速的执行制度,或者具备与仲裁裁决的执行相类似的机制,则调解的吸引力将大为增加。就国际商事调解的当事人而言,在一国达成的调解协议如果能在另一国获得有效

① 参见赵泽慧:《〈新加坡调解公约〉的衔接困境与突围——从调解协议效力的冲突切入》,载《商事仲裁与调解》2020 年第 4 期。

② 参见孙南翔:《〈新加坡调解公约〉在中国的批准与实施》,载《法学研究》2021 年第 2 期。

执行，是商事调解制度保持生命力的关键。[①]

二、调解协议直接执行与转化执行机制的比较分析

从各国的法律规定和司法实践来看，调解协议的执行方式存在两种执行机制，即直接执行机制与转化执行机制。所谓直接执行机制，是指调解协议自身具有强制执行力，可以作为执行的依据，无须将其转化为其他的法律文书加以执行。转化执行机制，是指调解协议没有强制执行力，不能直接作为执行依据，需要转化为其他具有直接执行力的法律文书才能获得执行。转化执行机制有三种典型的转化方法，即转化为法院判决书、仲裁裁决书或者公证文书。依据我国民事诉讼法的规定，调解协议须经司法确认程序方具执行力，而国际商事调解协议则可依据公约直接申请执行。《新加坡调解公约》项下调解协议的直接执行机制，较之我国民事诉讼法规定的转化执行机制，二者各自依据为何，如何评判优劣，仍待细察。[②]

商事调解最大的优势就是高效快捷，这是当事人选择调解的关键原因之一，倘若调解协议需要经过转化或者司法审查才能具备执行力，将导致调解协议经过双重执行确认，势必会削弱商事调解在效率上的优越性，减损调解对商事主体的吸引力。[③] 立足于我国的现实状况，为维护商事调解的正当性和吸引力，保护商事主体的合法权益，对于商事调解协议在我国的执行路径，宜采用双轨制的形式，即对符合一定条件的国际商事调解协议，赋予其强制执行力，并为其开放直接执行的通道，以履行

---

① 参见成阳：《管辖与执行：多元解纷体系中商事调解制度疑难问题研究》，载《上海法学研究》2022 年第 17 卷。

② 参见成阳：《管辖与执行：多元解纷体系中商事调解制度疑难问题研究》，载《上海法学研究》2022 年第 17 卷。

③ 参见房昕：《〈新加坡调解公约〉背景下我国商事调解协议执行力问题研究》，载《商事仲裁与调解》2021 年第 5 期。

公约义务。对于国内商事调解协议，暂不赋予其强制执行力，仍维持实行司法确认制度，只有被法院认可效力的调解协议才具有申请法院承认和执行的资格，待国内各方面条件成熟时，再考虑赋予国内商事调解协议强制执行力。①

针对《新加坡调解公约》第 8 条第 1 款 b 项设置的保留条款，学界存在不同的观点。一种观点认为中国应在批准公约时声明保留，《新加坡调解公约》的适用以当事人的主动选择为前提；另一种观点则认为中国不应对此作出保留，《新加坡调解公约》自动适用于所有的国际商事调解协议。笔者赞同后一种观点，主要有以下三点原因：第一，作出保留不利于该公约的普及和施行，使公约的适用范围狭窄化。第二，如果当事人对适用公约持有分歧，还会增加当事人在协商时的负担和达成调解协议的难度。第三，如果当事人的一致意见是不适用该公约，其可以通过在调解协议中明确约定的方式排除公约的适用，这也充分体现了当事人的意思自治。②

三、明确执行管辖法院，建立准予救济的报核制度

《新加坡调解公约》没有明确规定和解协议得到救济之前应经过类似《纽约公约》设置的缔约国"承认"程序，但在第 3 条的具体阐释以及第 5 条关于拒绝执行和解协议事由的规定中，实际上隐含了缔约国可设置类似"承认"的审查环节的意思。鉴于《新加坡调解公约》和《纽约公约》性质及结构的相似，我国在规定国际商事和解协议执行管辖时，可以参考外国仲裁裁决在我国的承认与执行管辖规定，实行归口办理机制。具体而言，由被执行人住所地或被执行的财产所在地中级人民法院管辖，

---

① 参见房昕：《〈新加坡调解公约〉背景下我国商事调解协议执行力问题研究》，载《商事仲裁与调解》2021 年第 5 期。

② 参见房昕：《〈新加坡调解公约〉背景下我国商事调解协议执行力问题研究》，载《商事仲裁与调解》2021 年第 5 期。

负责审理涉外商事案件的审判庭作为专门业务庭负责国际商事和解协议的司法审查与救济。值得注意的是,和解协议的本质是双方利益均衡,其价值取向并非追求在法律上的绝对公平正义,因此不需要对其进行实质审查,只有当事人提出不予执行的事由时,再由负责的业务专门庭进行实质审查。[①]

---

① 参见杨安琪、杨署东:《我国商事调解机制与〈新加坡调解公约〉对接的现实困境及其破解路径》,载《河南财经政法大学学报》2022 年第 2 期。

第四章

美国的商事调解制度

第一节　美国的商事调解法律制度

美国历史学家杰罗德·奥巴可在 *Justice Without Law* 一书中写道：美国的纠纷解决方式一直以来都比我们当前受限的法律观点所能提供的方式更加多样和复杂。藏在我们历史经验角落里的是一些神秘的实验，以验证一种持续的对法律文本主义传统的抗制。在众多不同的社会共同体中，纵观美国历史，法治明显被拒斥，而热衷于用替代手段来理顺人际关系，解决个人之间不可避免的纠纷。非法律的纠纷和解手段的成功，一直有赖于社会共同体的一贯共识。

ADR 在美国的发展经历了一个实践探索和理论认识的过程，基于不同理念下的各种模式形成一种互补，既包括对当事人参与和社会自治的重视，也包括对利益衡量以及协商和解的理性崇尚；既积极实验和推行各种新型 ADR 以替代诉讼和审判，也注重对社会关系和人际关系的补救。从 ADR 运作方式看，传统与新型形式兼顾，自治性与强制性手段并存，功能各异的 ADR 围绕法院及其判决形成了一个辐射圈，构成了一个多元化纠纷解决系统。[①]

在美国,法院的民事司法制度改革直接促进了法院附设 ADR 的发展,1990 年《民事司法改革法案》(The Civil Justice Reform Act of 1990)之后,有关 ADR 的法案连续出台。1992 年 10 月,时任总统布什签发 12778 号行政命令,肯定了替代性争议解决方式对于民事案件高效、公平解决的积极作用,并且要求政府、律师在解决问题时优先考虑替代性争议解决方式。[②] 1996 年 10 月时任总统克林顿签署了《行政纠纷解决法》(Administrative Dispute Resolution Act),鼓励政府部门利用 ADR 解决合同等纠纷,承诺政府机构遵守仲裁协议。1998 年,国会通过了《ADR 法》,这是美国也是世界上第一部关于 ADR 的专门立法,具有划时代的意义。这部法案是联邦立法,适用于美国全境,说明美国国会对 ADR 的价值早有充分认识。该法案提出"替代性争议解决的形式,包括调解、早期中立评估、模拟庭审和自愿仲裁","每个美国地方法院应根据第 2071(a)条所适用的当地规则制定并实施其自己的解决争端项目",该法案强制要求联邦地区法院向民事诉讼当事人提供替代性争议解决服务。这部系统的 ADR 立法,从国家层面将替代性纠纷解决方式纳入法治的轨道,有力地推动社会治理体系的完善,有利于提高社会治理能力现代化,构建更加公正合理的法制化秩序。[③]

美国在向全国统一的纠纷解决模式推进的过程中,面临有关调解人和调解的巨大而复杂的规范网络,其中调解人、当事人、律师和法院的权利义务都具有极大的不确定性。《统一调解法案》(Uniform Mediation Act,UMA)是一个最终的折中方案,虽然某些重要问题如培训和资格根本没有详细讨论,对其他问题的处理也非常宽泛,但该法对调解员设置

---

① 参见范愉:《非诉讼程序(ADR)教程》,中国人民大学出版社 2020 年版,第 66 页。

② See Carl Tobias, *Executive Branch Civil Justice Reform*, 42 American University Law Review 1521 (1993).

③ 参见欧秋钢:《美国如何运用 ADR 机制化解社会矛盾》,载《人民调解》2018 年第 10 期。

了一些积极义务，如调查并披露潜在的利益冲突，披露调解员的资格条件以及发表中立的一般性声明，允许当事人委托代理人，可以是律师也可以是其他人。尽管存在一些批评，这部法律还是获得了广泛的支持。美国的立法动向继续了这一发展趋势，开始为调解人的行为规范制定全国统一标准。1994年由美国仲裁协会、美国律师协会纠纷解决部门和纠纷解决职业协会制定了《模范调解人行为标准》(Model Standards of Conduct for Mediators)，2005年上述三组织对该标准进行了修订。2001年，美国律师协会(American Bar Association, ABA)通过了《家庭和离婚调解的模范行为标准》(The Model Standards of Practice for Family and Divorce Mediation)。[①]

一、美国商事调解的发展背景

美国的调解发展源于20世纪后半叶。面对民商事纠纷数量激增、法官不堪重负的压力，替代性纠纷解决机制进入人们的视线。美国立法、司法部门及有关社会机构意识到固守于诉讼方式只会导致案件积压的现象，进而激化社会矛盾。因此，开始探索新的纠纷解决方式，调解模式应运而生。

(一)美国调解发展进程

在美国历史上，有三次浪潮推动美国调解活动的发展及完善。[②] 第一次浪潮始于20世纪60年代至70年代。在美国调解发展的初期，调解适用的领域及人群都十分有限，调解在解决轻微刑事案件及民事案件中发挥了一定作用。在此期间社区调解活动较为活跃，出现了一些社区调

---

① 参见史长青：《调解人行为规范的国际视野与国内现象》，载中国国际贸易促进委员会调解中心网2019年3月5日，https://adr.ccpit.org/articles/81。

② See Peter S. Adle, *State Offices of Mediation: Thoughts on the Evolution of a National Network*, 81 Kentucky Law Journal 1013 (1993).

解项目,也有相当数量的社区司法中心得以设立,其目的是以和解这一方式代替惩罚,及早解决问题,进而避免琐碎的事物加大法院及监狱系统的压力。这一时段内调解对人们来说还十分陌生,使用频率较低,主要服务于低收入、无法负担律师费用的人群,并且解决的矛盾较为简单。

第二次浪潮发生于 1976 年。[①] 此次进步源于哈佛大学法学院教授弗兰克 · A. E. 桑德斯(Frank A. E. Sanders)提出的"多门法院"这一观点。在发表意见时,弗兰克设想未来的法院应当为当事人提供多样的争端解决方式,给予当事人选择的权利,而不仅限于提供传统诉讼业务。在这一阶段,调解适用领域得到扩展,离婚、儿童监护案件等家事纠纷都可以通过调解解决。同时,调解中心及私人调解的出现,为多方主体解决争议提供更多元化的选择。

现代调解发展的第三次浪潮起始于 20 世纪 80 年代末,一直持续到 90 年代。在这一发展阶段,调解已广为人知,被视为可行的争议解决手段,并且应用领域扩大至所有类型的案件。不少法院附设调解机构,调解的影响力进一步增强。

(二)美国调解制度发展的原因

毫无疑问,调解使用频率增加的主要原因是诉讼案件的急剧攀升。诉讼数量的增多和诉讼程序的复杂与烦琐都意味着完全依赖诉讼方式解决纠纷的后果难以想象。首席大法官沃伦 · 伯格(Warren Berger)曾指出,仅以 20 世纪 70 年代的诉讼案件为范本,持续时长超过 30 天的审判数量就增加了 344% 。1990 年,美国的诉讼费用估计为 165 亿美元,比 1971 年增加了近 94% 。[②] 由于新的诉讼申请连续叠加,审理时间不断延

---

① See Honorable Gladys Kessler & Linda J. Finkelstein, *The Evolution of a Multi-Door Courthouse*, 37 Catholic University Law Review 577 (1988).

② See Robert M. Smith, *Saving Ourselves From Being Lawyered to Death*, Washington Post, 24 Sept 1995, at C21.

长,诉讼成本持续攀升,如果不及时寻求解决措施,危机将急剧恶化。[①] 若对此现象保持放任的态度,将会引发对司法公信力的质疑,也会影响社会稳定的秩序。

针对这一危机,各界人士通过自己的行动表明对替代性争议解决的支持态度。起初,有一些企业的法律顾问围绕"寻求诉讼方式之外解决纠纷的方式"这一口号主动展开活动。[②] 由于他们与商业活动的连接较为紧密,通过他们的身体力行,商事调解影响力显著增加。此后,法律界也将关注焦点转向争议解决领域的发展方向与趋势。1989 年,美国律师协会以争端解决作为年会主题,充分探讨如何脱离纠纷解决的困境,并于 1992 年正式设立独立的纠纷解决部门。与此同时,政界人士也就争议解决纷纷提出自己的观点。他们认为美国的诉讼活动,尤其是证据开示环节,是美国丧失竞争优势和法律文化持续衰落的原因。[③] 因为美国诉讼程序繁杂,不仅耗时耗力,也会导致争议解决的成本过高,同时降低了审判效率。

由此可见,主张大力推行调解的先行者是由商界人士、司法行政人员及政治家构成的,他们认为包括调解在内的替代性争议解决方式可以有效提升纠纷解决效率,缓解诉讼成本高昂及进程拖延的症结。相较于诉讼这一对抗性强的机制,调解更为迅速、简便,通过调解解决纠纷、缓和当事人双方的关系是大势所趋。

(三)美国商事调解的现状

尽管调解在解决商事纠纷方面的优势相较于诉讼而言显而易见,但

---

① See David A. Rammelt, *Inherent Power and Rule* 16: *How Far Can a Federal Court Push the Litigant Toward Settlement*?, 65 Indiana Law Journal 965 (1990).

② See Bryant Garth, *From Civil Litigation to Private Justice*: *Legal Practice at War With the Profession and Its Values*, 59 Brooklyn Law Review 950 (1993).

③ See Justice William H. Erickson, *Limited Discovery In the Use of Alternative Procedures for Dispute Resolution*, 29 International Society of Barristers Quarterly 333 (1994).

是商事调解仍然无法撼动诉讼在解决商事争议领域的主要地位。美国是世界上诉讼活动最多的国家，而美国的公司是诉讼的主要参与者，不少公司甚至多次参与到诉讼活动中，对诉讼方式的程序、流程十分熟悉，因此大部分公司的高级管理人员知道通过诉讼方式解决商业纠纷的弊端。[①] 此外，针对美国商界人士的调查显示，许多高级管理人员认为出于商事调解对合作关系的维护及节省时间成本等优势的考虑，调解无疑是解决矛盾更好的选择。拖沓的诉讼环节并不合算，公司需要投入大量金钱推动诉讼程序的稳步运行，还可能在这段时间内丧失商业机会。对于公司来说，通过调解挖掘潜在的合作机会远比执着于过去的矛盾重要，而裁决则是通过高昂的费用制造单赢局面导致合作关系的破裂。[②] 在二者对比如此悬殊的情况下，又是什么造成商事诉讼独大局面的呢？

首先，律师对于决定争议解决方式的作用举足轻重。[③] 在纠纷出现时，大多数当事人会首先寻求律师帮助，而通过诉讼解决争议往往是美国律师唯一认定的路径。[④] 这是因为在诉讼过程中，律师可以保持对纠纷的控制权。相较于调解来说，审判活动更加需要律师的专业技能与经验。通过收集证据、法庭辩论等环节，律师可以最大程度地展现自身的能力、掌控纠纷解决发展的方向；同时，美国律师大多采用“时薪制”，相较于当事人主导的调解，自然是耗时长、工作量大的诉讼更加符合其价值取向。诉讼中证据的收集与准备、证据开示、证人的准备及律师辩护

---

① See Maurits Barendrecht & Berend R. de Vries, *Fitting the Forum to the Fuss with Sticky Defaults: Failure in the Market for Dispute Resolution Services?*, 7 Cardozo Journal of Conflict Resolution 83 (2005).

② See George W. Coombe, Jr., *The Resolution of Transnational Commercial Disputes: A Perspective from North America*, 5 Annual Survey of International & Comparative Law 13 (1999).

③ See John Lande, *Getting the Faith: Why Business Lawyers and Executives Believe in Mediation*, 5 Harvard Negotiation Law Review 137 (2000).

④ See Don Peters, *Can We Talk? Overcoming Barriers to Mediating Private Transborder Disputes in the Americas*, 41 Vanderbilt Journal of Transnational Law 1251 (2008).

都需要律师投入大量时间与精力,而调解移除了说服决策者的过程,避免了查阅文件、举证及证人审查等耗时的环节。此外,虽然调解已经经历一段时间的发展,但相较于诉讼来说仍然是新事物,当事人并不明白商事调解运作的原理,也就无法理解如何通过调解解决双方矛盾。在这种情况下,当事人往往会依赖于律师的建议。

其次,感性因素对律师的行为也有影响。从律师的角度来看,对裁判结果的预测在很大程度上影响了纠纷解决方式的选择。而美国律师对于审判结果过于自信的态度也导致他们坚定不移的选择通过诉讼来解决争议,毕竟胜诉带给律师的成就感远远超出调解带来的对方的让步。律师选择也会影响当事人的立场,出于对律师专业性的信任,即使有参与调解的想法,当事人也会坚定不移地选择以诉讼方式与对方当事人对抗。

最后,美国的法律文化因素也对强化诉讼的主导地位起到一定作用。第一,普通法系强调通过裁决实现权利的救济及保障,[①]这导致美国的律师产生一种倾向,即认为纠纷应当依据严谨的法律规则来解决。他们普遍认为,只有通过严格的审判环节、明确双方对错并给出具有强制力的结果才可以最大程度还原事实真相、有力维护当事人的合法权益,而这才是法律追求的目标及存在的价值。第二,受传统法律文化的影响,美国律师较为保守,不轻易接受变革。在诉讼环节中,他们有自己的工作定式,如何分析案情、适用何种规则、使用何种技巧他们都熟记于心,这种熟悉可以给律师带来安全感。而调解具有多变性、灵活性,其发展过程是非线性的,鼓励使用非正式的规则避免僵化的结构,导致律师无法对其结果产生准确的预期。这些特征都与美国律师追求的秩序、稳定等产生冲突。第三,美国的法律教育体系将诉讼技能视为培训重点,不太重视非诉讼争议解决方式知识的普及。法学院不仅普遍要求学生

---

① See Leonard L. Riskin, *Mediation and Lawyers*, 43 Ohio State Law Journal 29 (1982).

完成有关司法裁判的课程,而且对此类课程有学时的要求,隐含地传递了诉讼最适合解决商业纠纷这一观点。通过开设大量教授裁判相关知识的课程以保证学生可以最大程度提升自身的诉讼技能,为学生创设具体案件情景,使学生提升在具体案情中适用法律规则的能力,同时确保学生在辩论领域接受充分的指导,这些课业安排都是为了培养优秀的诉讼律师。相较于此,只有 9% 左右的资源投入谈判、调解等实践环节,加上必修课课程压力,学生无暇参与非诉讼争议解决方式的实践活动,导致其对调解的了解少之又少。

二、美国商事调解员市场现状

在美国,早期的商事调解对调解员的规范培训及行业资格认定并无要求,但随着商事调解活动增加,为应对市场需求、有效提升解决商事纠纷的效率及水平,有关商事调解员的规定也不断得到完善发展。2005 年,美国仲裁协会制定《调解员行为示范标准》,为调解员如何提升调解技能、如何执业提供指导。此外,美国仲裁协会对自身聘请的仲裁员有更高的标准。如果想成为美国仲裁协会承办案件的调解员,申请者不仅需要符合美国仲裁协会对专业学历、实践经验及时长的需求,还需接受 24 小时的调解培训,且具备专业领域内一定的工作经历。①

在对调解员工作现状的评估中,有学者认为虽然调解已经取得惊人的进步,但是"还有很长的路要走"②,其中,最引人关心的问题之一就是调解员的执业问题。在调解员供给方面,由于进入市场的正式门槛很

---

① See *AAA panel of Mediators Qualification Criteria*, https://www. adr. org/sites/default/files/document_repository/AAA% 20National% 20Roster% 20of% 20Mediators% 20Qualification% 20Criteria. pdf. 最后访问时间:2023 年 2 月 17 日。申请人必须能够证明以下事项之一:(1)在过去 3 个日历年中,在申请人的主要专业领域内,至少担任过 5 个调解案件的调解员;(2)在过去的 2 个日历年中至少在 4 个不同的场合以调解人的角色服务。

② Frank E. A. Sander, *The Future of ADR*, 1 Pepperdine Dispute Resolution Law Journal 3 (2000).

低,只需要接受一定课时的调解培训即可,因此调解员数量充足。但由于调解市场供给不平衡这一问题,市场无法提供足够的有偿调解工作,调解员仅依靠调解一项工作难以维持生计。大多数对调解有兴趣的工作人员仍然以兼职的方式从事调解工作,将调解变为一项全职工作困难重重。在决定成为调解员的人中,80%的人不能仅仅以作为调解员谋生。尽管他们利用一切机会争抢调解工作,但由于调解案件的匮乏,他们最终还是会回归到自己的本业。即便对于成功的私人调解员来说,调解也并不是他们唯一的职业。

虽然客观上调解市场的准入门槛不高,但是实际上想要在商事调解领域有一番作为难度极大。如前文所述,律师们不愿通过调解解决商事纠纷,即使有小部分案件最终决定进入调解程序,由谁调解仍然由律师决定。作为业内人士,律师对相应领域内的调解行业、发展动向更为熟悉,由律师选择调解员更符合委托人的利益,委托人也会信赖律师对于调解员的选择。通常情况下,在当事人决定调解商事纠纷时,律师会为其提供一份调解员名单,再由当事人从中挑选调解员。名单的存在一方面节省了律师的时间,另一方面可以保证选择的调解员具备相应的资质。这也意味着除非调解员在律师提供的名单上,否则该调解员不会有机会参与这一商事纠纷的调解。而想要进入名单之中是十分困难的,调解员必须具备领域内丰富的经验,并且在法律界内享有卓越的声誉。上述条件大多只有执业年限长的专业人士才符合,因此大部分调解员是年龄在50岁以上的白人男性。① 作为全球调解服务领先者的美国司法仲裁调解服务有限公司(以下简称JAMS)对聘任的调解员要求也基本如此。JAMS的调解员包括来自不同领域的各级法官和诉讼、交易律师,除在自己的调解领域内获得认可外,这些调解员还具备高度的敏锐度,可

① See Urska Velikonja, *Making Peace and Making Money: Economic Analysis of the Market For Mediators in Private Practice*, 72 Albany Law Review 257 (2009).

以准确把握法律和商业上的关键，为客户高效解决复杂的问题。此外，调解员进入市场还有一个壁垒，那就是市场的不断细分。随着商事调解服务的成熟及进步，市场的专业化趋势使得不同市场间难以切换，在某一领域内优秀的调解人也很难进入其他市场，更不用说初学者了。对工作资质和专业素质的要求增加了调解员进入市场的成本，减少了新调解员的机会。

此外，商事调解员还必须具备独立工作的能力。调解员的专业能力及实践经验都具有专属性，客户选择某一个调解员解决商事纠纷必然是出于该调解员自身的优势。因此，调解员对于待调解案件必须亲力亲为，无法将案件的任何部分委托给他人，调解员只有自己熟悉案件内容、为不同调解案件作出个性化的安排才可以充分发挥调解员的作用。加上商事调解保密性强的特征，调解员为保证自身的客观性及中立性会尽量减少与他人的沟通，这也代表着调解这一工作是"孤独的"。

三、美国商事调解的过程

出于灵活性强的特征，商事调解也没有固定的过程。以下分析的是美国商事调解中常用的流程及 JAMS 提供商事调解的模式。

(一)美国商事调解流程

通常美国商事调解过程可分建立框架、信息收集与共享、讨价还价和形成调解方案四个环节。①

在商事调解中，首先要选出合适的调解员。最理想的形式是在双方矛盾产生前就已经明确使用商事调解解决争议并且双方已经就调解员的选任达成一致，在这种情况下，双方可以完全依据事前制定的协议解

---

① See D. Ryan Nayar, *Texas ADR 101*: *Analyzing the Use of Compulsory Mediation Clauses in Commercial Contracts*: *Advantages*, *Enforceability*, *and Drafting Guidelines*, 40 Texas Journal of Business Law 257 (2004).

决纠纷。在争议产生后才确定通过商事调解解决矛盾的,可以由双方协商以确立合适的调解员人选。此时,双方律师可以提出各方的推荐人选,从中寻找交集,以保证双方对选出的调解员都满意。如果双方选择提交专业机构进行调解,双方首先应当从机构提供的调解员名单中选择调解员;在无法就调解员达成一致的前提下,双方应该根据各机构的规则形式进行调解员的选任。以美国仲裁协会为例,如果双方无法就选任达成一致,各方应从名单中剔除不可接受的名字,将剩余人选按优先顺序排列,并将名单交回机构。从当事人均认可的调解员名单中,按照其指定顺序,美国仲裁协会应邀请一名调解员担任该案的调解员。如果各方未能就所列的任何调解员达成一致意见,或可接受的调解员无法任职,或由于任何其他原因无法从所提交的名单中作出选择,美国仲裁委员会有权在不提交额外名单的情况下从其他调解员中作出决定。①

在设立商事调解框架的阶段应当确立商事调解的程序规则。在商事调解进行的初期,调解员的职责是向当事人介绍本次商事调解的基本信息,将调解与其他争议解决方式进行区分,明确调解过程的机密性及当事人对于调解结果的重要作用。通过对上述信息的传达,可以使中立者获得双方当事人的信任,帮助调解员树立权威,有助于后续调解环节的顺利推进。

美国的商事调解活动通常以联席会议作为起点。所有当事人及调解员都会参加联席会议,因为联席会议会涉及调解案件的基本信息及双方当事人的需求。联席会议可以帮助调解员了解各方观点及潜在的解决方案。在联席会议上,调解员可以鼓励调解参与者进行自我介绍以缓解当事人之间紧张的关系及氛围。在此期间,当事人可以从自身的角度提出对事实的理解及自身的诉求,便于双方交流想法,了解对方的立场。

---

① See *Commercial Arbitration Rules and Mediation Procedures M4*, https://www.adr.org/sites/default/files/Commercial_Rules-Web.pdf.

调解员可以提出问题以便更好地理解争议焦点及矛盾潜在的原因,但也必须确保陈述方不被对方打断。在每一方结束陈述后,调解员应中立地总结每一方的立场,这可以确保调解员不断跟进双方的思维、正确理解各方想法,同时向对方客观地表述各方立场。在联席会议后,调解员往往会采取小组会议的形式,分别与各方当事人进行会谈。在单独会谈中,调解员首先会明确小组会议的内容是保密的。除非当事人明确表示,否则小组会议的内容将不被另一方所知。小组会议存在的意义在于使调解员了解到当事人的底线、需求及最重视的条件,便于调解员来往于双方之间进行一系列对话及提议,不断磋商,以形成多个可行的解决方案。

在此之后,调解员会谈的方向由基于立场转为基于利益。[①] 在了解双方各自的诉求后,调解员会找出双方共同的问题,并且以利益为出发点,帮助各方理解对方的立场及观点,最终达成满足各方的解决方案。最后,调解员可以辅助当事人制定调解协议的条款,尽可能使这场商事调解发挥其最大的功效。

(二)JAMS 商事调解流程

JAMS 成立于 1979 年,是美国最大的替代性纠纷解决的私营服务机构,拥有近 40 年的调解经验,成功解决了数以万计的案件。JAMS 有自身独特的调解方式及流程,调解的程序包括事前准备、确认问题、讨论问题、解决问题和结束调解。[②]

首先,调解员应当对案情有所了解。通过争议双方提交的资料对争议形成初步认识。调解开始前,调解员可以对双方进行“传唤”,以便制定属于当事人双方的个性化的调解程序、确定调解日期及出席人员、明

---

① See Roger Fisher & William Ury, *Getting to Yes*, Random House Business, 1981, p. 41 – 42.

② 参见李政:《ADR 视野下私人调解的程序和效力——以美国 JAMS 公司为例》,载《法学杂志》2009 年第 11 期。

确信息交流的方式。

调解当日由调解员主持调解会议。当事人应当坐在调解员两旁,营造出和缓的氛围。调解员应当首先进行自我介绍,如果双方对调解员身份均未表示异议,则当事人需要签署一份同意书。在双方分别进行自我介绍后、调解员告知 JAMS 调解的具体规定后,调解就正式开始了。在调解过程中,调解员应当始终保持中立的态度,给予当事人平等的时间陈述观点,并且鼓励双方进行交流。在此期间,调解员要利用自身技巧,迅速作出对双方关系的评估,明确争议焦点。

如果调解员认为有必要,可以与当事人进行单独交流以了解更多细节,寻求双方共同点。在此之后,调解员可以在确保重视双方当事人诉求的前提下给出符合其共同利益的建议,协助双方当事人解决问题。如果调解成功,当事人需要签署和解协议,由调解员根据双方协议的内容制作调解书。如果在调解会议期间问题没有得到解决,调解员仍然需要对案件进行持续跟进,努力使各方参与其中,直到案件尘埃落定或者所有可行的方式都被用尽。但是 JAMS 的调解成功几率非常高,这一方面归功于经验丰富的专家,另一方面是由于当事人自愿选择调解,纠纷解决的效率也就提高了。

四、美国的法院附设调解和推定调解

美国法院附设调解的实践先于立法规定。在相关的规范颁布之前,美国很多法院已经开始探索法院附设仲裁、调解等多种纠纷解决机制。1974 年美国《民事案件管理计划》规定,在诉讼程序中引入法院附设调解,并在小额诉讼中加以试行。《ADR 法》的颁布解决了联邦法院建立法院附设项目的正当性和联邦法院系统的法官要求当事人适用的合法性问题。尽管 ADR 包括仲裁、调解、早期中立评估等各种纠纷解决方式,但调解却是联邦地区法院使用最为频繁的 ADR 程序。美国法院附设调解的启动大致有三种方式:双方一致同意、法律强制适用和法官指

令适用。相较于法官指令适用,法律强制适用和双方一致同意的情况较少。在经过法院相关工作人员的初步筛选后,一些适合调解的案件留了下来。尽管法官可以指令双方当事人适用调解程序,但如何做到让当事人自愿接受呢？在法官召集双方当事人劝说他们适用调解程序时,一要明确双方当事人对纠纷解决的需求;二是尊重当事人,法官需要在与当事人的谈话中了解他们的具体需求,并通过全面衡量各种因素告知当事人调解更适用其之间纠纷的解决。[①]

(一)适用范围的广泛性

一般来说,除非法律有特别规定,所有的民事诉讼都可适用调解。《ADR 法》也赋予了各法院自主规定不适用调解的纠纷类型的权力。若地区法院认为某些案件不适用调解的,在咨询当地律师组织成员的意见后,可以规定具体的某一类型案件不适用调解。就多数法院的情况来看,当事人自己代理的案件、监狱服刑者的民权案件、社会福利案件一般不适用调解。有些法院规定或法官个人会将涉及宪法问题和与公共政策有关的制定法权利案件排除适用调解。

从美国法院附设调解的发展情况来看,不仅一审程序中广泛适用调解结案,在二审程序中也大量适用调解。美国的民事上诉程序具有一定的不确定性,上诉法院法官的审理压力也比较大。因此,当事人在面临高昂的金钱成本、时间成本且上诉结果不确定性的情况下,也有较大的可能性进行调解。美国《加利福尼亚州法院规则》甚至规定只有当上诉人接受调解的结果确定后,法院才会接受当事人的上诉申请。[②]

(二)适用法律的非强制性和保密性

美国法院附设调解与诉讼的重要区别是诉讼必须依据法律审理案

① 参见廖永安、覃斌武主编:《调解实训教程》,中国人民大学出版社 2019 年版。
② 参见廖永安、覃斌武主编:《调解实训教程》,中国人民大学出版社 2019 年版。

件,而在调解中,调解员在不违背法律强制性规定的情况下,可以寻找适合的与纠纷密切相关的规则、习惯甚至道德来处理案件,而不必局限于法律的规定。因为调解的重要目的就是通过挖掘当事人的诉求背后的利益,帮助当事人构建能够实现其利益的和解方案。当事人之间的纠纷内容多样,处理纠纷的规则也繁多,调解员只有根据具体的案件并结合双方当事人之间的意愿才能确定处理纠纷的最佳规则。

2001 年,《统一调解法案》[①]对法院附设调解中的保密要求作出了全面细致的规定。该法要求所有参与调解的人员都有相应的保密特权与义务,具体包括双方当事人及其代理人、调解员和其他参与调解的人员。

(三)推定调解

在推定调解中,各方当事人可在调解员名册或其他来源中选择调解员。如当事人未能就调解员的选择达成一致,则由法院指定。除因法律规定涉及犯罪或非法行为而必须披露外,与调解相关的所有文件、对话都是保密的。调解结束后,调解员须向法院提交书面报告,说明纠纷是否已解决。如当事人达成调解,则应以书面形式记载调解协议并经双方当事人签字。

推定调解的推行,让调解在纽约州法院的诉讼解决程序中由 A 角(Alternative)一跃而成 C 角(Central),从纠纷解决的替代方式变成了纠纷解决的主流途径。纽约市法院大法官乔治 · 西尔弗(George Silver)对推定调解的未来充满信心:“大家不用担心,我们不会强迫您在调解阶段解决案件。我们知道,有些案件不可能通过调解来解决,这些案件必将进入诉讼程序。但我们相信,推定调解对所有人都有益。如果在调解阶段能解决 15% 到 20% 的案件,那么法官就能有更多时间来更好地审理疑难复杂案件。”

---

① 《美国统一调解法》名为法律,实则为示范法。

第二节 美国州法院商事调解实践
——以纽约州为例

归功于优越的贸易条件及发达的经济水平,纽约为商事交易提供了沃土。但是与高度繁荣的经济往来所不相符的是纽约州地方法院审判效率低下的现象,这些法院因案件堆积而备受诟病,也导致不少律师宁愿选择舟车劳顿前往其他州或者联邦法院解决商事争议。1993 年,纽约最高法院为提高商事纠纷的审判效率与质量,以试点的形式设置了四个商事审判庭以专门解决商事纠纷。事实证明,纽约专门设立解决商事纠纷的分支部门实属创举。数据显示,这些商事审判庭仅成立一年,商事案件解决的数量就增加了 35% 。商事审判庭的存在在改变诉讼进度缓慢现状的基础上也恢复了纽约州法院的声誉。鉴于试点的成功,在有关人员的建议下,纽约市于 1995 年正式成立商事审判庭,且商事审判庭在商事争议频发的市内也得以建立。

商事审判庭负责的案件包括各类高风险及案情复杂的商事纠纷。由于商事审判庭管理方式的系统性与专业化,案件需要符合一定标准才可由商事审判庭承办。除必须是商事纠纷外,在寻求金钱救济的情况下还要满足相应商事审判庭对金钱数额的要求。[①]

2012 年经纽约州首席法官李普曼(Jonathan Lippman)带头,一支围绕探讨如何提升商事审判庭管理效率这一议题的工作队伍产生,他们提出了一系列措施以提升商事审判庭效率、改善商事审判庭运作,[②]其中就

---

① See *Section* 202. 70 *Rules of the Commercial Division of the Supreme Court*, *Uniform Civil Rules For The Supreme Court & The County Court*, https://ww2. nycourts. gov/rules/trialcourts/202. shtml#70.

② See Jonathan Lippman, *The Chief Judge's Task Force on Commercial Litigation in the 21st Century*, *Report and recommendations to the Chief Judge of the State of New York*, uscourts. gov (Jun. 26, 2012), https://nys-fjc. ca2. uscourts. gov/programs/5 - 7 - 14% 20 - % 20Task% 20Force% 20on% 20Commercial% 20Litigation. pdf.

有增加商事调解使用的这一设想。尽管纽约州法院自1996年以来一直在推进替代性争议解决机制，但是由于诉讼在争议解决领域几乎处于垄断地位，调解在纽约州并未发挥应有的作用。[①] 针对这一现象，该工作团队提出了强制调解的方案，以进一步提高商事争议解决的效率，普及替代性纠纷解决方式。他们认为强制调解可以在降低成本的基础上有效解决商事争议，并且最大程度上为双方当事人提供满意的结果。为实现这一目标，为期18个月的强制调解试点项目率先在纽约市的商事审判庭开展。

强制调解具有以下几个特点：(1)强制调解的试点方案要求每5个案件中，就应有一个案件进入商事调解程序，此时强制调解的案件具有一定的随机性；(2)强制调解的时间是在诉讼早期，目的是为当事人提供极具成本效益的解决措施；(3)强制的当事人可以"选择退出"，使强制调解具备一定的灵活性。尽管强制调解项目的批评者认为，这一项目与调解本身的自愿性有一定冲突，但是"选择退出"这一选项的存在仍然保障了当事人的自由。同时，强制调解为当事人解决商事争议提供了额外的选择，这一方式很可能使双方当事人愿意通过开放的对话及友好的协商解决矛盾，进而实现成功的调解。退出也需要一定的限制，如果当事人可随意退出强制调解，那么该项目就失去了存在的意义。但是上述规定比较模糊，无法界定正当理由的具体含义。但是其他法院对选择退出提出的正当理由有明确规定。例如，美国纽约西区地方法院不认为各项费用是选择退出调解程序的正当理由。[②]

---

① See Jonathan Lippman, *The Chief Judge's Task Force on Commercial Litigation in the 21st Century, Report and recommendations to the Chief Judge of the State of New York*, uscourts. gov (Jun. 26, 2012), https://nys-fjc. ca2. uscourts. gov/programs/5 - 7 - 14% 20 - % 20Task% 20Force% 20on% 20Commercial% 20Litigation. pdf.

② See Laura A. Kaster & Janine Dickey, *Progress on the N. J. Mediation Front*, 211 New Jersey Law Journal 794 (2013).

首先,强制调解具有深远意义,除了比传统诉讼方式更具效益外,它保持了纽约市商事审判庭对商业人士的吸引,避免了他们选择其他法院解决商事纠纷。其次,强制调解提高了调解的使用率。由于调解内在对抗性及诉讼的垄断地位,大部分业界人士没有接触过商事调解。在强制调解推行后,相关人员有机会尝试通过调解解决商事纠纷,对其的积极反响可以进一步提高商事调解的使用意识。最后,商事调解允许法官将有限的精力及时间投入调解无法解决的复杂商事纠纷上,优化司法资源的配置。

根据相关规定,强制调解需要遵循一定的步骤。如果商事案件被提交至商事审判庭以外,那么通过行政命令或行政法官下达的指令,此类商事案件可以适用强制调解。① 依据已有的行政法官下达的行政命令,一旦当事人将案件提交司法干预,该庭的工作人员应当判断这个案件是否属于试点项目中强制调解的案件。对于符合条件的案件,法院将会通过电子立案系统向当事人发出通知,则所有当事人及其律师都应当按照命令和该规则进行调解,否则可能受到制裁。② 在调解开始前会召开该案件的预备会议。③ 预备会议的召开有专门负责的法官,而除此之外的其他程序则有案件承办的法官负责。主持预备会议的法官的职责在于处理预备会议开始前所有证据开示的问题并就此作出指示,以保障调解过程的顺序进行。如果当事人因强制调解程序而承担不合理的负担或困难,应当

---

① See Rule 15(a), *Rules and Procedures of the Alternative Dispute Resolution Program, Commercial Division, Supreme Court, New York County*, https://www.nycourts.gov/LegacyPDFS/courts/comdiv/ny/PDFs/ADR-rules.pdf.

② See Rule 15(b), *Rules and Procedures of the Alternative Dispute Resolution Program, Commercial Division, Supreme Court, New York County*, https://www.nycourts.gov/LegacyPDFS/courts/comdiv/ny/PDFs/ADR-rules.pdf.

③ See Rule 15(c), *Rules and Procedures of the Alternative Dispute Resolution Program, Commercial Division, Supreme Court, New York County*, https://www.nycourts.gov/LegacyPDFS/courts/comdiv/ny/PDFs/ADR-rules.pdf.

在预备会议中提出豁免,[①]放弃此项权利则视为认同调解程序的进行。

除强制调解外,还有一种法官移交调解(Order of Reference)的方式。承办商事诉讼的法官如果认为调解更有利于提升纠纷解决效率、维护司法公正,在充分考虑当事人的意见及观点的前提下,可以下达指令调解该案件。[②] 此类商事调解遵循的程序如下:(1)当事人应当签署ADR程序启动的表格,并于指令下达的4个工作日内联系ADR管理人并且提交表格。[③] (2)中立人的产生:调解员可以通过管理人指定或当事人选择的方式产生。原则上调解员应当由管理人确定,管理人应当在收到当事人提交表格的5个工作日内确定调解员人选、进行利益冲突调查并且将调解员的身份信息告知当事人。如果是由当事人选择调解员,那么当事人既可以从专家组中指定调解员,也可以由双方在专家组以外的人选中达成一致。[④] 两种调解员产生方式带来的费用也是有所区别的。如果调解员由管理人确定,则前3小时免费,3小时过后按照每小时300美元的标准向当事人收取费用。如果当事人从专家组中选择,则该调解员以每小时450美元的标准向当事人收取费用。(3)首次会面:确认调解后,调解员应当尽快以电话、会议的方式联络各方当事人,与其确认后续流程。当事人及其律师应当及时与对方和调解员进行沟通,并且严格

---

① See Rule 15(d), *Rules and Procedures of the Alternative Dispute Resolution Program, Commercial Division, Supreme Court, New York County*, https://www.nycourts.gov/LegacyPDFS/courts/comdiv/ny/PDFs/ADR-rules.pdf.

② See Rule 3, *Rules and Procedures of the Alternative Dispute Resolution Program, Commercial Division, Supreme Court, New York County*, https://www.nycourts.gov/LegacyPDFS/courts/comdiv/ny/PDFs/ADR-rules.pdf.

③ See Rule 4, *Rules and Procedures of the Alternative Dispute Resolution Program, Commercial Division, Supreme Court, New York County*, https://www.nycourts.gov/LegacyPDFS/courts/comdiv/ny/PDFs/ADR-rules.pdf.

④ See Rule 6, *Rules and Procedures of the Alternative Dispute Resolution Program, Commercial Division, Supreme Court, New York County*, https://www.nycourts.gov/LegacyPDFS/courts/comdiv/ny/PDFs/ADR-rules.pdf.

按照时间限制进行相关程序,否则可能受到制裁。(4)庭前提交文书:在调解正式开始至少10天前,各方应当向调解员提交自身的诉求以及不超过10页的文书,其中应当写明己方对事实的意见及认为可行的解决方式。(5)出席调解会议:调解的前3小时所有当事人都必须出席。除调解员基于正当理由给予豁免外,所有当事人都必须出席所有的调解会议。如果一方当事人是公司或其他商业机构,则需要由熟悉相关事实且具有权威性的代表出席会议。(6)报告案件状态:在确认日起的第40天,调解人应当向管理人报告案件进展及状态。[①]

如果一方当事人及其律师未能遵守该规则,调解员应当将此类情形告知管理人,并提出制裁的建议;如果调解员对是否实施制裁保持沉默,管理人也可根据调解员的报告建议实施制裁。在管理人与法官就案件处理沟通的过程中,管理人不能向法官披露任何有关调解的实质性内容。在调解结束后,调解员应当在调解程序结束后的3个工作日内向管理人报告结果,再由管理人向法官报告调解是否解决纠纷。

原则上调解程序应当控制在45天内。如果纠纷没有在45天内得以解决,当事人和调解员认为调解程序的继续进行对纠纷解决是有益的,则可延期30天。此后,除非法官进行特别授权,否则期限不应当延长。管理人将对调解的过程进行监督,以确保有关期限的规定得到遵守。

纽约州的法律对调解员的资格也作出一定的约束。如果想进入专家组,一个调解员必须具有10年以上的商法实务经验或相应的会计或商务经验,[②]并且需要接受过至少24小时的调解基本技能及技巧培训、

① See Rule 10, *Rules and Procedures of the Alternative Dispute Resolution Program*, *Commercial Division*, *Supreme Court*, *New York County*, https://www.nycourts.gov/LegacyPDFS/courts/comdiv/ny/PDFs/ADR-rules.pdf.

② See Rule 2, *Rules and Procedures of the Alternative Dispute Resolution Program*, *Commercial Division*, *Supreme Court*, *New York County*, https://www.nycourts.gov/LegacyPDFS/courts/comdiv/ny/PDFs/ADR-rules.pdf.

至少 16 小时的对从业领域的具体调解技巧的培训及相关领域的调解经验。[①] 为了保证调解员的专业性具备竞争力，调解员仍然需要每两年接受 6 小时的从业领域的有关培训。[②] 自 2023 年 1 月 1 日起，专家组的成员需要每两年接受时长为 2 小时的有关中立性的培训。[③]

第三节 联邦上诉法院的调解程序规则

所有联邦上诉法院都根据《联邦上诉程序规则》第 33 条的规定设定了调解或者和解程序。在大部分情况下，调解员是法院的非司法工作人员或法院系统外的中立人。法院调解项目办公室通常将调解的时间安排在上诉状提交及口头辩论前。调解的目的都是探求更多解决纠纷的途径，解决程序性事项，使上诉的争议更加明确，即使不能解决纠纷也可以缩小双方的分歧。在不要求当事人出席调解会议的情况下，出席的律师应当都具有较大的权力。联邦上诉法院的调解项目都不收取当事人费用。以下将对联邦上诉法院中较为有特点的调解制度进行分析，有重复的内容则不再赘述。

一、美国联邦第一巡回上诉法院——民事上诉管理项目（civil appeals management program，CAMP）

原则上所有上诉的民事案件的调解都是强制性的。[④] 在提交上诉通

---

① See 146. 4 *Qualifications and Training of Neutrals*, https://ww2. nycourts. gov/rules/chiefadmin/146. shtml.

② See 146. 5 *Qualifications and Training of Neutrals*, https://ww2. nycourts. gov/rules/chiefadmin/146. shtml.

③ See *Administrative Order of the Chief Administrative Judge of The Courts*, https://ww2. nycourts. gov/sites/default/files/document/files/2022 - 05/AO124 - 22. pdf.

④ See Settlement Program, https://www. ca1. uscourts. gov/mediation-rules.

知的 14 天内，上诉人必须提交一份备案陈述，备案陈述内的信息将帮助工作人员确定该案件是否符合 CAMP 的条件。[①] 如果符合要求，由上诉法院指定的调解员与律师联系并且安排调解会议的时间。调解会议开始前工作人员将要求律师提交有关案件的资料，但是不要求提交双方陈述。

在会议期间，调解员会试图达成调解协议。在会议开始时，调解员向与会者说明保密规则、讨论程序和各方可能希望提交的任何提议。此后，双方律师就上诉提出各自的立场，调解员针对双方发言会提出意见和问题。调解员必须做好充分的准备，并在适当的时候缩小、消除当事人间的间隙。调解员有些时候会对案件实体部门作出预测并且推荐具体的解决方案，但是当事人并非必须接受该项提议。

联席会议后，调解员通常会与每方律师单独见面。在与每方单独谈话过程中，调解员会将对上诉结果的评估告知当事人、搞清楚各方当事人的利益并且征求解决问题的建议。如果双方达成一致或调解陷入僵局，则调解会议结束。

除非得到调解员事先明确的同意，否则所有对协商起推动作用的人（包括当事人的代理人和当事人或者对调解有决定权力的代表）都应出席首次调解会议，直至调解成功或调解员宣布休会。在初次会议后，调解员会根据案件情况进行后续的会议，后续的调解会议当事人并非必须出席。

如果双方当事人达成一致，则调解员会要求当事人向书记员撤回上诉。如果案件没有得到解决，程序管理人会将相关文件提交书记员及将对该案件进行审理的法官，该案件的审理程序会继续进行。

---

① See Local Rule 33.0.(b), https://www.ca1.uscourts.gov/sites/ca1/files/rulebook.pdf#page=10.

二、美国联邦第二巡回上诉法院——民事上诉管理项目(CAMP)

所有民事上诉案件均适用CAMP,且当事人无须缴纳费用。[①] 即使法院没有下达命令对案件进行调解,当事人也可请求调解。

在调解会议召开前,调解员会收到书记员办公室送达的案件文件,包括上诉通知,地区法院对案件完整的备案。在二审立案后的10天内,当事人应当向书记员提交辩论前陈述,其中应包括管辖权、原审结果、上诉意见及相关判决的副本。当事人无须就调解活动专门提交书面意见。

在调解会议开始后,调解员首先向双方介绍会议程序及保密规则。此后,双方律师就上诉提出各自的立场,调解员会提出问题及评论。听取双方观点后,调解员可能就案件实体方面提出建议,但是调解员需要表明该意见仅是个人意见,不代表法院的观点。如果在首次会议上没有达成调解或撤回上诉的协议,调解员可以要求当事人继续协商,并在特定日期前报告,也可以要求当事人参与后续的调解会议。

三、美国联邦第三巡回上诉法院——上诉调解项目(appellate mediation program,AMP)

在提交上诉通知的4周内,书记员办公室仅会将符合调解条件的案件送至调解办公室,调解办公室将根据案件性质及负责任的经验选择案件进行调解。同时,书记员应当将原审涉及的法律文书的副本送达调解员,包括原审判决或原审法官的意见。当事人也可请求适用调解项目,如果在陪审团已经确定的情况下,该请求应当经法院批准。如果在上诉案件审理过程中,法官认为该纠纷可以通过友好协商方式解决,也可将案件移交调解。上诉法院、地区法院中的高级法官或调解项目负责人及

---

① See https://www.ca2.uscourts.gov/staff_attorneys/mediation.html.

工作人员将充当调解员的角色,[①]调解员通常由项目负责人选出。

在确定适用调解程序的15天内,双方当事人应当向调解员提交针对该纠纷的事实认定及法律意见(不超过10页),该文件不得送达对方当事人及其律师。调解员将会通知双方调解会议举行的时间、地点及方式。除非调解员另有指示,否则每方必须由负责上诉的资深律师出席,或者由对解决方案有决定权的代表出席。如果双方并未在首次会议中达成一致,根据案件情况,调解员有权决定举行多次会议。这些会议既包括联席会议,也包括小组会议。

调解过程具有保密性,不仅调解员不得泄露调解过程中得知的信息,当事人也不得使用调解中获得的信息作为提起动议或对抗对方的根据。调解程序结束后,负责人会向书记员办公室汇报最终结果。如果调解成功,则协议内容应当被书面化,并且约束双方当事人。律师必须在达成协议的30天内向书记员提交撤回上诉的申请。

四、美国联邦第四巡回上诉法院——调解项目(mediation program)

巡回调解员办公室(the office of the circuit mediator)负责在立案后审查哪些案件适合使用调解会议解决。在选择案件时,调解员会综合考虑多种因素,例如是否有当事人提出调解的请求、案件复杂程度、损害赔偿要求及案件的性质。同时,如果经当事人请求,调解程序也可启动。[②]原则上来看,只要当事人请求且双方当事人均有律师代理的情况下,巡回调解员几乎会接受所有案件。在初次调解会议上,调解员如果认为调解对解决纠纷无益则可以结束调解程序。

对于经调解员办公室选择进行调解的案件,办公室会在接收案件7

---

① See *L. A. R.* 33.0 *Appellate Mediation Program*, https://www2.ca3.uscourts.gov/legacyfiles/2011_LAR_Final.pdf.

② See https://www.ca4.uscourts.gov/mediation/about-mediations.

天内向当事人发出书面通知,并且将案件分配给调解员。在调解会议召开之前,调解员通常会浏览地区法院的意见及案情摘要中引用的案例,并且该项目不要求当事人提交额外的陈述。对于该法院来说,调解员主要通过小组会议促成各方和解。调解员不会对案件诉讼结果作出预测。

如果当事人达成一致,调解员会给上诉人律师撤销案件的动议,一旦该动议被签署并送达调解员,调解员会将其转交至书记员处,书记员会予以登记,该案件结束。如果案件没有达成一致,调解员将会把案件交给书记员,案件会重新回到上诉程序。

五、美国联邦第五巡回上诉法院——巡回调解项目[①](circuit mediation program)

原则上所有当事人均有律师代理的民事案件都符合该调解项目的要求。首次会议的时间会由调解员告知代理律师,代理律师必须出席所有调解会议,当事人并不被要求必须参加调解会议。在案件转交该调解项目后,双方当事人均有权请求不参加该程序或停止调解。如果该案件是由调解员选择,则调解员会支持当事人的态度;如果该案件是由法院转交的调解项目,那么当事人的请求将会被提交法院,由法院作出决定。在调解中,调解员有权要求双方提供相关的文书,包括关于立场的声明、辩论的大纲、或其他调解员认为对调解有益的文件。

如果双方的辩论意见书都以提交法院,或者动议将提交法院,调解员可以就调解进度及调解解决纠纷的可能性向法院进行报告,以便法院进行合理安排。

---

① See *General Order Governing the Circuit Mediation Program*, https://www. ca5. uscourts. gov/docs/default-source/default-document-library/circuit-mediation-program-order - 101316. pdf? sfvrsn = 2.

六、美国联邦第六巡回上诉法院

由法院雇佣的、有经验的律师会作为调解员主持调解会议。案件可以通过调解办公室挑选、当事人请求及法院转交调解的方式进入调解项目。[①] 律师会在会议开始前 3 ~4 周收到通知,大部分首次会议以视频的方式进行。相关规定要求双方在通知规定的日期前提交一份保密的调解资料表,[②]该资料表应当提交调解办公室,不得提交法院或送达对方当事人。这种方式可以最大程度地提高调解成功的概率。如果没有提交该资料表将会受到制裁。原则上当事人应当出席会议,如果律师认为当事人的出席没有必要,则会在会议前直接联系调解员。大部分会议在讨论上诉问题前,会对程序性问题进行调查,这并非为了作出决定或得出结论,而是为了更加了解案情。调解员会考虑双方的利益及需求,告知当事人法庭可能的决定,阐明其对案件的看法,用尽一切可能的方法帮助当事人达成一致意见。大部分情况下,首次会议会持续 2 小时左右,调解员视案情安排后续的调解会议。如果当事人或律师没有遵循以上程序,法院会视情况作出以下决定:(1)将该案件移出调解程序;(2)评估产生的额外费用;(3)驳回上诉;(4)其他制裁方式。

七、美国联邦第七巡回上诉法院——调解项目

三名律师将作为调解员参加调解会议,其中包括一名高级律师,他将作为主要负责人。高级律师将浏览所有符合调解项目要求的案件,决定哪些案件不会被安排调解会议。当事人也可请求通过调解解决问题。法院通常不会将案件转交调解项目。

---

① See https://www. ca6. uscourts. gov/sites/ca6/files/Sixth% 20Circuit% 20Mediation% 20Participant% 20Info. pdf.

② See Local Rule 33, https://www. ca6. uscourts. gov/confidentiality-local-rule – 33.

在首次会议前，作为调解员的律师会通过阅读案件记录，熟悉案件并且进行初步研究。调解办公室将会通知所有律师调解会议的时间、地点及调解会议进行的方式。

首次会议上，调解员将评估上诉的前景、进一步通过诉讼解决的风险和成本、各方当事人的利益以及各方通过调解达成一致可获得的收益。通过联席会议与小组会议，双方可能仍然无法达成一致，此时调解员会视案件情况安排后续调解会议。

如果双方达成和解，调解员会以协议的形式向律师提供撤回上诉的动议。调解员不参与起草和解文件。如果案件无法通过调解解决，则案件回到上诉程序。

八、美国联邦第八巡回上诉法院——调解项目

该调解项目与法院系统相分离，项目负责人通过法官委员会向法官与法庭报告。项目负责人根据地区法院的观点及当事人的意愿选择合适的案件。该项目是自愿的，如果一方当事人表现出不愿，负责人将不会安排调解会议；即使后续安排会议后，一方也有权取消会议。

该项目多用于金钱赔偿的案件。如果涉及金钱数额较大，负责人将与当事人协议确定联席会议的时间及地点。如果案件不太复杂、涉及金额较小，负责人可以通过书面方式安排电话会议，并且无须与律师事先联系。

调解会议开始前，书记办公室将会把与案件有关的文件送达负责人，其中需要明确当事人对调解的态度。在联席会议的开始，调解员会就争议点一一分析，预测结果。此后，调解员会与各方单独会面，为各方提出建议、开拓思路。负责人尽量只为当事人规划一次会议，力求提升解决纠纷的效率。但是如果在调解会议后双方达成一致的可能性很大，则负责人可能会安排后续的会议加强双方沟通。案件在调解时，上诉程序的步骤不会自动停止。这种方式可以将调解程序与法院程序分离，提

升效率。

九、美国联邦第九巡回上诉法院——调解项目

上诉受理或复审申请的 7 天内,双方当事人应当提交调解问卷。[①]调解员会查看调解问卷,并与律师通过电话进行评估会议。评估会议帮助双方交换信息、探求可能的解决方式,最终明确双方是否会参与调解程序。根据案件性质及内容的不同,调解员会为纠纷量身打造合适的方式。在调解过程中,当事人应当在提出任何程序动议前与调解员协商,调解员有权对某些程序性事项作出裁决。如果就程序性问题调解员无法与律师协商一致,调解员可以指示律师向书记员提出动议,调解员或书记员会对动议作出决定。如果当事人在调解会议中达成一致,调解员有时会帮助他们起草协议的框架,但最终的调解协议还是应当由当事人及其律师完成,双方应当将请求撤回上诉的动议提交调解员。如果调解员支持该请求,应当向书记员办公室下达命令结案。在调解成功的情况下,案件通常会被转交上诉委员,当事人有可能请求上诉委员就个别争点下达具有强制性的决定。[②] 该委员可以通过较为简短的案情介绍及当事人辩论环节保证双方发言的机会,此后该委员下达决定并且在当事人请求的前提下列明理由。如果双方经调解项目仍未达成一致,在最后一次调解会议上,调解员往往会与律师协作,安排案情介绍的时间,并且下达命令将案件移出调解项目。

十、美国联邦第十一巡回上诉法院——AMP

除法院专门送达调解的案件外,经当事人同意,他们可以付费选择

---

① See *The Mediation Process*, https://www.ca9.uscourts.gov/mediation/the-mediation-process/.

② See Circuit Rule 33 – 1(d), https://cdn.ca9.uscourts.gov/datastore/uploads/rules/frap.pdf#page=158&zoom=100,93,362.

私人调解员。[①] 该私人调解员应当具备以下资质：(1)已经注册或被认证为调解员5年以上；(2)已经从事法律工作15年以上；(3)当下具备获准进入该院律师队伍的资格。

当案件已经被调解中心选中后，当事人需要填写请求使用私人调解员的表格，该表格须经所有当事人及选定的私人调解员签署。在通知调解的10天内该表格应当被提交至调解中心，私人调解员应当在法院发出调解通知的28天内进行第一次调解。[②] 即使案件由私人调解员负责，也不意味着该案件的调解脱离调解中心的监督。在法院调解通知上列出的调解人仍然会为当事人及私人调解员提供协助。

在收到使用私人调解员的申请后，调解中心会为私人调解员提供下列材料的副本：(1)民事上诉声明；(2)案卷副本。其余涉及保密声明、案件陈述等文件由当事人及其律师直接送达私人调解员，并且不进入法院。在案件陈述中，律师应当向调解员详细介绍案件事实及诉讼的情况。

在调解会议初始阶段，私人调解员会向当事人介绍调解过程，明确调解过程的保密性，询问是否有任何程序性问题可以由双方协商解决。接下来，私人调解员可以就涉案纠纷及上诉法院的决策过程、双方当事人潜在的利益及偏好、可能的替代性方案与当事人共同或单独讨论。私人调解员也应当通过不断尝试要约或反要约、后续的调解程序解决纠纷，直到问题得到解决或者调解陷入僵局。

私人调解员在下列情况中可能会被取消调解涉事纠纷的资格或受到制裁：(1)违反规定的调解程序；(2)在法院失去信誉；(3)未能保持良好信誉并遵守律师协会的执业标准；(4)未能保持良好信誉并遵循其州

---

① See 11th Cir. R. 33 - 1(g) Kinnard Mediation Center. https://www.ca11.uscourts.gov/sites/default/files/courtdocs/clk/Rules_Bookmark_DEC22.pdf.

② See *Private Mediator Procedures For Mediation of Appeals*, https://www.ca11.uscourts.gov/sites/default/files/courtdocs/mediation/KMC_Private_Mediator_Procedures_Rev7_17.pdf.

ADR 机构制定的标准；(5)由法院首席法官自由裁量的其他行为。

原则上调解行为并不会影响上诉程序的进行。如果存在调解解决纠纷可能性大，且延长期限可以减少不必要的时间及资源浪费，调解中心的调解员可以延长调解辩护状的期限。鉴于调解与上诉程序同步进行，该案在调解结束前可能由于法院缺乏管辖权而被驳回上诉。在这种情况下，当事人仍然可以选择通过调解方式解决纠纷，如果一方对调解程序的继续存在异议，则调解不应当继续。

在调解员提出要求时，私人调解员应当向其报告调解状态。调解结束后，私人调解员应当立即向调解员报告调解的成功与否，并在调解结束的一周内将调解员报告上交至调解中心，当事人需要共同向书记员提交撤回上诉的动议。在调解成功的情况下，私人调解员必须明确告知当事人及其律师协议的达成不会免除当事人被要求履行的义务及行为，例如被要求提供必要的记录和案件报告。

调解程序结束后，调解中心会发给律师一份调查问卷，了解他们对调解中心提供的调解服务的满意程度及有效性。律师应当直接将完成的问卷交给首席调解员。

第四节　联邦地方法院的调解程序规则

联邦地方法院最早于 20 世纪 70 年代就开始探索 ADR 的可行性，但是对 ADR 起关键性作用的仍然是《民事司法改革法案》。[①] 该法案要求联邦地方法院降低司法成本、提升工作效率，并且提出多种激励机制促进 ADR 的使用。为响应该法案的要求，大量联邦地方法院出台有关

---

① See Donna Stienstra, *ADR in The Federal District Courts: An Initial Report*, perma. cc(Mar. 23, 2012), https://perma. cc/5ZQN-YKNZ.

ADR 的规则,为争议解决提供多元化的选择。法院管理和案件管理委员会(the Court Administration and Case Management Committee,美国司法会议,以下简称 CACM)于 1997 年根据该法案推行的现状出具了一份报告并且将该报告提交国会,国会认为许多法院在推行法院附设 ADR 制度上彰显非凡的能力,并且鼓励法院继续推进 ADR 方式的使用。[①] 20 世纪 90 年代,联邦司法中心开展一系列活动以支持 CJRA(Civil Justice Reform Act,《民事司法改革法》)和《ADR 法》的运行。[②] 通过为法官开办有关 ADR 的课程,联邦司法中心帮助法官理解 ADR 制度的原理、运行的过程。同时,联邦司法中心也为法官提供周期性的调解课程,提升法官调解技能。

在联邦地方法院中,调解已经成为首要的 ADR 程序,且半数以上的地区提供调解程序帮助当事人解决纠纷。[③] 联邦法院提供的调解服务大部分由法院全权负责,只有少数地区需要寻求律师协会或私人调解机构的帮助。有部分法院通过法官提供调解服务,但是调解员主要的来源仍然是法院系统外。[④] 地方法院会建立该法院的名册,邀请律师或专家作为调解员参与调解活动。但是这种举动引发了有关调解员中立性的质疑。为维护司法公信力,一些联邦地方法院通过指定规则,完善调解员的培训体系,以保证调解员的中立性。

在联邦地方法院,很少有案件会自动且强制转介调解程序,大部分

---

① See Donna Stienstra, *ADR in The Federal District Courts: An Initial Report*, perma. cc(Mar. 23, 2012), https://perma. cc/5ZQN-YKNZ.

② See Donna Stienstra, *ADR in The Federal District Courts: An Initial Report*, perma. cc(Mar. 23, 2012), https://perma. cc/5ZQN-YKNZ.

③ See Donna Stienstra & Elizabeth Plapinger, *ADR and Settlement in the Federal District Courts: A Sourcebook for Judges and Lawyers*, Federal Judicial Center(Jul. 03, 2002), https://www. fjc. gov/sites/default/files/2012/adrsrcbk. pdf.

④ See Donna Stienstra & Elizabeth Plapinger, *ADR and Settlement in the Federal District Courts: A Sourcebook for Judges and Lawyers*, Federal Judicial Center(Jul. 03, 2002), https://www. fjc. gov/sites/default/files/2012/adrsrcbk. pdf.

案件适用调解程序是出于当事人及法官的意志。[①] 但是无论案件是否是法院强制调解，原则上当事人都应当承担调解费用。联邦地方法院共有四种确定调解费用的方式[②]：根据市场情况定价、法院定价、无偿服务或者无偿服务一定时间后提交费用，其中市场定价仍然是主流方式。

随着调解的发展，调解的策略也不断变化。在传统的调解过程中，调解员对调解进程起到辅助作用，帮助当事人寻找解决问题的方案。在这种模式下，调解员的调解技巧较为重要，但是对调解员在涉事领域的专业性并没有要求。[③] 后面逐渐出现评估型调解，即调解员要对可能产生的法律后果进行预测，因此该调解员应当具备相当的所调解领域的专业知识及经验。

在多数联邦地方法院，无论法院或调解员选择哪种调解模式和技巧，以下步骤都必须得到遵循。[④]

（1）转介调解（referral）。在联邦地方法院，案件由承办法官经筛选后转交至调解程序。尽管通常情况下当事人对案件是否进行调解的决定有一定话语权，但是出于法官的决定权，大部分法官在未经当事人同意的情况下直接将案件转介调解。

（2）选择调解员。如前文所述，通常情况下调解员是满足法院设定

---

① See Donna Stienstra & Elizabeth Plapinger, *ADR and Settlement in the Federal District Courts: A Sourcebook for Judges and Lawyers*, Federal Judicial Center (Jul. 03, 2002), https://www.fjc.gov/sites/default/files/2012/adrsrcbk.pdf.

② See Donna Stienstra & Elizabeth Plapinger, *ADR and Settlement in the Federal District Courts: A Sourcebook for Judges and Lawyers*, Federal Judicial Center (Jul. 03, 2002), https://www.fjc.gov/sites/default/files/2012/adrsrcbk.pdf.

③ See Donna Stienstra & Elizabeth Plapinger, *ADR and Settlement in the Federal District Courts: A Sourcebook for Judges and Lawyers*, Federal Judicial Center (Jul. 03, 2002), https://www.fjc.gov/sites/default/files/2012/adrsrcbk.pdf.

④ See Donna Stienstra & Elizabeth Plapinger, *ADR and Settlement in the Federal District Courts: A Sourcebook for Judges and Lawyers*, Federal Judicial Center (Jul. 03, 2002), https://www.fjc.gov/sites/default/files/2012/adrsrcbk.pdf.

的资格与培训要求的律师。有些调解活动中,当事人可以从法院提供的名册中选择调解员,或者经法院批准后选择法院名册外的第三人成为调解员。此外,也存在法官选择调解员的情况。

(3)调解前程序。为了使调解员快速理解案情、明确当事人立场,当事人应当向调解员提交有关法庭文件的副本,以及己方对案件事实、法律适用的理解及解决方式的提议。通常情况下,当事人提交的文件并不会进入法庭记录,调解程序结束后会归还给当事人。

(4)进行调解会议。根据案件实际需要,调解可以只进行一次会议,也可以进行多次会议,会议持续时长也不等。除律师外,大部分法院还会要求当事人及保险人出席调解会议,否则将给予相关人士制裁。在初次会议上,调解员会向当事人介绍调解程序,听取双方陈述,必要时会提出问题以厘清思路。在初次会议后,多数情况下调解员会分别与双方当事人进行沟通,寻求当事人根本利益所在,帮助当事人权衡利弊。在此后环节中,调解员会鼓励当事人提出建议并且对提案进行评估。

(5)调解程序结束。如果双方当事人达成一致,调解员可以准备协议大纲,并交由律师,由律师完成协议。如果争议无法完全解决,则调解员可就双方达成一致的部分作出协议。如果调解失败,则该案将重新回到诉讼程序。

下文将对较有代表性的各地方法院的调解程序进行梳理。

一、亚拉巴马联邦地区法院①

(一)亚拉巴马中区联邦地区法院

首先,当事人应当提交文书陈述己方立场,并且提供相应证明佐证;

---

① See Donna Stienstra & Elizabeth Plapinger, *ADR and Settlement in the Federal District Courts: A Sourcebook for Judges and Lawyers*, *Federal Judicial Center*, https://www.fjc.gov/sites/default/files/2012/adrsrcbk.pdf.

法庭下达审前决议后，双方律师应当在6周内探讨解决方式，并将有关进程告知法庭。指定的法官在审前与双方律师讨论可行的方案，如果律师均表示同意，则案件将交由一名法官进行调解。会议一般会持续3~8小时，也可能根据案件需要举行多次会议。

（二）亚拉巴马北区联邦地区法院①

该法院提供了“三轨制”ADR项目（three-track ADR program），即当事人可以选择调解、调解与仲裁结合的方式或其他争议解决方式。根据该项目要求，律师或无律师代理的当事人必须尽早与法院举行会议，以确定案件是否适合通过ADR解决。除非符合法院明确排除的情形，所有类别的案件都可以考虑通过非诉讼方式解决。当事人意志在选择纠纷解决方式时起主导作用，如果当事人提出异议，法院不会将案件提交ADR解决。

一旦案件被转介调解程序，当事人应当在收到法院通知的10天内确定调解员人选并告知法院。如果双方未就调解员达成一致或者未能将决定在10天内告知法院，法院将从专家组中选择3名中立人，将其名单发给当事人。双方根据自身偏好对中立人进行排序，并在收到该名单的7天内提交至法院。法院收到双方名单后，会将双方名单最后的人选去除，将剩余的中立人人选列为调解员。

在调解会议开始前至少10天，当事人应当向调解员提交有关法庭文件的副本，以及己方对案件事实、法律适用的理解，同时应当提交当事人认为会对调解员履行职责有益的材料。对材料进行审查后，调解员会与律师进行初步会面。

该项目并未对调解持续的时间有所限制，但是法官将案件转交调解后

---

① See Donna Stienstra & Elizabeth Plapinger, *ADR and Settlement in the Federal District Courts: A Sourcebook for Judges and Lawyers*, *Federal Judicial Center*, https://www. fjc. gov/sites/default/files/2012/adrsrcbk. pdf.

通常会告知规定期限。调解会议的日期、地点由调解员与律师协商确定。

在调解过程中,如果调解员存在有关中立性的疑问,应当立即向当事人披露相关事实。如果一方当事人对调解员的公正性及中立性提出质疑,当事人可以请求调解员退出,调解员应当退出并且通知法院,法院将另行确认调解员人选。

调解结束后,调解员必须向法院报告调解结果。如果双方达成一致,调解员或一方当事人必须准备相应的书面文本,供当事人签署并提交法院批准。如果不能达成协议,则就该情况向法官进行书面报告。

(三)亚拉巴马南区联邦地区法院

亚拉巴马南区联邦地区法院于 1995 年通过了一项 ADR 计划,授权当事人通过任何 ADR 形式解决争议,其中包括调解。[①] 如果当事人未就替代性争议解决方式达成一致,法院认为调解对案件有益可以命令该案件进入和解程序。如果任何一方当事人拒绝调解,应当在法院下达命令的 10 天内陈述其正当理由并以书面的形式请求法院重新考虑。除非法院命令,否则调解程序中止。

(1)通知及调解员的产生:案件被提交调解时,法院会及时以书面形式通知当事人。当事人原则上应当从法院的专家组中选择调解员。如果当事人希望从专家组以外的人选中挑选调解员,应当签署书面协议,承诺其受该规则的约束。当事人必须在收到法院通知的 10 天内就其选择通知法院,并且进行备案。如果当事人无法就调解员选任达成一致或未在接到通知的 10 天内通知法院,则法院会从专家组中选择调解员。在法院确定调解员的情况下,法院会对候选人的身份进行审查,避免其与当事人或案件有利益冲突。一旦确认调解员没有利益冲突,法官将会向当事人发出书面通知告知其调解员的身份,并将副本送达调解员。在

① See *Order Adopting Alternative Dispute Resolution Plan*, https://www.alsd.uscourts.gov/sites/alsd/files/Stdo23.pdf.

法院发出通知的30天内，调解员将联系各方并且安排调解会议。

（2）调解员的中立性：如果调解员在调解过程中意识到或一方以任何理由提出涉及调解员中立性的问题，调解员应当向当事人披露相关事实。如果当事人对调解员的中立性提出质疑，当事人可以请求调解员回避。调解员收到回避请求后应当立即通知法院。法院可以根据前文所述方式选择新的调解员以保证调解程序的顺利进行。

（3）提交文件：在调解会议至少5天前，当事人应当向调解员提交有关法庭文件的副本，以及己方对案件事实、法律适用的理解，同时应当提交当事人认为会对调解员履行职责有益的材料。在阅读材料后，调解员可自主决定是否需要举办预备会议。

（4）参加调解会议：当事人及律师都必须出席调解会议。当一方当事人并非自然人或有保险人时，对纠纷解决方式有决定权的代表应当出席。调解员应当向法院报告当事人或代表未能出席的情况，法院可以实施制裁。原则上调解程序不适用证人证言，但在必要时，经调解人同意，证人可以出庭作证，为调解员提供有关争议问题更多的信息。调解员将决定证人出庭的方式以及当事人是否拥有交叉询问证人的权利。

（5）调解程序的结束：在双方就纠纷解决达成协议、调解员认为调解无法解决当事人纠纷或一方当事人基于善意要求调解程序终结的情况下，调解程序结束。如果双方达成一致，一方的代表将出具一份调解协议，双方当事人及其律师均应签署，表明其同意该文件反映其一致的意志。此后，调解员将会向法庭报告纠纷解决的方式。如果双方没有达成一致，则调解员可以选择另行安排调解会议。

亚拉巴马南区联邦地区法院对于专家组成员的要求也很高。[①] 首

---

① See Donna Stienstra & Elizabeth Plapinger, *ADR and Settlement in the Federal District Courts: A Sourcebook for Judges and Lawyers*, *Federal Judicial Center*, https://www.fjc.gov/sites/default/files/2012/adrsrcbk.pdf.

先,该人员必须拥有亚拉巴马州的律师执业资格,拥有至少 7 年的法律领域的实践经验,并且一半以上的时间应当为诉讼领域;其次,拥有丰富的调解经验;最后,有曾在亚拉巴马州的初审法院担任法官或在亚拉巴马州的任何联邦法院担任法官的经历。此外,候选人还应当接受专业 ADR 的执业伦理与技巧培训。

二、阿拉斯加联邦地区法院

阿拉斯加联邦地区法院鼓励当事人通过 ADR 解决其纠纷。[①] 在当事人请求或法院决定的情况下案件可交由调解程序,当事人可以选择法官主持调解会议(judicial settlement conferences),也可以选择法院系统外的第三人作为调解员。

法官可以要求当事人参加法官主持的调解会议。在会议召开前,法官通常会要求当事人提交相应文件,陈述其立场、提出调解建议。[②] 如果在对双方立场进行审查后法官认为不存在调解的可能性,会议就会被取消。

三、阿肯色西区联邦地区法院[③]

同阿肯色东区联邦地区法院一样,该法院也没有推行 ADR 项目,但是表明会通过法官主持调解会议以协助当事人解决纠纷。该法院曾推行一项试验,几乎所有民事案件都被转介调解(涉及服刑人员、助学贷款

---

① See Rule 16. 2, *ADR*, Local Civil Rules for the District of Alaska, https://www. akd. uscourts. gov/sites/akd/files/local_rules/Local%20Civil%20Rules. January%202023. FINAL%20. pdf.

② See Donna Stienstra & Elizabeth Plapinger, *ADR and Settlement in the Federal District Courts: A Sourcebook for Judges and Lawyers*, *Federal Judicial Center*, https://www. fjc. gov/sites/default/files/2012/adrsrcbk. pdf.

③ See Donna Stienstra & Elizabeth Plapinger, *ADR and Settlement in the Federal District Courts: A Sourcebook for Judges and Lawyers*, *Federal Judicial Center*, https://www. fjc. gov/sites/default/files/2012/adrsrcbk. pdf.

和社会治安的事项被排除在外;美国政府作为原告的案件可能根据法官的自由裁量权予以排除)。

调解会议通常在案件审理的30~60天内举行,在调解会议开始前,每一方都向法官提供己方诉讼请求、辩护理由和相关证据。法官决定会议的召开时间、各方是否必须出席、会议通过何种方式开展。会议一般需要1~2小时,依据案件复杂程度,后续可能还会安排多次电话会议。在程序结束时,法官只提交一份报告,说明是否发生了和解。

四、加利福尼亚州中心地区法院

加利福尼亚州中心地区法院提供以下三种调解方式:(1)由法官主持的调解会议;(2)从法院专家组中选择中立人作为调解员;(3)私人调解。[①] 在符合当事人最佳利益的情况下,法院鼓励通过协商解决当事人纠纷。法院倾向于任何合理的手段来实现这一目标。除非得到法官的排除,否则每个民事案件的当事人都应当参与ADR程序,力求通过非诉讼方式解决争议。双方当事人应当就选择何种ADR程序达成一致并向法院提交,并最迟于最终审前会议的前45天内参加该ADR程序。如果双方未及时提交,法官可以指定相应的ADR程序。

该法院还通过一项命令为调解设置更加具体的规则。[②] 法院主持的ADR项目中,除非得到明确的排除,[③]否则所有提交法院主导ADR项目的民事案件都会自动转介至调解专家组或其他私人争议解决方式。针

---

① See Civil Local Rule 16 – 15.4, https://www.cacd.uscourts.gov/sites/default/files/documents/LocalRules_Chap1_12_22.pdf.

② See General Order 11 – 10, https://www.cacd.uscourts.gov/sites/default/files/general-orders/GO – 11 – 10.pdf.

③ See General Order 8, https://www.cacd.uscourts.gov/sites/default/files/general-orders/GO – 11 – 10.pdf. 涉及人身保护令和特别令状、移民和归化、服刑人员民事权利、社会公共安全、执行联邦税务局传票的申请或一方当事人无代理人的情况案件不得自动转介。

对此举,法院会出具通知,并要求律师将有关内容告知当事人,与当事人在会议前充分讨论可行的 ADR 措施。此后,当事人应当参加会议,讨论此项纠纷更适合通过哪种调解方式解决,并且以书面形式确定调解程序及会议的时间,将其上交法官,由法官签发令状将案件转至调解程序。如果当事人未提交安排,法官可以根据最有利于当事人的原则将案件转至调解程序。

如果是法院主导 ADR 项目以外的案件,当事人首先有义务考虑通过由法官主持的调解会议、从法院专家组中选择中立人作为调解员或私人调解的方式解决纠纷。经当事人请求,法官会将案件转介至调解程序。具体程序如下①。

(1)调解员的选择:双方可从法院专家组中选择中立人,得到该中立人同意后,双方应当以书面形式提交其选项。如果当事人没有在下达转介调解程序的 21 天内提交调解员选项,ADR 项目管理人将为其指定。如果当事人无法就调解员达成一致,应当请求管理员指定该法院对专家组中立人参加的调解案件进行额外的规定。② 想要进入专家组,该申请者必须具备以下条件:①曾任联邦上诉法院、地区法院的法官或者加州司法官员;②具备良好的操守及品行,具有至少 10 年法律工作经验,应当对联邦民事诉讼程序有丰富的经验并且在规定领域内具备一定的专业性;③接受法院提供的调解培训,此项要求可根据个人情况予以豁免。

(2)调解员与律师会面:在调解员确认通知下达的 30 天内,调解员应当与律师交流并且确定调解会议的时间及流程。调解员可以通过电话会议或者书面的方式与律师沟通。在电话会议中,他们必须就调解的时间、地点、流程、出席代表、需要提交的材料等信息进行沟通。在调解

① See General Order 12, https://www.cacd.uscourts.gov/sites/default/files/general-orders/GO–11–10.pdf.

② See General Order 3–4, https://www.cacd.uscourts.gov/sites/default/files/general-orders/GO–11–10.pdf.

员确认通知下达的 35 天内，调解员应当以书面形式将调解日期上交 ADR 项目。调解过程不应过长，如果转介调解的命令中没有时间限制，则调解至迟应于最终审前会议的 45 天前结束。如果当事人有正当理由，可以向法官请求延长调解期限。

（3）提交文件：经调解员要求，双方至迟应当在调解会议召开 7 天前提交陈述，应包括对案件事实、法律问题、可能达成一致的争论点。

（4）出席会议：当事人应当出席，或者由最终决定权的代表出席。如果一方当事人是公司或非政府机构，则应当由了解案情且具备最终决定权的代表出席会议。具有决策权的保险人代表必须出席调解会议，除非法官免除其出席的义务。只有在法官明确授权的情况下，居住在区外的当事人或具有最终决定权的代表可通过电话参与调解的全过程。

（5）报告：在调解程序结束后 5 天内，调解员将上交调解报告。无论调解的结果如何，调解员都不会向法官提供调解会议的实质细节。同时，当事人应当将最终达成的协议告知书记员并提交相关文件。

五、康涅狄格州地区法院

当事人可以在诉讼程序的任何阶段请求将案件转至调解程序，并且就调解范围、调解程序、调解员等达成一致，经法官同意案件将转入调解程序。[①] 调解程序结束后，调解员仅就调解是否成功向法官报告。该州较有特色的调解项目是特别管理人调解会议（special master settlement conference）。[②] 通过民事案件的当事人书面申请、或案件承办法官的命令，管理人就该案的特别事项（如调解会议）予以报告。当任命管理员的目的是召开调解会议时，法官可以任命两名管理人。根据管理员的

---

① See Rule 16(h), *Local Rules of Civil Procedure*, https://www.ctd.uscourts.gov/sites/default/files/Revised-Local-Rules - 2.3.23.pdf.

② See Rule 53, *Local Rules of Civil Procedure*, https://www.ctd.uscourts.gov/sites/default/files/Revised-Local-Rules - 2.3.23.pdf.

指示,书记员会确定调解会议的日期,当事人及其律师没有遵循相关安排将受到的制裁。如果当事人对管理人提交的报告有异议,应当在管理人提交报告的 14 天内提交反对意见,否则视为对管理人报告的认同。

在调解会议开始 10 天前,双方都应当向特别管理人提交一份不超过 5 页的有关事实概述及法律适用的文件。[①] 此文件应当包括双方律师的详细信息、管辖、是否适用陪审团、双方当事人的观点及其他有益信息。该文件不会提交书记员,也不会送达对方当事人。但是将会有一份说明特别管理人服务于此案件的提示会被提交法院。当事人的律师应当出席调解会议,并且应当对特别管理人提出的解决方案有决定权。在调解程序结束后,特别管理人应当向法庭报告在调解过程中当事人是否有违反规则的行为及调解的成功与否。值得注意的是,艾奥瓦州南部地区法院也拥有特别管理人调解会议这一项目。

此外,康涅狄格州地区法院还通过助审法官调解会议(parajudge settlement conference)[②]帮助当事人解决争议。与法官主持的调解会议类似,当事人都应当提交反映己方有关事实、法律适用、观点的书面材料。在案件诉讼进行过程中,律师要求召开调解会议的情况下,如果案件承办法官无法举行调解会议,则将由助审法官主持调解会议。如果纠纷在首次调解会议上没有解决但仍有和平解决的可能性,助审法官有权另行召开调解会议。当调解无法解决该纠纷时,助审法官应当及时通知案件承办法官。

---

① See *Instructions for Preparing the Confidential Settlement Conference Memorandum for Special Masters Settlement Conference*, https://www. ctd. uscourts. gov/sites/default/files/forms/Settlement%20Conference%20Memo%20Instructions%206 - 13 - 13. pdf.

② See Donna Stienstra & Elizabeth Plapinger, *ADR and Settlement in the Federal District Courts: A Sourcebook for Judges and Lawyers*, *Federal Judicial Center*, https://www. fjc. gov/sites/default/files/2012/adrsrcbk. pdf.

六、艾奥瓦州南部地区法院

艾奥瓦州南部地区法院设置调解周(settlement week calendar)[①]集中解决争议。除日常负责的调解案件外,据每年 4 月短期庭审周的 90 ~ 120 天前,法官还会收到额外的案件并对其进行调解。与之类似的还有俄亥俄州南部地区法院设置的调解周项目,但是二者存在实质不同。在俄亥俄州南部地区法院的调解周期间,法官会挑选合适的案件将其强制转介调解,并由经验丰富的律师作为调解员处理案件。调解会议开始前,法院工作人员将案件卷宗的相关部分交给调解员。在调解会议召开至少两周前,原告必须向被告律师提出书面要求,至迟在调解会议召开一周前,被告律师必须进行书面答复。所有文本的副本应当送达调解员。

七、路易斯安那中部地区法院

路易斯安那中部地区法院提供两种调解方式,即法院调解和律师协会调解。[②] 根据法院试点项目的有关记录,已经有 15 名调解员在法院进行宣誓并且为当事人提供免费服务。法院也可将案件转交至律师协会,不超过 5 小时的调解活动收费为 250 美元,根据延长的时间决定额外的费用。由法院试点项目调解结案的,调解员需要向法院提供一份说明,其中仅需明确调解程序结束,双方是否达成调解协议,如果达成协议哪一方会提出撤回动议的申请。由律师协会调解的案件,在调解程序结束

---

① See Donna Stienstra & Elizabeth Plapinger, *ADR and Settlement in the Federal District Courts: A Sourcebook for Judges and Lawyers*, *Federal Judicial Center*, https://www.fjc.gov/sites/default/files/2012/adrsrcbk.pdf.

② See Donna Stienstra & Elizabeth Plapinger, *ADR and Settlement in the Federal District Courts: A Sourcebook for Judges and Lawyers*, *Federal Judicial Center*, https://www.fjc.gov/sites/default/files/2012/adrsrcbk.pdf.

的10天内,双方律师必须根据以下情况采取相应的行动:(1)所有争论均由调解解决,则双方应当共同申请撤回动议;(2)部分达成一致,应当向法院以书面形式说明解决及未解决的部分,法院会采取相应的措施;(3)未就任何分歧达成一致,书面告知法庭。调解程序结束的3天内,调解员应当向律师协会提交报告,并将副本送达当事人及转介案件的法官。

八、密歇根东部、西部地区法院

在仅涉及金钱赔偿的案件中,法官可以要求当事人参加韦恩县调解庭的案件评估项目(case evaluation/valuation program)。[①] 该过程本质上只是简单的听证会。在东部地区法院,证据开示后,至迟在听证会举行的42天前通知当事人。由3名律师组成的小组会听取当事人的陈述,并且对案件进行不具约束力的评估。

在西部地区法院有两种模式,即传统(standard track)模式和当事人主导(blue ribbon track)模式。

在传统模式中,评估员由ADR管理员选择。在听证通知邮寄后的7天内,每方当事人应当支付600美元,费用一旦缴纳不予退还。原告律师为听证会协调时间、日期及地点,并向ADR管理人备案,向各方送达通知。在评估会议至少14天前,双方当事人应当提交书面材料(不超过20页),逾期提供材料将需缴纳罚款。在双方陈述时,每方律师发言时间不得超过30分钟。听证会结束后,专家组将作出书面评估并将副本送达当事人。

在当事人主导模式中,评估员由当事人选择,费用以小时计算。当事人与评估员协商,就听证的时间、地点达成一致。由评估员中的主席

---

① See *Case Evaluation Program Description*, https://www.miwd.uscourts.gov/sites/miwd/files/Case%20Evaluation%20Program%20Description.pdf.

向管理员备案并向各方送达听证通知。除非双方同意,否则该程序对当事人提交材料没有字数限制,对律师陈述也没有时间限制。在特殊情况下,如果裁决不能在听证会结束时作出,当事人主导模式中的评估者可以在听证会结束后7天内作出书面评估。在这种情况下,主席负责向每一方送达副本,并提供送达证明。

在评估作出之日起的28天内,各方应当向ADR工作人员书面作出对评估的接受或拒绝。如果双方都接受该评估,则法院将根据评估结果作出判决。如果一方拒绝评估结果,案件的审判程序继续,除非判决结果比评估结果对拒绝方更有利,否则拒绝方应该支付对方实际费用。但如果对方当事人也拒绝了评估,则只有在判决结果比案件评估结果更有利于对方当事人的情况下,对方当事人才有权获得实际费用的支付。最终经过调整后,如果判决结果低于评估结果的10%以上,则认为判决对被告有利;如果判决结果高于评估结果的10%以上,则认为判决对原告有利。

密歇根西部地区法院还有极具特色的辅助性调解(facilitative mediation)。[①] 该调解项目完全遵循当事人意见,只有在当事人同意的情况下法官才可将案件转介调解。立案后10天内,当事人需共同从通过法院认证的名单中选出调解员,达成一致后,原告负有向ADR书记员报告的义务;如果双方无法达成一致,应当及时通知书记员,由书记员作出选择。此后,书记员会及时通知该调解员并对其利益冲突进行调查。当调解员得以确认后,书记员会立刻通知承办案件的法官,法官会下达将案件转介调解的命令。

---

① See Donna Stienstra & Elizabeth Plapinger, *ADR and Settlement in the Federal District Courts: A Sourcebook for Judges and Lawyers*, *Federal Judicial Center*, https://www.fjc.gov/sites/default/files/2012/adrsrcbk.pdf.

九、俄克拉荷马州北部地区法院

除了法官主持的调解会议外，俄克拉荷马州北部地区法院还设有由律师作为中立人主持会议（adjunct settlement judge rrogram/evaluative mediation）。[①] 承担辅助职责的律师将由法院根据专业性、经验丰富程度、中立性、名誉等方面的表现选出，作为辅助性法官（Adjunct Settlement Judges，ASJ）。[②] 在案件已经命令移送调解会议后，由司法命令或当事人请求，ASJ 负责该案件。[③] 在调解过程中，每一方应当首先提出自己的立场，然后与 ASJ 进行私下会谈。在这一阶段，ASJ 会通过辅助性的技术及方式帮助当事人达成一致意见。如果调解陷入僵局，ASJ 将对案件进行评估，并可以私下向双方提出和解建议。如果双方都接受该建议，则该建议会被正式化。如果一方或双方对该建议有异议，ASJ 可以给予双方一定的时间，双方可以接受该建议或拒绝。每一方私下与监督法官联系表明立场。此外，如果调解不成，ASJ 可以建议当事人考虑其他 ADR 方式。

十、佛蒙特州地区法院

佛蒙特州推行强制性的早期中立评估（early neutral evaluation，ENE）项目，[④]该项目的推行旨在尽早解决某些类别的民商事案件。符合

---

① See *Alternative Dispute Resolution Program*, https://www. oknd. uscourts. gov/alternative-dispute-resolution-program-pdf.

② See Local Rule16 - 2, https://www. oknd. uscourts. gov/sites/default/files/madcap/Local%20Rules%20PDF. pdf.

③ See Donna Stienstra & Elizabeth Plapinger, *ADR and Settlement in the Federal District Courts: A Sourcebook for Judges and Lawyers*, *Federal Judicial Center*, https://www. fjc. gov/sites/default/files/2012/adrsrcbk. pdf.

④ See Rule 16. 1, *Early Neutral Evaluation*, https://www. vtd. uscourts. gov/sites/vtd/files/LocalRules - 2022. DecRevision. pdf.

要求的案件会自动转至 ENE 程序，其他案件在当事人同意的情况下也可适用 ENE。ENE 会议应当在为期 8 个月的证据开示过程中开展，中立人（评估人）是经由法院培训、具有相关领域专业知识的专家。ENE 会议开始至少 14 天前，双方当事人应当向中立人提交文书，并将副本送达对方当事人。在 ENE 过程中，双方应就案件价值、案件成本（包括但不限于额外的证据开示成本、专家证人费用、律师费、与庭审准备相关的其他费用以及调解不成功时的实际庭审费用）及调解不成功导致的延迟增加的额外费用进行探讨。评估人应允许每一方就其立场进行陈述，评估人在可行的情况下帮助当事人确定协议条款、评估当事人的观点及证据并给予理由、探讨利用调解解决纠纷的可能性。如果调解没有达成，评估人应当与当事人讨论后续措施，使案件得到尽快解决。ENE 会议结束的 21 天内，评估人应当向法院及当事人送达报告，其中应当包括当事人基本信息，会议的时间、地点和流程及会议的结果。此外，威斯康星州西部地区法院、佛蒙特州地区法院、加利福尼亚州东部地方法院、加利福尼亚州北部地区法院、加利福尼亚州南部地区法院都有 ENE 项目。尽管对该项目的细节安排不同，但其共同目的都是在早期解决矛盾。

在威斯康星州西部地区法院，ENE 项目是自愿的。[①] 书记员会向律师介绍该项目，要求他们与当事人讨论该程序的可行性。如果双方当事人同意，则书记员会帮助当事人从律师协会的志愿者名册中选择评估人。根据评估员的自由裁量决定双方是否应当提交文书，并由评估员对会议作出合理安排。

十一、其他地区法院

所有仅涉及金钱赔偿的案件将会进入强制调解程序。在北卡罗来

① See Donna Stienstra & Elizabeth Plapinger, *ADR and Settlement in the Federal District Courts: A Sourcebook for Judges and Lawyers*, *Federal Judicial Center*, https://www.fjc.gov/sites/default/files/2012/adrsrcbk.pdf.

纳州中部地区法院包括合同、侵权、民事权利等案件适用强制调解。[①] 此外,堪萨斯州地区法院、新泽西州地区法院、纽约州南部地区法院、俄克拉荷马州、华盛顿西部地区法院都明确规定了部分案件适用强制调解。

尽管大部分地区法院拥有较为完备的调解制度及程序安排,但是有部分州,例如肯塔基州西部、北部地区法院,路易斯安那西部地区法院和缅因州地区法院,仍然没有正式的调解程序。

① See Local Rule 16. 4 (b) , https://www. ncmd. uscourts. gov/sites/ncmd/files/2022_June_01_CIVRulesEffective. pdf.

第五章

欧洲地区的商事调解制度

第一节　德国的商事调解法律制度

一、德国商事调解法律制度现状

德国作为欧洲大陆最富理性的国家，德国的司法制度、诉讼程序以及纠纷解决机制都是经过精心设计而建构的。

2000 年 1 月，德国《民事诉讼法施行法》正式生效，其中第 15a 条授权各州可以规定以下争议的提起只有在州司法管理机构设置或认可的调解机构对争议调解之后才被受理：一是地方法院受理的财产争议，其数额小于 1500 德国马克；二是邻地争议；三是没有经过媒体、广播报道的个人名誉损害等。这逐渐实现了诉前强制调解制度在民事诉讼中大范围的应用。①

2000 年，德国颁布《法庭外争议解决促进法》，将调解制度强制引入诉前程序。2002 年，德国《诉讼法改革法》颁布，其主要特点在于为促成当事人调解，引入了强制审前调解辩论程序。

---

① 参见范愉主编：《多元化纠纷解决机制》，厦门大学出版社 2005 年版。

欧盟委员会于2004年10月22日对欧洲议会和欧洲理事会提出了动议,经过近3年半的磋商,欧洲议会和欧洲理事会于2008年5月21日颁布了《欧盟调解指令》。《欧盟调解指令》旨在保障成员国之间的跨境民商事纠纷得以快速、有效地解决,并通过各成员国之间的司法合作促进调解机制在欧盟区间内的自由和灵活使用,以便更好地实现欧洲一体化。①

为转化《欧盟调解指令》,统一实践规则,整合调解制度,德国开始了相关的立法工作,旨在对已经过长期试点的法官调解制度在实定法上作出规范与回应。德国于2012年颁布了《促进调解及其他诉讼外冲突解决程序法》(以下简称《德国调解法》),对庭外调解以及调解的保密性和执行力作出规定,②翻开了纠纷解决模式改革的新篇章,为各州调解活动提供了法律依据,也标志着调解制度作为一般性的纠纷解决机制在实定法的基础上被确立下来。《德国调解法》和《民事诉讼法施行法》、《法庭外争议解决促进法》、《诉讼法改革法》形成了统一的完整的调解法律体系。③

在德国,对调解的理解与其他欧盟国家并无差异,调解也被认为是那些并非主要基于法律状况分析而解决复杂案件的程序。因此,调解是一个双方或者多方当事人之间具有明确结构形式的程序,即在自愿的基础上,当事人通过中立调解人的协助,试图达成协议以解决他们之间的纠纷(参照《欧盟调解指令》第3条第a项,《德国调解法》第1条)。

此外,德国学术界对于德国调解方式的完善及发展作出一定贡献。德国学者贝塞莫尔提出的调解"五阶段模式"(引导、听取看法、澄清冲

---

① 参见齐树洁:《德国调解制度》,载《人民调解》2019年第1期。

② 参见洪泉寿、施威:《德国商会调解制度的特点》,载《人民法院报》2020年2月28日,第8版。

③ 参见[德]彼得·哥特瓦尔德、曹志勋:《德国调解制度的新发展》,载《经贸法律评论》2020年第3期。

突、解决问题并草拟方案、达成协议）很有特色，可由各地区工商协会根据行业规则或企业章程，按照“五阶段模式”制定可操作性的调解程序，让调解程序更加规范科学，提高调解成功率。

德国将调解的理念贯穿于审判程序的始终，法院在纠纷解决中的传统功能和角色定位正随着多元化纠纷解决机制的引入不断地发生变化。在现代司法背景下，法院的司法角色从传统的受理、裁决案件向综合性司法管理职能发生转变，法院开始在越来越多的案件纠纷中扮演“引导者”而非“裁判者”的角色，并为当事人提供交涉的场所和规范。德国《民事诉讼法施行法》第 278 条明确要求法官应当在诉讼的各阶段努力在当事人之间进行调解。由此可见，将调解理念贯穿于审判程序已经成为德国民事诉讼制度的一项基本原则，法院鼓励当事人在提起诉讼前尽可能地采取其他方式来解决纷争；案件进入诉讼程序后，法院也有义务为当事人运用诉讼外纠纷解决方式创造条件。[①]

二、德国理论界中对“去法律化”的纠纷解决机制的批判

在民事诉讼的维度内批判和质疑法官调解制度的比较普遍，其争点的核心是替代纠纷解决机制的“去法律化”特征。诉讼以权利为本位，通过在程序保障机制中贯彻辩论主义，以当事人为中心进行攻击和防御以促成事实和法律争点的明晰。和解、调解等替代纠纷解决机制的核心是对话、谈判和妥协，事实和法律上的争点处理被弱化，注重和平、协力处理纠纷，是典型的社会本位纠纷解决进路。[②]

对此，有学者认为社会本位与权利本位之间并没有本质冲突，其以纠纷解决的诉讼目的论为归依，在大的程序的概念范畴内进行互动。理

① 参见齐树洁：《德国调解制度》，载《人民调解》2019 年第 1 期。

② 参见柴永旺：《德国的法官调解制度：历史、实践与反思——以劳动法院不作本案判决的法官调解制度切入》，载《中德法学论坛》2019 年第 2 期。

论和实务上的努力,应当以实现两者的平衡作为批判或修正的出发点,而非以僵硬的非此即彼的关系作为目的。替代纠纷解决机制所针对的是传统的诉讼,旨在克服或弥补传统诉讼在解决纠纷过程中缺乏灵活性和耗时过长等缺陷。由于欧盟的推动和长期的试点和实践,德国在理论和法律框架中,正在构建可供当事人选择的广泛的纠纷解决机制。但构建过程毕竟是长期的、深刻的,至于当事人、律师、法官以及持肯定立场的学者虽然承认替代纠纷解决机制削减诉讼制度的效用,但依然会选择这样的纠纷解决方式并接受其结果。毕竟,不是法官调解制度侵害了当事人的诉讼权利和实体权利,而是在处分权主义下当事人理性选择的结果。[①]

三、德国代表性的商事调解组织

德国商事调解协会(the german society for mediation in commerce)和商事调解与纠纷管理协会(the society for commercial mediation and conflict management)的成员都是德国商事律师事务所提供商事调解服务的律师。汉堡商会也已建立了一套非常成功的商事调解方案。[②]

在调解实践的教育与培训方面,德国采取了与澳大利亚和美国等普通法国家完全不同的路径,调解活动的专业性较强。欧洲调解硕士采取授予调解研究生学位的教育举措,学生首先需要接受为期一年的基础课程培训,包括在跨学科背景下教授的调解课程。第 2 年则要求学生专攻某一特定调解领域,如家庭和商事调解。[③]

---

① 参见柴永旺:《德国的法官调解制度:历史、实践与反思——以劳动法院不作本案判决的法官调解制度切入》,载《中德法学论坛》2019 年第 2 期。

② 参见[澳]娜嘉·亚历山大主编:《全球调解趋势》,王福华等译,中国法制出版社 2011 年版,第 215 页。

③ 参见[澳]娜嘉·亚历山大主编:《全球调解趋势》,王福华等译,中国法制出版社 2011 年版,第 222 页。

第二节　英国的商事调解法律制度

一、英国有关商事调解的法律规定

1999 年4 月 26 日,英国《民事诉讼规则》正式施行。该规则规定,法院应当根据案件金额、案件重要性、讼争事项的复杂程度以及各方当事人的经济状况,采取相应的审理方式;当事人负有协助法院推进解决纠纷目标实现、参与 ADR 的义务;《英国民事诉讼规则》规范英格兰和威尔士的诉讼行为。鉴于当事人在诉讼中会消耗大量时间及金钱,并且诉讼结果具有不确定性,加上司法资源的紧张,法院在认为合适时可以鼓励当事人使用 ADR,辅助当事人就纠纷的全部或部分达成解决方案。这一积极态度明确体现在《英国民事诉讼规则》第 1. 4 条中,即法院“鼓励当事人在法院认为适当的情况下使用替代性纠纷解决程序,并为使用该程序提供便利”。[①]

《诉前行为和议定书实践指南》明确指出,诉讼是最后手段。当事人应当在提起诉讼前充分考虑通过 ADR 达成和解的可能性。[②] 即使诉讼程序开始后,当事人仍然应当继续考虑通过调解、和解等方式解决纠纷。在庭审过程中,法院可能要求当事人提供双方充分探讨过 ADR 可行性的证据。[③] 如果一方当事人对通过 ADR 程序解决纠纷的要约持沉默或

---

① See Pablo Cortés, *Embedding Alternative Dispute Resolution in the Civil Justice System: a Taxonomy for ADR Referrals and a Digital Pathway to Increase the Uptake of ADR*, Cambridge University Press (Dec. 15, 2022), https://www. cambridge. org/core/services/aop-cambridge-core/content/view/C262D5E21B271975D9339D066CA03350/S0261387522000423a. pdf/embedding-alternative-dispute-resolution-in-the-civil-justice-system-a-taxonomy-for-adr-referrals-and-a-digital-pathway-to-increase-the-uptake-of-adr. pdf.

② See Para. 8, *Practice Direction on Pre-Action Conduct and Protocols to the CPR*, https://www. justice. gov. uk/courts/procedure-rules/civil/rules/pd_pre-action_conduct#8. 1.

③ See Para. 11, *Practice Direction on Pre-Action Conduct and Protocols to the CPR*, https://www. justice. gov. uk/courts/procedure-rules/civil/rules/pd_pre-action_conduct#8. 1.

拒绝态度,法院可能会认为这种态度是不合理的,并且命令该方承担额外的费用。在诉讼程序已经开始的情况下,如果双方通过调解达成一致,法院会以命令的方式记录双方和解协议。[①]

英国于 1895 年成立商事法院(commercial court),专门处理商事纠纷。有观点认为,尽管英国在商事纠纷解决方面一直是创新的领头人,并且效率较高,但是在商事法院审理的案件中,有不少案件在庭审程序中已经产生大量费用,当事人仍然在法庭作出判决前就达成和解。[②] 1993 年,法院针对商事案件适用 ADR 发布指导性的司法陈述(practice statement),鼓励当事人使用正在发展中的 ADR 方式解决争端,以此作为在诉讼早期阶段解决纠纷的一种可行方式。此外,2022 年《商事法院指南》对 ADR 方面的规则进行了更新,提出以谈判解决纠纷(negotiated dispute resolution,NDR,此处的 NDR 包括但不限于调解和和解)代替 ADR。[③] 各方律师应当充分考虑案件通过 NDR 解决的可能性,并且确保告知当事人 NDR 方式的经济性及有效性。认为 NDR 对解决争议具有一定可行性的当事人可以在任何阶段提出适用 NDR,法院在适当的案件中也会向当事人推荐通过 NDR 方式解决问题。在相关规则允许的前提下,为了 NDR 的推进,法官可以在规定时间内暂停审理或者中止诉讼程序。在某些案件中,如果当事人提出上诉申请,法院可以下达 NDR 命令。如果在指定日期前双方矛盾并没有通过 NDR 解决,案件会回到诉讼程序中。针对具体案件,如果法官认为双方的谈判、协商相较于 NDR 方式更为高效,可以为当事人会议指定明确的时间。以 NDR 代替 ADR

---

① See Ministry of Justice, *A Guide to Civil Mediation*, https://www.gov.uk/guidance/a-guide-to-civil-mediation#what-kind-of-disputesare-suitable-for-mediation.

② See Dr. Loukas A. Mistelis, *ADR in England and Wales*, 12 American Review of International Arbitration 167.

③ See G. Negotiated Dispute Resolution, *The Commercial Court Guide*, https://www.judiciary.uk/wp-content/uploads/2022/06/Commercial-Court-Guide – 11th-edition – 1.pdf.

这一称呼体现出商事法院将 ADR 机制视为法庭程序的一部分，而不仅仅是诉讼的替代方式。

二、英国法院的 ADR 实践

（一）强制调解程序

尽管英国高级别法院整体上对强制调解程序抱有谨慎的观望态度，但是在英格兰和威尔士的基层民事司法体系中，强制调解制度已经以各种名目处于实际运行中了。这种自下而上的司法制度变迁，可以被视为英国法制的一种特质。以下简要介绍英格兰和威尔士法院运行的有关商事纠纷的强制调解程序。

1. ENE

ENE 程序在具有法律知识的中立调解员（通常是职业法官）主持下进行，调解员会在会议中，就案件的全部或部分争点发表自己的意见。根据上诉法院对于《英国民事诉讼规则》第 3.1 条第 2m 项的解读，法庭有权在未经当事人同意的情况下，开展 ENE。①

2. 小额纠纷

司法部提出希望特定案件中的当事人尝试通过调解解决纠纷，首先提议针对基层法院标的 10,000 元以下的案件强制适用调解，②由政府为其提供免费的调解服务。③ 起诉后，双方会与调解员进行电话会议（mediation appointment）。在会议过程中，调解员会听取双方观点，协助二者达成一致。如果调解成功，当事人会在电话会议中达成口头协议，

---

① 参见王涛：《英国强制调解制度的变迁》，载《人民法院报》2021 年 7 月 23 日，第 8 版。

② See Julia Bihary, Charles Bishop & Dorothy Murray, *SORT IT OUT! The English Courts Take a Step Towards Mandatory Mediation*, https://www.mindingyourbusinesslitigation.com/2022/10/sort-it-out-the-english-courts-take-a-step-towards-mandatory-mediation/.

③ See HM Courts & Tribunals Service, *Small Claims Mediation Service*, https://www.gov.uk/guidance/small-claims-mediation-service.

事后该协议会以书面形式提供给当事人。如果调解未能解决二者冲突，则当事人可以诉诸法院寻求帮助。

此外，最高法院也在推行一项调解计划，该计划由英国有效争议解决中心（Center for Effective Dispute Resolution，CEDR）负责。涉案金额小于50万英镑的合同争议、人身伤害索赔、医疗过失纠纷、遗产纠纷及边界纠纷在上诉程序中，案件会自动转至调解程序。[①] 法院会通知当事人及EDR。根据法院提供的案件摘要，同时综合考虑当事人的位置，CEDR首先会从专家组中挑选合适的调解员，并通知当事人调解人选。如果当事人提出要求，调解员会直接与当事人联系并且与当事人沟通调解流程，这一环节持续时间不超过30分钟且不向当事人收费。此后，CEDR会再次向当事人确认他们参与调解的意向。在得到肯定回复后，CEDR会安排会议时间。虽然该项目是自愿的，但是如果当事人不愿意参加仍需要向法院提供正当理由。原则上每起案件调解时间为5小时，如果当事人需要更多时间则需缴纳额外费用。[②]

3. 小额纠纷听证会

一些基层法院设立了小额纠纷听证会程序，小额纠纷将强制进入由地区法官主导的调解、和解或案件管理听证会之中。[③] 尽管这一程序并没有普及，但是在某些听证中心，小额纠纷听证会已经规范化，例如伯明翰已经为此设定调解规则。

---

① See *Court of Appeal Mediation Scheme*, https://www.cedr.com/commercial/mediationschemes/courtofappeal/.

② See *Court of Appeal Mediation Scheme*, https://www.cedr.com/commercial/mediationschemes/courtofappeal/.（1）100万英镑以下的案件：线上调解每方需缴纳950英镑，线下调解会议每方需缴纳1150英镑，超出5小时，每方每小时缴纳125英镑；（2）100万英镑以上的案件：线上调解每方需缴纳1900英镑，线下调解会议每方需缴纳2200英镑，超出5小时，每方每小时缴纳175英镑。（以上费用均未计入税费）

③ See Civil Justice Council, *Compulsory ADR*, https://www.judiciary.uk/wp-content/uploads/2022/07/Civil-Justice-Council-Compulsory-ADR-report-1.pdf.

（二）就强制调解引发的争议

有观点认为，强制调解的产生与调解的自愿原则及基本人权的要求相抵触。事实上，自《民事诉讼规则》施行以来，英国一直鼓励当事人通过调解解决争议，并且通过判例法不断对调解进行规范和引导，调解的地位也经历了重大变化。此前在调解领域占主导性地位的案件是 Halsey 一案[①]，该案的判决否定了先前判例中强制调解的做法。

针对强制调解引发的疑问，英国民事司法委员会作出回应，明确强制调解没有违反基本人权的要求，因此是合法的。[②] 在 Halsey 案中，法院有关基本人权的观点阐述在很大程度上依赖于欧洲人权法院对于 Deweer 案的决定。在该案中，Deweer 是一名肉贩，违反了比利时的市场交易法。管理人员告知他如果缴纳一定罚款，他可以免予被起诉，肉铺也可以继续经营。Deweer 在缴纳罚款后向法院提起诉讼，认为比利时政府侵犯了其在《欧洲人权公约》第 6 条下所享有的权利，即剥夺了他获得公平审判的权利。[③] 对此，法院支持了 Deweer 的主张，认为 Deweer 放弃权利并非出于自愿。英国民事司法委员会认为，该法院的判决是基于 Deweer 案的具体案情，并没有就广义的"当事人是否可以被强制使用 ADR 程序"这一问题表明态度。不少学者质疑 Halsey 案的判决说理部分，但是至少有一点可以肯定，Halsey 案的法官对于仲裁引用部分是错误的，因为 Deweer 案根本不涉及仲裁。[④]

在 Halsey 案之后，上诉法院的多名法官提出相反的观点。艾伦沃德

---

① 参见张永红：《英国判例法对调解的规范和引导》，载微信公众号"蓝海现代法律"2020 年 10 月 22 日，https://mp.weixin.qq.com/s/lP-9JNkdoDaN8H5iz-3jXA。

② See Civil Justice Council, *Compulsory ADR*, https://www.judiciary.uk/wp-content/uploads/2022/07/Civil-Justice-Council-Compulsory-ADR-report-1.pdf.

③ 参见王涛：《英国强制调解制度的变迁》，载《人民法院报》2021 年 7 月 23 日，第 8 版。

④ See Civil Justice Council, *Compulsory ADR*, https://www.judiciary.uk/wp-content/uploads/2022/07/Civil-Justice-Council-Compulsory-ADR-report-1.pdf.

博士在 Wright 案中质疑 Halsey 案的正确性。Halsey 案中法官提出强迫不愿参加调解的双方参与调解程序为当事人通过诉讼解决纠纷施加了不合理的压力与阻碍。但《民事诉讼规则》第 26 条的相关规定只提及允许法院在任何时间主动暂停诉讼程序,以便当事人可以尝试调解程序。艾伦沃德认为仅仅中止程序并不能构成所谓的"不合理的压力与障碍"。此外,莫斯廷法官表示,他不会强迫当事人参与调解活动,但是"无合理理由拒绝参与 ADR 程序可能导致经济制裁"这一表述并不能算作非法强迫。[①]

在 Lomax 案中,上诉法院面对一方当事人不满法院 ENE 而上诉,就强制当事人进行案件 ENE 给出解释。为实现公正审判的目标,法院有权下达指令,以促使当事人达成和解。上诉法院认为,即使当事人并未通过 ENE 解决纠纷,该程序也没有妨碍当事人参与诉讼的权利;相反,它是诉讼过程中有利于案件得到公正合理解决的一个环节。所以,即使当事人不同意,法院也可命令当事人进行 ENE。虽然调解与 ENE 有所不同,但是调解程序自 Halsey 案以来已经有了明显进步,Halsey 案的有关判断不一定适用于当下。负责该案的法官还指出,即使当事人对和平解决争议持反对甚至敌对态度,ADR 仍然益处颇多。

学界有关 Halsey 案的讨论也并不少。在 2007 年的一次演讲中,莱特曼指出 Halsey 案是错误且不合理的。他认为法院将调解命令与仲裁甚至其他永久搁置诉讼程序的命令混为一谈,调解并不干涉审判权,最多只是通过短暂的中止为当事人和解提供更多机会,并认为在世界各国,不顾当事人真实意愿强制其进行调解的做法其实很普遍。该观点得到联邦最高法院菲利普斯大法官的赞成,他在国际争议解决中心的演讲中表示,Deweer 案并不涉及强制使用调解命令的情况,该案的核心在于

---

① See Civil Justice Council, *Compulsory ADR*, https://www. judiciary. uk/wp-content/uploads/2022/07/Civil-Justice-Council-Compulsory-ADR-report - 1. pdf.

强迫当事人放弃诉权,是对其基本人权的损害。[①] 他认为,如何理解强迫的内涵十分重要,这取决于当事人拒绝调解的命令后会受到何种制裁。此后,在民事调解委员会国家会议上,安东尼也就 Halsey 案与《欧洲人权公约》第 6 条发表自己的见解。[②] 他提出,即使作为《欧洲人权公约》缔约国的比利时和希腊都存在强制 ADR 的规定,德国也有要求当事人在诉讼程序开始前参与调解的要求。各国的实践都可以证明强制调解本身并不构成对基本人权的损害。2010 年,作出 Halsey 案决定的法官也承认,自己有关《欧洲人权公约》第 6 条的部分论述有误,[③]但是他仍然对强制 ADR 持反对态度。他的支持者提出,如果将强制调解作为诉讼的替代品,那么强制调解会干扰诉诸法院的宪法性权利。[④]

最近的学者普遍认为,只要当事人在任何阶段都保留诉诸法院的权利,就可以在不违背基本人权的前提下遵循强制参与 ADR 的命令。也有学者认为,只要对于当事人拒绝参与调解的制裁是符合比例原则的,也就不会违反《欧洲人权公约》第 6 条的规定。

英国民事司法委员会认为,以经济处罚为压迫,要求当事人尝试 ADR 是可行的。接受 Halsey 案不代表强迫当事人参与 ADR 一定会违反《欧洲人权公约》第 6 条的规定。此外,如果将强制调解视为违反基本人权的行为,但是又赋予法院权利,对于不合理拒绝调解的当事人进行经济处罚,这二者之间是矛盾的。该报告的作者指出,只要强制 ADR 没有向当事人施加不成比例的处罚,并且没有剥夺当事人诉诸法院的权

---

① See Lord Phillips, *Alternative Dispute Resolution: An English Viewpoint*, 74 Arbitration: The International Journal of Arbitration, Mediation and Dispute Management 406 (2008).

② See Anthony Clarke, *The Future of Civil Mediation*, 74 Arbitration: The International Journal of Arbitration, Mediation and Dispute Management 419 (2008).

③ See Lord Dyson, *A word on Halsey v Milton Keynes*, 77 Arbitration 337 (2011).

④ See Lord Neuberger, *Keynote Address: A View From On High*, https://www.supremecourt.uk/docs/speech-150512-civil-mediation-conference-2015.pdf.

利,则不违反基本人权的要求。[①]

(三)特定法院的 ADR 程序

在高等法院科技和建筑法庭(technology and construction section of the high court)以及上诉法院民事庭(civil division of the court of appeal)中,法院邀请当事人参加 ADR 程序的频率更高。在高等法院科技和建筑法庭,法院会视具体案情向当事人推荐具体的 ADR 方式,但是最终决定权仍然在当事人手中,大部分情况下当事人会选择通过调解解决纠纷。[②] 即使诉讼程序已经开始,但是只要在法庭认为合适的情况下,法庭可以下达 ADR 命令。对于当事人不配合 ADR 程序的态度及行为,法院可以在裁决诉讼金额费用时予以考虑,或者给予处罚。与此类似的是法院调解项目(court settlement process),即调解活动由法官负责开展。[③] 如果当事人提出申请,负责案件的法官认为当事人很有可能通过友好的方式达成一致,并且法官可以在调解过程中起到关键作用、协助当事人和解,法官在得到当事人同意的前提下,将作出法院调解命令(court settlement order),并且指定调解会议的日期。此后的程序与普通调解程序无异,但是需要注意的是,在调解失败、案件回到诉讼程序的情况下,作为调解员的法官不能再参与到案件诉讼环节中。此外,该法庭还注重 ENE 对及早缓解当事人矛盾的作用。[④] 在合适的案件中,法官可以在当事人同意的前提下就案件进行 ENE。除非当事人另有声明,否则 ENE 不会对当事人产生强制力。如果当事人希望法庭开展 ENE,则应当在首

---

① See Civil Justice Council, *Compulsory ADR*, https://www. judiciary. uk/wp-content/uploads/2022/07/Civil-Justice-Council-Compulsory-ADR-report – 1. pdf.

② See Rule 7. 3, Section 7, *Technology and Construction Court* (*TCC*) *Guide*, https://www. judiciary. uk/guidance-and-resources/technology-and-construction-court-tcc-guide-october – 2022/.

③ See Rule 7. 6, Section 7, *Technology and Construction Court* (*TCC*) *Guide*, https://www. judiciary. uk/guidance-and-resources/technology-and-construction-court-tcc-guide-october – 2022/.

④ See Rule 7. 5, Section 7, *Technology and Construction Court* (*TCC*) *Guide*, https://www. judiciary. uk/guidance-and-resources/technology-and-construction-court-tcc-guide-october – 2022/.

次案件管理会议上或诉讼程序开始前请求法院下达命令。负责案件的法官可以进行 ENE,但是该法官不得参与此后案件的诉讼程序;承办案件的法官可以另行指定一名法官开展 ENE。在 ENE 过程中,法官可以就中止案件实体审理、ENE 的进行方式、听证会等事项下达指示,以保证 ENE 充分发挥作用。

三、调解机构

英国重要的调解组织有家庭纠纷调解组织(mediation organization of family dispute)、英国调解中心(national mediation center)、英国民事调解委员会(civil mediation council,CMC)和 CEDR 等。英国有三大 ADR 组织,即专家协会(academy of experts)、ADR 集团(ADR group)以及 CEDR。这些 ADR 不仅解决纠纷,更重要的是在 ADR 人力资源建设方面做了大量工作,特别是专家协会在培训中立第三人方面成就卓著。

CEDR 创建于 1990 年,不仅在国内,而且在世界调解业内也享有盛誉。目前,该中心共有调解员约 200 人,主要从事金融、保险、建筑工程、交通运输、能源、房地产等领域的纠纷解决。除提供调解服务外,CEDR 还为政府部门、大型企业、社会组织设计纠纷管理机制,提供专业化的调解员培训服务。由于希腊国内尚未建立专门的调解员培训机构,因而希腊的调解员都由英国 CEDR 代为培训。

CEDR 提供的商事 ADR 项目除调解外还包括裁决(commercial adjudication)、仲裁、ENE 与专家鉴定(expert determination)。裁决的特点是,除双方当事人同意外,中立者的决定对双方都有法律约束力,并且大部分裁决的过程以书面形式进行等。[①] CEDR 的早期评估项目经当事人申请开展。当事人应当提交简要的案件陈述,包括案件事实、主要时

---

① See Commercial Adjudication, https://www.cedr.com/alternative-dispute-resolution-processes/adjudication/commercialadjudication/.

间、争议焦点等事项。[①] 中立人给出的评估不具有法律约束力,但是可以在当事人日后的调解、和解过程中发挥一定作用。专家鉴定是指由独立的技术专家对技术性问题下达有约束力的决定。[②] 在专家鉴定过程中,专家有权利进行调查。当需要调解员就重要问题作出具有约束力的决定时,该环节可以成为调解的辅助手段。专家鉴定可以打破僵局,在保证调解员中立性、公正性的同时,提升调解的效率。

CEDR 为当事人调解活动提供了清晰固定的收费标准,费用根据调解市场及标的金额有所不同。[③] 在标准时间范围内,费用由 500 英镑至 1600 英镑不等,额外时长根据案件价值的区别在每小时 100 英镑到每小时 200 英镑的区间内收取费用。双方明确调解时间后,由一方或双方共同联系 CEDR。根据当事人请求,CEDR 会确认调解员针对该案的可用性,并在当事人提出要求的前提下就调解员人选给予推荐。经过充分沟通后,当事人确定调解员人选及调解会议时间。在双方提交费用的 2 个工作日内,CEDR 会确认调解会议的安排。

2019 年 7 月,欧盟有关平台商业关系(platform-to-business,P2B)的政策正式生效,规范在线平台供应商与平台业务用户间的关系,旨在创造公平的商业环境,确保纠纷解决的有效性。该政策适用于欧盟和英国的在线平台供应商,包括但不限于搜索引擎、社交媒体提供者和应用程序商店等为商家与消费者提供中介的平台。[④] 在涉及争议解决和调解的规定中,平台提供者被要求设置内部投诉处理系统、列明至少两个在争议发生时平台提供者愿意指定的调解员。在指定调解员时,不仅需要考

---

① See *Early Neutral Evaluation-preparation Guidance*, https://www. cedr. com/wp-content/uploads/2019/10/CEDR_ENE_Preparation_Guidelines_2019. pdf.

② See Expert Determination, https://www. cedr. com/alternative-dispute-resolution-processes/expertdetermination/.

③ See Fixed Fee Mediation, https://www. cedr. com/commercial/fixedfee/.

④ See *The CEDR Guide to the EU Platform-to-Business Regulation*, https://www. cedr. com/wp-content/uploads/2020/02/CEDR-Guide-to-P2B-Regulation-Final. pdf.

虑调解员解决不同纠纷的能力与经验,也需要将时间及地理位置列入考虑因素。针对 P2B 的规定,CEDR 推出向平台提供者提供调解服务的活动。

由于现实环境的不确定性,线上调解发展迅速。根据官网,CEDR 的线上调解成功率已经提升至 91% 。[①] 在适用线上调解前,调解员应当就线上调解这一方式得到当事人的许可,并且就使用的注意事项告知当事人。

四、调解员的资格与培训

尽管英国没有任何国内法规定必须接受培训、具备实践经验、获得专业认证或机构成员资格才能被称为调解员,但是在实践中,除非成功完成培训课程,并通过 CMC、CEDR 等机构的认证、注册及选任,否则潜在的调解员难以获得业内认可,也就无从获得案源。

(一)CMC 的调解员认证与选任

作为英国最大的调解员注册及会员制监管机构,CMC 的会员包括很多顶级的调解员,通过注册为 CMC 的会员可以保证潜在调解员已接受适当的培训并且已达到行业标准。会员应当遵循严格的行为规范、持续开展调解实践活动、购买合适的保险及具有符合调解委员会最低标准的公开投诉处理程序。[②] 新调解员经过培训后,必须在过去的 12 个月中观摩至少 3 次民商事调解或劳务关系调解才可被任命为首席调解员。注册调解员必须在注册前的 12 个月内至少观摩或进行过两次民商事调解或劳务关系调解以保证相应的职业经验。除上述实践要求外,注册调解员每年应当有至少 6 小时的专业培训(Continuing Professional

---

① See Online Mediation, https://www.cedr.com/commercial/telephone-and-online-mediations/.

② See Rule 2, *Civil Mediation Council Individual Registration Scheme*, https://civilmediation.org/wp-content/uploads/2021/10/2019 – Individual-Registration-Guidance-Notes.pdf.

Development,CPD)。[①] 在对保险的要求上,CMC 要求注册调解员必须拥有保险金不低于 100 万英镑的专业责任保险。如果调解员工作涉及的金额超过这一数额,则该调解员必须有额外保险并应当提供证据。此外,为了保证调解工作的质量及效率,注册调解员应当获得与其承担的工作任务及责任相当的信息途径。在确认自己符合上述标准后,申请者向 CMC 提交申请表,CMC 为此成立了由经验丰富的调解员组成的标准和注册委员会,在董事会的监督指导下审核申请。

(二)CEDR 对调解员的选任与培训

CEDR 对于认证调解员也有一定的资格要求及限制,并且根据调解员资格、多样性、选任的透明度及调解员培养等多个维度构建出一套较为完整的体系。[②]

1. 调解员资质评估

首先,为认证为 CEDR 的调解员,申请人也需要达到以下要求:每年至少参与或观摩 2 次调解;在过去的 12 个月内完成 6 小时培训课程;保险金不低于 100 万英镑的专业责任保险。

其次,为了保证调解员的能力可以适应调解领域、内容的变化,调解员在调解程序结束后,应当向 CEDR 提交有关该争议的感悟及见解。同时,调解员应当通过参加 CEDR 提供的培训课程或社交会议提升专业能力。此外,调解员应当根据调解领域的发展趋势培养新的技术及特长。

最后,CEDR 还会通过多种途径关注调解员职业行为。除当事人在调解程序后独立完成的反馈信息表外,CEDR 还通过调解员观摩调解会

---

① See Rule 2, *Civil Mediation Council Individual Registration Scheme*, https://civilmediation.org/wp-content/uploads/2021/10/2019 - Individual-Registration-Guidance-Notes.pdf. CPD 的目的在于保证调解员知识的发展与时俱进。这 6 个学时的内容包括但不限于:(1)模拟调解课程;(2)出席调解研讨会、辅导;(3)撰写调解方面的文章;(4)接受调解培训等。

② See *Mediator Quality Commitment*, https://www.cedr.com/commercial/cedrmediators/qualitycommitment/.

议、年度检验等方式确保认证调解员向当事人提供满足一定标准的服务。

2. 多样性

为了保证调解员可以代表某一领域的人群，CEDR 致力于从性别、年龄、宗教信仰等方面维系调解员系统的多样性。

3. 选任的透明度

为了实现公平选任的目标，CEDR 制定了明确的选任标准及程序。对于已认证的调解员，CEDR 依据具体的年检规则对其进行评估。评估内容涉及调解员经验、价值观及缴纳会费等，不满足相关要求的调解员会被解除认证。[①] 对于新成员的认证主要从客观的经验及当事人对该调解员的主观评价等方面予以考量，并且要求该申请人至少进行两次调解观摩、进行至少两次调解活动，对调解有充分的热情。

4. 调解员的培养

除了对调解员进行认证、提供调解服务之外，CEDR 还重视对调解员，尤其是新调解人才的培养。合适的人选在参与 CEDR 提供的观摩及实践后，通过相应考核，即可进入专家组。

在网络技术与 ADR 结合的改革潮流的影响下，2014 年 4 月，CMC 成立了在线纠纷解决机制咨询小组，其主要目标是研究 ODR（Online Dispute Resolution，在线纠纷解决机制）在英国的发展状况，以及在英格兰和威尔士以 ODR 方式解决 25,000 英镑以下案值的民事纠纷的可行性问题。2015 年 2 月，该咨询小组发布了《低案值民事纠纷在线纠纷解决报告》，对 ODR 在英国法院系统的应用提出了初步设想。该报告建议，在现有法院系统的基础上，成立一个新的、以互联网为基础的"在线

---

① See *Mediator Quality Commitment*, https://www.cedr.com/commercial/cedrmediators/qualitycommitment/.

法院”,提供在线评估、在线简易程序、在线法官三个层面的法院服务。[①] 2020 年 3 月起,ODR 发展迅速,在官方统计的 17,000 件调解案件中,64% 的案件采取 ODR 方式。[②]

数据显示,通过调解解决的纠纷不在少数。截至 2022 年 9 月 30 日,2022 年调解案件的数量达到 17,000 件,相较于 2020 年的 16,500 件有了 3% 的增幅。调解的成功率在调解会议当天达到 73%,总体成功率达到 92%。每年采取调解方式的案件估值达到 200 亿英镑,调解帮助商事主体节约了价值 59 亿英镑的时间成本、法律服务费用。[③]

---

① 参见齐树洁:《英国调解制度》,载《人民调解》2018 年第 12 期。

② See CEDR, *The Tenth Mediation Audit*, https://www.cedr.com/wp-content/uploads/2023/02/Tenth-CEDR-Mediation-Audit-2023.pdf.

③ See CEDR, *The Tenth Mediation Audit*, https://www.cedr.com/wp-content/uploads/2023/02/Tenth-CEDR-Mediation-Audit-2023.pdf.

第六章

新加坡的商事调解制度

第一节　新加坡调解制度类型

新加坡替代性争议解决方式发展时间较长，体系较为完善。根据调解的类型可将其分为法院附设调解制度（court-based mediation）、社区调解制度（community-based mediation）及私人调解制度（private mediation）。

一、法院附设调解制度

1992 年法院在民事案件中引入审前会议（pre-trial conferences，PTCs），鼓励当事人在没有司法介入的情况下解决问题，以探索更加高效的纠纷解决方式。1995 年，新加坡初级法院（现新加坡国家法院）成立法院调解中心。1998 年 5 月，法院调解中心更名为初级纠纷解决中心（primary dispute resolution centre，PDRC），更名的原因是纠纷解决形式已不仅限于调解，还包括 ENE 以及各种特殊形式的调解，如法院解决纠纷、专家合作调解、小型审判、调解－仲裁混合模式等。[①] 1996 年，审前会议被纳入新加坡法院规则（rules of court, ROC）中。1999 年该中心又设立"多门法庭"（multi-door courthouse），协助和引导纠纷双方在法院系统内部或外部寻求适合的纠纷解决方式。2010 年法院要求委托人证明其律师向其解释了可供选择的 ADR 选项，并在表格（Form 7）中注明关于使用 ADR 的决定。[②] 2012 年，新加坡引入推定 ADR 制度（presumption of ADR）。除非一方或多方当事人选择退出，否则所有民事案件都自动提交调解或其他形式的 ADR。从 2014 年 11 月 1 日起，作为地方法院或地区法院诉讼简化程序的一部分，法院鼓励当事人通过调解解决 60,000 新加坡元以下的索赔纠纷。[③] 2022 年 4 月 1 日，新加坡《2021 年最高法院规则》［ROC（2021）］正式实施。在此之前，只有律师才有义务告知当事人（诉讼当事人）如何利用 ADR 解决纠纷。而 ROC（2021）出台后，除非有合理理由，否则当事人有义务在诉讼或上诉前、诉讼或上诉过程中考虑通过 ADR 或其他方式友好解决争议。新加坡最高法院大法官贝林达·昂（Belinda Ang）在 2018 年的一次演讲中表示，2012 年至 2017 年，每年有 6700 个案件在国家法院

---

① 参见龙飞：《新加坡 ADR 制度的发展及启示》，载《人民法院报》2013 年 8 月 16 日，第 8 版。

② See Jonathan Yuen & Ang Tze Phern, 2022 *Getting the Deal through*: *Mediation Singapore*, https://advance. lexis. com/search/? pdmfid = 1000516&crid = 04a77183 - b7dc - 423f-a9e6 - 1ec57b509d39&pdsearchterms = 2021 + GTDT% 3A + Mediation + Singapore&pdtypeofsearch = searchboxclick&pdsearchtype = SearchBox&pdstartin = &pdpsf = &pdqttype = and&pdquerytemplateid = &ecomp = 3z6vkkk&earg = pdsf&prid = 316dd3fc-a185 - 4acc-bc8d - 8ed66575f779.

③ See Jonathan Yuen & Ang Tze Phern, 2022 *Getting the Deal through*: *Mediation Singapore*, https://advance. lexis. com/search/? pdmfid = 1000516&crid = 04a77183 - b7dc - 423f-a9e6 - 1ec57b509d39&pdsearchterms = 2021 + GTDT% 3A + Mediation + Singapore&pdtypeofsearch = searchboxclick&pdsearchtype = SearchBox&pdstartin = &pdpsf = &pdqttype = and&pdquerytemplateid = &ecomp = 3z6vkkk&earg = pdsf&prid = 316dd3fc-a185 - 4acc-bc8d - 8ed66575f779.

进行调解。[①]

在法院调解中，新加坡最高法院和国家法院又有不同的规定。在最高法院，法官对调解纠纷持鼓励态度，律师必须就包括调解在内的 ADR 为当事人提供咨询及建议。2013 年，新加坡最高法院修订了《最高法院实践指南》，允许希望尝试调解或其他纠纷解决方式的当事人使用“ADR 要约”。收到 ADR 要约的一方应在 14 天内提交回应，说明是否同意对方的提议，如果不同意则须给出详细理由。[②] 最高法院在行使对费用的自由裁量权时会综合考虑案件的情况，包括案件中 ADR 的提议和对提议的回应。如果当事人拒绝尝试友好解决的理由令法院不满意，那么这种行为可能会被法院通过下达费用命令予以惩罚。如果当事人拒绝尝试友好解决争议，新加坡法院有权在综合考虑案件情况后命令当事人尝试通过友好方式解决纠纷。[③] 最高法院并不提供调解服务，如果法院支持当事人希望通过调解解决纠纷的请求，当事人应当寻找合适的机构进行调解。

国家法院通过法院争端解决组（court dispute resolution cluster，CDRC）提供调解服务。国家法院有权在民事诉讼的任何阶段将案件转交调解，但是通常情况下转交调解发生在案件管理会议、审前会议或签发要求做聆讯指示的传票时。[④] 但是转交调解不涉及商事争议。[⑤] 根据

---

① See Jonathan Yuen & Ang Tze Phern, 2022 *Getting the Deal through*: *Mediation Singapore*, https://advance. lexis. com/search/? pdmfid = 1000516&crid = 04a77183 - b7dc - 423f-a9e6 - 1ec57b509d39&pdsearchterms = 2021 + GTDT% 3A + Mediation + Singapore&pdtypeofsearch = searchboxclick&pdsearchtype = SearchBox&pdstartin = &pdpsf = &pdqttype = and&pdquerytemplateid = &ecomp = 3z6vkkk&earg = pdsf&prid = 316dd3fc-a185 - 4acc-bc8d - 8ed66575f779.

② See Rule 54, *Supreme Court Practice Directions* 2021, https://epd-supcourt - 2021. opendoc. gov. sg/PART - 06 - Amicable% 20Resolution% 20of% 20Disputes% 20for% 20Civil% 20Cases. html.

③ See Order 5, *Amicable resolution of Cases*, *Supreme Court of Judicature Act*, https://sso. agc. gov. sg/SL/SCJA1969 - S914 - 2021? DocDate = 20220401#P11 - PO5 - .

④ See *When it applies*, *Mediation*, https://www. judiciary. gov. sg/alternatives-to-trial/mediation/what-is-mediation - (from - 1 - april - 2022).

⑤ 根据 state court practice directions 2021, Rule38 - Rule42，涉及法院转交调解的案件类型有交通事故、医疗过失以及其他过失类案件。

法院相关规则,所有民事诉讼案件都应当举行案件会议。该会议通常在被告提交答辩状的7周内开展,但是法院对案件会议的确切时间有自由裁量权,并在确认会议时间后向各方发出通知。① 推定ADR制度适用于所有在国家法院提起的民事诉讼案件,法院可以在案件会议中为当事人友好解决纠纷提供相应的信息。如果法院认为ADR对于某争议适用,但是当事人选择退出ADR程序并且未给出让法院满意的理由,法院可以根据21号命令(Rules of Court 2021, order 21)给出不利费用命令。除此之外,在向国家法院提出的诉讼中,当事人必须阅读《2021年国家法院实践指南》附录A1的表格6,从列明的ADR(包括调解)方式中选择一种方式或退出ADR程序。该表格特别强调,当事人任何不合理地拒绝通过调解或其他ADR方式解决纠纷的行为都可能使他们面临第5号(Rules of Court 2021, order 5)或第21号命令带来的不利费用命令。

当事人可以在诉讼程序中的任何阶段提出进行调解,并且既可以选择CDRC,也可以选择其他私人机构解决纠纷。通常情况下,当事人在通判法院(magistrate's court)和区域法庭(district court)的民事案件可以提出由CDRC负责。② 在CDRC调解过程中,法官将主导纠纷解决的过程,帮助双方沟通及对话。当事人首先应当提交申请,并在申请中明确所有当事人均同意调解,否则CDRC不会接受该申请。在CDRC接受当事人申请后,会向当事人发出通知,并且明确调解会议的时间及地点。无论当事人是否有代理律师,都必须参加首次调解会议。如果当事人没有出席首次会议会被认为不愿尝试通过调解解决纠纷,如果案件最终回

---

① See Rule34, *State courts Practice Directions* 2021, https://epd-statecourts-2021. opendoc. gov. sg.

② See *About the State Courts' Court Dispute Resolution Cluster*, https://www. judiciary. gov. sg/alternatives-to-trial/state-courts-court-dispute-resolution#guide.

到诉讼程序，法院可能会在作出不利费用命令时考虑相应情况。[①]

二、社区调解制度

社区调解的概念源于1996年成立的ADR跨专业委员会的提议，该委员会强调了在法院系统之外建立一个以非对抗性方式解决争端的系统的重要性。建议之一是通过建立CMC以促进社会凝聚力，从而恢复通过非诉讼渠道解决争端的做法。[②] CMC依靠政府资助，通过志愿者的服务为人们提供友好的解决纠纷方式。CMC在解决邻里纠纷、家庭内部或朋友间的矛盾方面发挥了巨大的作用，避免了传统司法手段解决纠纷方式引来的尴尬境地。1998年，刚设立的CMC就接受了101件案件，并且种类较为广泛。[③] 在CMC发展的早期，一旦有一方向CMC提出调解请求，会由调解员负责收集客户及对方的信息及问题，并联系对方询问其调解的意愿。如果双方都同意调解，调解员会安排适当的时间与双方会面。根据案件情况，会面的时长和次数会有所不同。调解过程包括调解阶段的介绍、事实收集以及评估。此后，各方应当就他们参与调解的目的发言，调解员在备选方案中寻找可能的解决方案，并且积极提供可行措施，从而促进争议方解决问题。如果双方未达成一致，调解员可以协助当事人规划下一步行动。调解协议的内容一旦被书面化并且双方签字就具有法律约束力。如果纠纷不适合由CMC解决，他们会给当事人提出合理的建议及方案。

CMC的调解员是由经过选拔和培训的基层领导、专业人员和社区

---

① See Order 59, *Rule* 5(1)(*c*) *of the Rules of Court*, https://sso.agc.gov.sg/SL/SCJA1969-S914-2021? DocDate=20220401.

② See Dorcas Quek Anderson, *The Evolving Concept of Access to Justice in Singapore's Mediation Movement*, 16 International Journal of Law in Context 128 (2020).

③ See Ngoh-tiong Tan, *Community Mediation in Singapore: Principles for Community Conflict Resolution*, 19 Conflict Resolution Quarterly 289 (2002).

成员担任。这些人对社区更为熟悉,可以更好地理解冲突的背景,并且精通当地语言、了解当地风俗习惯,因此非常适合解决冲突。在评估调解员时,调解员的技能、价值观和在特定区域内社会地位等因素都受到考量。[①] 经过专业的培训后,他们接受律政部的任命担任调解员。起初,他们要与经验丰富的调解员共同调解,以获得实践经验,然后才能主持调解会议。社区调解作为一种志愿活动,调解员提供的调解服务是无偿的。

CMC 案件的来源主要有直接来源、政府部门转呈以及司法裁判官转呈这三种方式,[②]案件的类型主要分为两类:第一类是涉及社区的争议还未提交至法院审理,当事人自愿提交调解。任何人都可以寻求 CMC 的帮助以解决家庭、社会或社区纠纷,这些纠纷不能涉及任何成文法规定的重大罪行。[③]第二类是涉及社区的争议已提交至法院程序,司法裁判官可以在合适的案件中强制当事人将争议提交 CMC 进行调解而无须当事人的合意。在 CMC 的调解过程中,有一到两名专家志愿者会通过联席会议或小组会议了解争议焦点,厘清当事人立场及利益,协助当事人寻找解决方案。在调解过程中,出席和参加调解会议是自愿的,任何一方当事人可以选择随时退出调解会议。调解会议中达成的协议必须被固定为书面形式,并且经当事人签署才对其有约束力。

三、私人调解制度

如果当事人选择调解机构进行调解,则应当遵循调解机构自身的规则。以新加坡调解中心(singapore mediation center,SMC)为例,SMC 针

---

① See Ngoh-tiong Tan, *Community Mediation in Singapore: Principles for Community Conflict Resolution*, 19 Conflict Resolution Quarterly 289 (2002).

② See *Ways to Apply for Mediation*, https://cmc. mlaw. gov. sg/apply-for-mediation/ways-to-apply-for-mediation/.

③ See Rule10, *Community Mediation Centres Act*, https://sso. agc. gov. sg/Act/CMCA1997.

对调解有一套完整详细的规定,不仅包括调解程序的开始、推迟、结束等程序规则,也明确了调解过程的保密性。

首先,调解程序起始于当事人向 SMC 提交申请表格。表格内容应当包括当事人的身份、双方是否同意调解以及不同意参与调解的当事人身份。① 在 SMC 收到申请费的 7 天内,SMC 会与不同意参与调解的当事人进行沟通,说服其参与调解解决纠纷。调解程序能否展开与拒绝调解当事人的态度息息相关,如果该方仍然拒绝通过调解解决纠纷,且不存在第三方当事人,则调解程序无法继续。在成功说服拒绝参与调解的当事人参与调解活动且当事人全额缴纳申请费后,SMC 应与当事人协商确定调解日期。在当事人自行选择调解员的情况下,调解日期还应经过调解员的同意,并由 SMC 确认。

在调解开始的至少 5 天前,当事人应当提交案件概述(case summary)及相关材料(材料可以包括一方当事人不希望对方当事人知道的信息)。调解会议当天,当事人或代表应当出席会议。② 在调解会议结束时,调解协议应当书面化并经当事人签字,当事人也可以选择将其记录为法院命令使其具有强制执行力。如果双方仍未达成一致但是仍然希望继续调解,则 SMC 应当与当事人沟通下一次调解会议的时间及有关费用。SMC 网站显示,自 1997 年 8 月 16 日推出以来,迄今为止,SMC 已经调解了 5400 多件价值超过 100 亿新加坡元的事务。70% 的案件得以成功解决,并且其中超过 90% 的案件在一天内解决。③

---

① See Rule2, *Singapore Mediation Centre Mediation Procedure Rules*, https://www.mediation.com.sg/wp-content/uploads/2022/12/Mediation-Procedure-Rules - 1 - April - 2022 - with-Annexes.pdf.

② See Rule10, *Singapore Mediation Centre Mediation Procedure Rules*, https://www.mediation.com.sg/wp-content/uploads/2022/12/Mediation-Procedure-Rules - 1 - April - 2022 - with-Annexes.pdf. 个人或非法人团体的当事人应当亲自出席调解。如果当事人是法人,可以指定有授权的代表参加调解,并且该代表应当具有签订调解协议的权力。同时,为了保证保密性,调解会议召开至少 5 天前当事人应当以书面形式向 SMC 明确出席会议的律师及代表。

③ See https://www.mediation.com.sg.

第二节　商事调解机构及相关规则

一、调解机构

与调解相关的机构主要有 SMC、新加坡国际调解中心（singapore international mediation center，SIMC）、新加坡国际调解协会（singapore international mediation institute，SIMI）、新加坡国际争议解决学院（singapore international dispute resolution academy）、新加坡消费者协会（consumers association of singapore）。

在国际商事调解领域较为活跃的是 SIMC，其设立的宗旨是为跨境商事争议提供一流的调解服务。SIMC 提供差异化的调解服务以满足当事人的不同需求，其中包括了专业的案件管理服务、调解员的任命、“仲裁—调解—仲裁”服务、“诉讼—调解—诉讼服务”及在线争议解决服务等。2021 年，SIMC 审理的争端总额就超过 30 亿美元，这一数字相当于 SIMC 自成立以来的前 6 年（2014 ~ 2020 年）的争议总额。2022 年，SIMC 解决的争端总额达到 48.4 亿美元。大部分 SIMC 开展的调解活动只花费一天，并且成功率在 70% ~ 80%。[①]

在 SIMC 进行的商事调解活动中，除当事人另行约定外，SIMC 将根据新加坡《国际调解中心调解规则》（以下简称《新加坡调解规则》）提供专业的案件管理服务。《新加坡调解规则》非常简洁透明，仅有 10 条，其提供了调解流程的基本框架并给予了当事人一定的指引，主要包括以下内容：调解的开始（第 2 条）及终止（第 7 条）；调解协议（第 3 条）；调解

---

① See https://simc.com.sg/blog/2023/01/13/singapore-international-commercial-court-launches-mediation-friendly-protocol-with-singapore-international-mediation-centre-to-advance-singapore-as-asian-hub-for-dispute-resolution/.

员的指定(第4条);调解机构及调解员的收费(第5条);调解的流程(第7条);和解协议(第8条);保密原则(第9条)。由于调解特有的意思自治及灵活性,当事人可以在合意并且调解员同意的情况下对《新加坡调解规则》进行修改。SIMC 创设性的设计了"菜单式"定制型收费模式,而不像大多数机构基于案件标的收费。在 SIMC 的调解中,调解员原则上应当由双方当事人共同提名并经 SIMC 确定。[①] 如果当事人无法就调解员达成一致,则 SIMC 在综合考虑案件属性及调解员特征、时间安排的前提下为当事人选择调解员。在接受任命前,被提名的调解员应当书面确认其符合《SIMC 职业道德守则》中有关公正性及独立性的规则,并且向当事人披露任何已知的利益冲突。当事人如果对任命有异议,应当尽快以书面方式通知 SIMC 及对方当事人,SIMC 在收到异议的5个工作日内另行指定调解员。有关调解的时间、地点等都有经 SIMC 与当事人协商决定。在调解会议开始至少10天前,当事人应当向 SIMC 提交案件陈述和相关文件。在距离调解会议至少3天前,当事人应当通知 SIMC 其代表或出席调解人员的名单。在调解过程中,经当事人同意,调解员可以寻求专家建议,相应费用由当事人负担。[②]

二、新加坡调解规则及机制

(一)仲裁—调解—仲裁(arbitration-mediation-arbitration,AMA)机制

SIMC 与新加坡国际仲裁中心(singapore international arbitration centre,SIAC)、新加坡海事仲裁院(singapore chamber of maritime arbitration,SCMA)合作,通过"AMA"方式解决纠纷。

---

① See Rule 4, *SIMC Mediation Rules*, https://simc. com. sg/v2/wp-content/uploads/2022/06/20220610 – SIMC-Mediation-Rules-Clean. pdf. 双方指定调解员的范围不限于 SIMC 的专家组。

② See Rule 6, *SIMC Mediation Rules*, https://simc. com. sg/v2/wp-content/uploads/2022/06/20220610 – SIMC-Mediation-Rules-Clean. pdf.

根据 AMA 议定书,SIAC 主簿官将在依据 AMA 条款展开的仲裁程序开始后的 4 个工作日内,或在各方当事人协议依据 AMA 议定书将其争议提交调解后的 4 个工作日内,通知 SIMC。SIAC 将送交 SIMC 一份仲裁通知书的副本。[①] 在交换仲裁通知书及仲裁通知书的答复书后,仲裁庭应搁置该仲裁,并通知 SIAC 主簿官该案件可提交 SIMC 进行调解。SIAC 主簿官将把案件相关材料送至 SIMC 以便调解活动的开展。在收到案件材料后,SIMC 将通知 SIAC 主簿官调解开始的日期。在调解程序结束前,仲裁的程序将被搁置。8 周后(除非获得 SIAC 主簿官延长期限),或一旦无法在 8 周内通过调解解决纠纷,SIMC 应及时通知 SIAC 主簿官该调解的结果。在未能通过调解完全或部分解决该争议的情况下,SIAC 主簿官将通知仲裁庭恢复仲裁程序。如果当事人通过调解解决争议,SIMC 应当通知 SIAC 主簿官。若各方当事人要求仲裁庭以合意裁决的形式记录他们的和解方案,各方当事人或 SIAC 主簿官应将该和解协议提交仲裁庭,该合意裁决根据《纽约公约》可得到强制执行。[②] SIMC 的独特性在于其业务范围领域仅限于国际调解,并且其调解服务并不是作为仲裁机构的子部门存在,而是完全独立于仲裁的另外一个机构,也是世界范围内第一家国际调解机构。而这一点对于国际调解机构的发展尤为重要。AMA 机制是对于传统"调解—仲裁"(mediation-arbitration,MA)机制的发展和演变,解决了《纽约公约》中关于裁决具备可执行性需要在相关事宜提交仲裁庭时预先存在的争议的要求,更大程度上促进了执行性。在 AMA 项下,无论通过仲裁抑或是调解解决争议,当事人都能获得终局性并能够执行的最终文件。AMA 机制是基于

---

① See Rule 3, *AMA Protocol*, http://simc. com. sg/v2/wp-content/uploads/2019/03/SIAC-SIMC-AMA-Protocol. pdf.

② See *Speech by Second Minister for Law Edwin Tong SC at Appropriate Dispute Resolution*: *The Singapore Way*, https://www. mlaw. gov. sg/news/speeches/2023 - 01 - 12 - speech - 2m - edwin-tong-appropriate-dispute-resolution-singapore-way/.

SIAC 及 SIMC 这两个完全独立的机构共同运行的，其所需的仲裁员及专业调解人员将分别由 2 个机构根据各自的相关规则选任，并且规定，除非双方当事人另行约定，否则仲裁员及专业调解人员必须是不同的。这样一来完全杜绝了调解人士和仲裁员“换帽子”的情况产生。[①]

（二）“诉讼—调解—诉讼”（litigation-mediation-litigation，LML）机制

为了充分发挥调解的作用，SIMC 还与新加坡国际商事法庭（singapore international commercial court，SICC）通过 LML 方式探索友好解决纠纷的途径。[②] 根据 LML 规则，只要当事人同意调解，无论当事人是否已经在 SICC 中启动任何诉讼程序，都可以适用 LML。[③] 如果当事人未在 SICC 中启动任何程序，且任何一方希望适用 LML，则该方必须根据国际商事法庭相关规则提交文件，在 SICC 中启动程序。申请人的声明必须附有说明，明确双方已同意根据 LML 机制将争议提交调解，其中需要描述争议的详细状况，并且附有双方争议解决协议书面文件的副本。此外，根据相关规则，被告也应当提交陈述，并在其中说明是否反对适用 LML 及理由。

如果当事人已经启动了 SICC 的程序，且当事人对适用 LML 达成一致，则当事人一方需要在被告陈述提交及送达的 28 天内向 SICC 登记处提交适用 LML 的说明，并将相应文件抄送各方。如果其他当事人有异议，则应当在提交适用 LML 的 7 天内说明其态度及原因。

在确定适用 LML 后，SIMC 应当以书面形式将调解开始日期通知当事人，并且将副本送达 SICC 登记处。根据案件情况，SICC 可暂停该案

---

① 参见黄一文、王婕：《新加坡商事调解制度的发展及其启示》，载《商事仲裁与调解》2020 年第 3 期。

② See *Infographic and Full Text of LML Protocol*, https://www.sicc.gov.sg/docs/default-source/guide-to-the-sicc/sicc-simc-media-release_launch-of-the-lml-protocol-(final).pdf#page=4.

③ See Rule 2 at Annex B, *Infographic and Full Text of LML Protocol*, https://www.sicc.gov.sg/docs/default-source/guide-to-the-sicc/sicc-simc-media-release_launch-of-the-lml-protocol-(final).pdf#page=4.

件的诉讼程序(case management stay,CMS)。[①] 即使诉讼中止,SICC 仍可应一方当事人的申请,为维护任何一方当事人的权利,作出合适的临时或补充命令,当事人应当及时向 SIMC 汇报其申请及法院决定。

在 CMS 期限届满时,SICC 登记处会召开案件管理会议。如果当事人经调解解决了所有纠纷,当事人应当以书面形式告知 SICC 登记处他们是否希望将调解结果记录为法院命令。如果答案肯定,他们需要在案件管理会议召开之前至少 5 天向 SICC 登记处提供协议的副本。如果当事人仅就部分达成一致,他们可以在案件管理会议上就未解决的纠纷寻求 SICC 的指示。

(三)MA 机制

2022 年 11 月 25 日 SIMC 和深圳国际仲裁院(Shenzhen Court of International Arbitration, SCIA)启动了(MA 机制),不论争议是否提交 SCIA 仲裁或直接提交 SIMC 进行调解,调解成功后,任何一方均可在调解各方同意的情况下,将根据 SIMC 调解达成的协议记录为 SCIA 的仲裁裁决。这使得在需要执行的情况下,裁决可以在中国和其他地方高效且有效地执行。[②]

三、国际商事调解的专业人士标准制定

(一)认证标准体系

SIMI 的认证标准体系分为 4 个等级,[③]旨在确保具有不同调解技巧

---

① See Rule 4 at Annex B, *Infographic and full text of LML Protocol*, https://www.sicc.gov.sg/docs/default-source/guide-to-the-sicc/sicc-simc-media-release_launch-of-the-lml-protocol - (final). pdf#page=4. 暂停时间从调解开始起算,暂停时长为 8 周;如果调解开始至调解结束的时长少于 8 周,则暂停时长以实际调解时长为准。法院视情况可以延长。

② See *Factsheet on SIMC-SCIA Med-arb Protocol*, https://simc.com.sg/v2/wp-content/uploads/2022/11/SIMC-SCIA-Med-Arb-Protocol-Brief-Factsheet.pdf.

③ See Rule 4, *Singapore International Mediation Institute (SIMI) Code of Professional Conduct for SIMI Mediators*, https://www.simi.org.sg/Portals/0/Code%20of%20Conduct/SIMI%20Code%20Of%20Professional%20Conduct%20%5BJAN%202017%5D.pdf.

和经验的个人可以得到不同等级的认可,并且包含"跨文化成分",以确保获得 SIMI 认可的调解员在识别和处理文化差异方面具有相应的知识,这也是国际调解很重要的一方面。简单而言,完成并通过 SIMI 注册培训计划(SIMI registered training program)后可成为 SIMI 认可调解员(SIMI accredited mediator)第一级,而要成为第二级需要至少 5 个或 50 个小时的其认可的调解案件的实践并向 SIMI 提供至少 2 份当事人的反馈表;第三级则需要至少 12 个或 120 个小时的其认可的调解案件的实践并向 SIMI 提供至少 5 份当事人的反馈表。SIMI 认证标准体系中的最高等级是 SIMI 认证调解员(SIMI certified mediator),要成为 SIMI 认证调解员需要在 3 年时间内有 20 个或 200 个小时的其认可的调解案件经验,提供至少 10 份当事人的反馈表,并且通过 SIMI 合资格评估计划(SIMI qualifying assessment program)的评估。

SIMI 调解员将确保为当事人提供专业及符合标准的服务。首先,调解员将通过合理方式,确保各方了解调解程序的特点和参与者在其中的作用及地位,以及当事人应当遵循的规则。在调解过程中,调解员会给予当事人平等的机会陈述观点(包括在小组会议中单独与调解员沟通、听取调解员意见的机会),当事人可以在通知调解员及对方当事人后退出调解程序并且不需要给出理由。在调解程序结束后的 12 个月内,SIMI 调解员不会代表在该调解中的任何一方参与同一事项或与该事项实质性相关的调解,除非调解各方在充分披露后明确同意该代表。在其他涉及部分或所有当事人的争端解决程序中担任中立人的(例如,作为调解人或仲裁员),该中立人将不被视为具有咨询能力。[①]

---

① See Rule 8, *Singapore International Mediation Institute (SIMI) Code of Professional Conduct for SIMI Mediators*, https://www.simi.org.sg/Portals/0/Code%20of%20Conduct/SIMI%20Code%20of%20Professional%20Conduct%20%5BJAN%202017%5D.pdf.

（二）合作伙伴认证体系

SIMI对于其合作伙伴也进行了不同的认证以及分类。第一类是SIMI注册培训计划（SIMI Registered Training Program，RTP）合作伙伴，RTP可以提供SIMI认可调解员第一级所需的培训及评估的合作伙伴。相应机构需向SIMI提出申请并提交相应培训及评估的课程大纲，经SIMI审核满足其对于培训项目的要求后方可成为RTP。第二类是SIMI注册服务提供方（SIMI registered service provider）合作伙伴（RSP），RSP是SIMI认可的调解服务提供方，只有在RSP管理的调解案件才能在SIMI的认证标准体系中予以认可。相应机构需要向SIMI提出申请并提供相应的证明材料，经SIMI审核。第三类是SIMI合资格评估计划合作伙伴（QAP）。QAP必须满足RTP及RSP的所有要求，也仅有经QAP评估的调解员可以成为SIMI认证调解员。SIMI的合作伙伴认证体系能够控制整个认证标准的质量，以此相应的保证SIMI所认证及认可的调解员的质量。

（三）SIMI与新加坡国际商事调解发展

首先，SIMI将跨文化及跨境调解作为调解员认证标准体系的核心因素之一，将SIMI的认证标准从新加坡本地扩充到了世界范围内，经SIMI认证的调解员不仅有处理新加坡本地案件的能力，而且也有处理跨境争议的能力，而这也体现着SIMI及新加坡调解的全球视野。其次，SIMI分等级的认证体系可以更好地提供有关调解员技能、知识、经验的相关信息。最后，SIMI同样担任着调解认证体系教育及推广方面的作用，填补了亚洲在这一方面的空白。

第三节　新加坡商事调解的立法现状

一、新加坡国内商事立法

在2017年新加坡《调解法》制定之前，有关调解的法律条文在新加坡法律法规当中较为零散，如《社区调解中心法案》《小额钱债审判法案》《妇女宪章》《雇佣法案》等各级法院的规则及程序指引中对于调解都有所涉及。《调解法》经新加坡国会通过并于2017年11月正式生效，该法的主要目的是“促进、鼓励并协助通过调解方式解决争议”。该法不适用于法院调解及社区调解，[①]但是该法的覆盖范围包括国际商事调解，并加强了在新加坡执行调解协议的框架，这为选择在新加坡进行调解的商事当事人提供了更大的确定性和明确性。[②] 其中对于适用范围、通讯的保密性、经调解达成和解协议的强制执行力、法院程序的中止、外国律师的参与等方面的规定对新加坡调解的国际化有了很大的推动作用。新加坡《调解法》的诞生对于新加坡调解提供了制度性的法律框架，确定了新加坡经调解达成和解协议的强制执行力。下面将详细分析《调解法》的主要内容。

（一）执行机制的新变化

新加坡《调解法》建立了一种机制，将私下调解的和解转化为可立即执行的法院命令。新加坡《调解法》第12条可以说是最新颖的规定，为某些调解人的和解条款提供了一种快速执行机制。加强强制执行机制旨在吸引更多的跨境用户在新加坡进行调解。第12条第5款阐明，根

---

① See Dorcas Quek Anderson, *A Coming of Age for Mediation in Singapore?*, 29 Singapore Academy of Law Journal 275 (2017).

② See Jurisdictional Reports, *Singapore*, 2018 Lawasia Journal 221 (2018).

据该条记录的法院命令“可以以与法院作出的判决或命令相同的方式执行”。该机制目前仅适用于由 SMC 管理或由 SIMI 认可的调解员进行的调解,并且还必须满足如下条件:协议的所有各方(不包括调解员)必须同意提出申请;调解协议必须采用书面形式,并由协议的所有当事方签署;申请必须在达成和解协议后 8 周内提出,任何其他更长的期限必须得到法院的批准。①

(二)法院程序的中止

新加坡《调解法》的一个重大突破就是从法律制度确定了法院系统对调解的支持,如果调解协议(agreement to mediate)的当事人违反该协议向法院提请了诉讼,法院将应调解协议的任何一方当事人的请求中止法院诉讼程序,②并且法院会根据情况作出其认为合适的法院命令,包括临时命令或补充命令以保护当事人的权利。简而言之,无过错方可以根据新加坡《调解法》提出反诉讼禁令。

(三)调解沟通过程的保密性及“无损害”原则

保密性原则包括以下两个方面:第一,从整个调解程序来说,禁止任何人向非调解程序当事人的第三方披露受保护的“调解通讯”(mediation communication),这里的任何人包括调解程序的当事人、调解员、调解机构以及任何可能参与到调解程序中的人;第二,从“背靠背”闭门会议(private session)而言,除非相应的当事人明确同意,调解员不得将其在闭门会议中得知的任何消息向另一方当事人披露,以保证私人会议当事人的相关利益,并让当事人可以在闭门会议中将自己的核心利益及真实想法与调解员分享,以此有利于调解的促成。“无损害”原则是英美法系的一个概念,其在调解中的运用是明确了除非经法院或仲裁庭同意,调

① See Dorcas Quek Anderson, *A Coming of Age for Mediation in Singapore?*, 29 Singapore Academy of Law Journal 275 (2017).

② See Section 4 and Section 8, *Mediation Act* 2017, https://sso.agc.gov.sg/Act/MA2017.

解通讯不得在任何法院诉讼、仲裁程序或其他法律程序中作为证据使用。

(四)对调解程序及质量的把控

新加坡《调解法》并没有对调解程序的内容及其调解的质量有过多的规定,但是从该法条文中不难看出其把相应的质量把控的任务交给了其认可的调解员及调解服务提供方身上。目前,仅有 SMC、SIMC、世界知识产权组织调解及仲裁中心(WIPO Mediation and Arbitration Centre)以及三方争议管理联盟(Tripartite Alliance for Dispute Resolution)是新加坡《调解法》项下认可的调解服务提供方;仅有经 SIMI 认证的调解员是《调解法案》项下认可的调解员。

二、《2020 新加坡调解公约法案》(Singapore Convention on Mediation Act 2020)

为促进《新加坡调解公约》在新加坡的实施,新加坡国会于 2020 年 2 月 4 日专门通过了《2020 新加坡调解公约法案》,并于 2020 年 2 月 17 日获得总统批准。该法案的核心在于国际和解协议当事人可以向新加坡高等法院提出申请,将国际和解协议记录为法院命令,从而在新加坡获得有效执行;或者在新加坡的任何诉讼程序中,针对涉及国家和解协议当事人的已由该协议解决的争议援引该协议,以证明该事项已得到解决。[①] 涉及新加坡政府机构或者代表新加坡政府机构行事对任何人为一方当事人的和解协议也可以在公约签署及批准国予以执行,并且公约将自动适用于和解协议当事人而无须当事人在协议中明确约定适用。如果当事人不希望适用公约,则需要明确在和解协议中排除公约的适用。

---

① 北京仲裁委员会/北京国际仲裁中心编:《中国商事争议解决年度观察(2021)》,中国法制出版社出版 2021 年版,第 210 页。

《2020 新加坡调解公约法案》共有 13 条，主要内容包括：(1)规定当事人可以向新加坡高等法院提出申请，将国际和解协议记录为法院命令，从而在新加坡执行该协议，或者在新加坡任何诉讼程序中援引该协议以证明相关事项已得到解决(第 4 条、第 5 条)；(2)授权有关部门就该法案的实施制定法院规则或规章制度(第 10 条、第 11 条)；(3)对新加坡《调解法》有关条款进行补充修订，明确《新加坡调解公约》项下的国际和解协议亦可以适用新加坡《调解法》(第 12 条)。

由新加坡的调解发展进程可以看出，他们的调解经历了从法院鼓励、立法引导到社会广泛接受的过程，调解机构从单一的法院附设到独立非营利的公司化运营机构并存，调解费用从免费演变到对特定纠纷职业化收费，这也是新加坡逐步成为亚太地区国际纠纷解决中心的重要原因。

第七章

我国粤港澳大湾区商事调解制度

第一节 我国香港与澳门特区的商事调解制度

一、香港的商事调解制度

2001 年 2 月,香港终审法院首席法官成立了民事司法制度改革工作小组,对高等法院民事诉讼的规则和程序进行检讨并提出修改建议。2004 年 3 月,该工作小组发表的“香港民事司法改革最终报告”正式提出全面引入调解机制。2008 年 2 月,《香港民事司法改革法案(草案)》在立法会通过,成为香港调解制度发展中具有里程碑意义的事件。在政府与司法机构的双重推动下,香港的调解制度无论在诉讼领域还是在非诉讼领域都得到了迅速发展。

2009 年 4 月,香港民事司法制度改革开始,为鼓励调解在民商事案件中的运用,香港司法机构在修订《高等法院诉讼规则》以外,推出一套《实务指示 31 - 调解:一般指引》(以下简称《实务指示》),并于 2010 年 1 月正式实行。《实务指示》提出,调解由于其自愿合意和降低诉讼成本的特征被广泛使用,是香港司法制度中替代法庭诉讼的最主要争端解决方式。《实务指示》就法庭案件管理中涉及的以调解为代表的替代争议解决制度的操作细则进行解释，并详尽指出了法院在附设调解中的作用，如法官应尽量鼓励调解在法庭内外的使用，并有自由裁量权根据当事人参与法庭所建议的调解方式的程度追加诉讼费用。《实务指示》虽不是法例，但它对法庭的诉讼作出指引，并对法律程序有一定的约束力。

香港关于调解的法例——《调解条例》于 2012 年 6 月通过，2013 年 1 月 1 日开始正式实施。《调解条例》相对较短，主要就调解程序的保密性、接受调解通信作为证据的程序以及香港调解制度的适用范围作出规定，为争议双方提供具有约束力的指引。《调解条例》第 5 条规定，任何人有关于调解的一切通信，都属于保密范围。《调解条例》为香港的调解工作成果提供了法律架构，为调解的基本原则（比如保密原则）提供保障，同时赋予调解行为最大程度的自由。《实务指示》与《调解条例》共同促使香港的调解法律渊源更趋完善，实质地促进了调解制度的发展。[①]

除了立法机关的推进之外，司法系统在调解发展中也扮演了非常关键的角色。香港特区《高等法院诉讼规则》（被认定为香港民事司法制度改革的成果之一，于 2009 年生效实施）、《实务指示》（于 2010 年 1 月 1 日生效），以及其他实务指示（有关纠纷解决的具体领域，例如海事诉讼、人身损害诉讼、股权纠纷和清算纠纷）等都极大地推动了香港调解事业的发展。

香港的调解机构包括香港和解中心以及香港国际仲裁中心属下的调解委员会。这两个组织都建立了调解各方和调解员必须遵守的规则。香港在民事司法改革后，调解的使用率显著增加。如 2019 年，高等法院有 622 起案件进入调解程序，在近一半的案件中（49%），双方能够达成对整起案件的和解。这个比例是非常高的。在能达成全面和解协议的案件中，调解各方平均使用 5 个小时进行调解并达成和解，花费金额平

---

① 参见金惠亮：《香港地区调解制度简述》，载《法制博览（中旬刊）》2014 年第 1 期。

均为港币 19,500 元(人民币 16,464 元)。在提交状书的程序完成后 28 天内,诉讼双方需要提交设定时间表的问卷。问卷中需要诉讼当事方确认他们是否已经提交调解证明书(mediation certificate)以及调解通知书和回复书。在该调解证明书中,当事人的律师需向法院确认他已经向当事人提出并解释调解这个选项,以及调解相对于诉讼而言所需的费用是多少等问题。而当事人也需要向法院确认他明白《实务指示》的内容。如果当事人不愿意尝试调解,他需要提供不尝试调解的原因。法院也可以在诉讼期间指示各方进行调解。当事人有权不进行调解,但是除非当事人有合理的理由不去尝试调解,否则法院会在案件结束时,对没有合理理由而拒绝调解的当事人作出惩罚性的讼费命令。[①]

此外,2012 年 6 月香港金融纠纷调解中心[financial dispute resolution centre limited (Hong Kong),FDRC]正式运营。FDRC 以担保公司为设立形式,该架构使 FDRC 的设立遵循香港公司的注册程序,无须通过政府或金融监管机构另行制定专门条例作为设立依据。这能有效阻却政府和监管机构对 FDRC 机制产生和运行进行干涉的意图和行为,从而确保 FDRC 对纠纷的独立裁决。[②]

二、澳门的商事调解制度

为了推动金融消费纠纷解决方式的多元化,保障金融消费者权益,提升澳门金融服务的竞争力,澳门金融管理局、澳门消费者委员会及澳门世界贸易中心仲裁中心于 2019 年 5 月 28 日签署了《关于设立金融消

---

① 参见李连君:《香港法下的调解与国际商事调解实践》,载微信公众号“蓝海现代法律”2021 年 4 月 23 日,https://mp. weixin. qq. com/s? __biz = MzA5MDcxNjgxMQ = = &mid = 2651594598&idx = 1&sn = f51001bf8dc192b358b51518faa2c009&chksm = 8bffd082bc885994c1aa4396c1a8b70fc33c0819ad5337d22a9b9b7f809b6b4f9b7be5b2861c&scene = 27。

② 参见彭瑞驷、沈伟:《试论金融纠纷解决机制的优化——借鉴香港金融纠纷解决机制的研究》,载《上海经济研究》2018 年第 12 期。

费纠纷调解计划的合作备忘录》。该调解计划参考了大湾区及其他地区的制度设计,由签订该备忘录的三方共同设立,所有获澳门金融管理局许可的金融机构均将成为其成员,主要受理100万澳门元以内的金融消费纠纷调解请求。澳门特区政府代表在该备忘录签订仪式上申言:该计划旨在为解决本地金融消费纠纷提供多一个简单便捷的制度选择,也为即将建立的“大湾区9+2金融消费纠纷调解合作机制”奠定基础,推动大湾区城市接轨。①

我国澳门地区的调解制度可分为司法调解及非司法调解。目前澳门并未设立独立的调解机构,而是设立了独立的仲裁机构。但是调解在争议解决中的作用不容置喙,当澳门消费争议仲裁中心受理金融纠纷时,调解主要作为仲裁的强制性前置程序。经调解达成的协议的确认裁决,与仲裁法官经审理有关争议所作的裁决具有相同的法律价值与效力。而澳门世界贸易中心仲裁中心的调解程序具有独立性,该中心所达成的调解协议具有非司法和解性质。②

第二节　粤港澳大湾区商事调解制度

粤港澳三地商事调解的规范化、专业化程度不同。香港的调解制度已相对完善,先后制定了《香港调解守则》《调解条例》等,司法机构还颁布了系列实务指示,鼓励当事人在诉前或者诉讼期间进行调解;我国澳门特区正在起草“民商事调解法”。由于三地商事调解立法的不一致,故尚未建立起统一的商事调解员认证标准、培训体系、职业守则等,而香港

① 参见澳门金融管理局:《本澳设立金融消费纠纷调解计划》,载澳门特别行政区政府网2019年5月28日,https://www.gov.mo/zh-hans/news/249940/。

② 参见赵蕾、于恺、蔡绿茵:《大湾区金融纠纷一体化解决机制建构》,载《商事仲裁与调解》2020年第4期。

在调解员的专业培训、资格认可及纪律管理等方面有统一且完善的制度设计，专业化水平更高。[①]

一、粤港澳三地商事调解制度设计有差异

粤港澳三地调解协议的效力不同。根据我国内地《民事诉讼法》以及司法实践，经人民法院特邀调解组织调解达成的调解协议，可以申请司法确认；经审查，符合法律规定的，裁定调解协议有效，一方当事人拒绝履行或者未全部履行的，对方当事人可以向人民法院申请执行。在香港特区，调解协议属于合约性质，各方当事人应当按照协议内容履行调解协议。一方不履行的，对方当事人可以提起诉讼，要求违约方承担违约责任。如果在提起诉讼后进行调解，当事人可以依据调解协议的规定，向法院申请"在与讼各方同意下作出的判决(consent judgment)或者命令(consent order)"。[②] 当事人可依据该判决或命令，向法院申请强制执行。当事人也可以依据调解协议的规定，向法院申请作出"汤林命令"(Tomlin order)，该命令的作用是搁置程序(相当于内地诉讼程序中"中止"的概念)：如果一方当事人不履行调解协议的内容，另一方当事人可以重启法律程序。在澳门特区，调解协议等同于一般意义上的私文书，其效力类似于合同。当然，如果调解协议符合特定要件时，也可以作为执行依据。[③]

---

① 参见司艳丽：《粤港澳大湾区法律规则衔接疑难问题研究——以多元化纠纷解决机制为切入点》，载《中国法律评论》2022年第1期。

② 《香港法例》第4A章《高等法院规则》第42号命令第5A条。

③ 《澳门民事诉讼法典》第677条规定："仅下列者方可作为执行依据：……c)经债务人签名，导致设定或确认按第六百八十九条确定或按该条可确定其金额之金钱债务之私文书，又或导致设定或确认属交付动产之债或作出事实之债之私文书……"《澳门民事诉讼法典》第689条规定："由请求执行之人作出之结算：一、如有关之债仍未确切定出，而结算仅取决于简单之数学计算，则请求执行之人得于执行之最初声请中定出须支付之数额。二、如有关执行包含仍继续产生之利息，则利息之结算最后由办事处根据有关执行名义及请求执行之人按照该执行名义而提供之文件计算。三、如未确定应开始计算利息之日期，则只要债权人预先提出声请，经听取双方当事人之意见后，须按照执行名义以批示定出该日期。"

粤港澳三地制度不同,法域不同,调解文化也有所不同。正因为这种复杂性与多样性,涉及粤港澳三地的商事调解既不能完全适用内地的调解制度与习惯,也不能全部适用港澳地区相关的调解制度与规则,而是需要重新考虑适合大湾区商事调解的办法。

二、完善粤港澳司法协助体系,健全相互认可和执行商事调解协议制度

粤港澳三地的调解当事人签订的调解协议,应得到相互认可,这既是对他们权利的保障,也是对第三方调解服务机构工作的支持与认可。但在我国内地与港澳之间签订的区际司法协助的文件中,调解机构出具的调解协议不在相互认可和执行的法律文书之列。根据 2006 年 7 月 14 日最高人民法院与香港特别行政区签署的《关于内地与香港特别行政区法院相互认可和执行当事人协议管辖的民商事案件判决的安排》第 2 条以及 2019 年 1 月 18 日最高人民法院和香港特别行政区政府律政司签署的《关于内地与香港特别行政区法院相互认可和执行民商事案件判决的安排》第 2 条的规定,所称“判决”,在内地包括调解书,在香港特别行政区却没有规定调解书可以强制执行。2006 年 3 月《关于内地与澳门特别行政区相互认可和执行民商事判决的安排》第 2 条规定:“本安排所称‘判决’,在内地包括:判决、裁定、决定、调解书、支付令;在澳门特别行政区包括:裁判、判决、确认和解的裁定、法官的决定或者批示。”同样没有规定调解协议在澳门的认可与执行。综上所述,在内地调解机构主持下所形成的调解协议,在其他两地得到认可、执行,尚没有法律依据。粤港澳大湾区应尽快建立三地之间调解协议互认的制度,保证纠纷当事人一次性解决纠纷,免受讼累之苦。①

目前,内地与澳门的金融纠纷调解综合服务网站正在建立,调解协

① 参见袁沙:《完善粤港澳大湾区商事调解制度的建议》,载《经济师》2021 年第 8 期。

议确认的规则也正在设计当中,但目前内地与香港尚未达成正式的调解合作协议,《关于内地与香港特别行政区法院相互认可和执行民商事案件判决的安排》也将调解协议排除在外。粤港之间的制度差异较粤澳来说更为明显,因此需要以粤港为模板分别细化商事调解协议的互认对接程序。

(一)粤到港

当事人在广东九市进行调解,如果调解失败,经当事人申请,广东九市金融调解中心可将案件相关材料及调解处理信息等传递到香港法院的平台辅助当事人申请立案。符合立案条件的,香港法院予以受理,经过诉讼审理程序作出的判决可以根据《关于内地与香港特别行政区相互认可和执行民商事案件判决的安排》获得广东的承认和执行。

如果当事人选择在广东九市进行调解,达成调解协议后,有三种方式可以取得香港对该协议的认可。第一,广东九市金融调解中心可以将调解协议转介到香港金融调解中心,经审查认可后转化为和解协议,该协议对双方具有协议性质的约束力,能够得到双方的自动履行。第二,广东九市金融调解中心将调解协议经香港金融调解中心认可转化为香港的仲裁裁决。此时该仲裁裁决既可以在香港申请执行,亦可以根据《纽约公约》《关于内地与香港特别行政区相互执行仲裁裁决的安排》在广东九市申请执行。第三,广东九市金融调解中心将调解协议申请内地法院司法确认,转化为调解书,根据《关于内地与香港特别行政区法院相互认可和执行民商事案件判决的安排》申请香港法院认可和执行。

(二)港到粤

如果当事人在香港金融调解中心的调解失败,经当事人申请,香港金融调解中心可以将案件相关材料及调解处理信息等传递到广东九市的法院平台辅助当事人申请立案。符合立案条件的,广东九市的法院予以受理,经过诉讼审理程序作出的判决、调解书可以根据《关于内地与香港特别行政区相互认可和执行民商事案件判决的安排》获得香港的承认和执行。[①]

如果当事人选择在香港进行调解，达成和解协议后，可以将此转介到广东九市金融调解中心，经审查认可转化为调解协议，如果遇到对方不履行的情况，还可以向法院申请对该调解协议进行司法确认，从而取得强制执行力。[②]

建立三地调仲对接程序。从世界范围看，民商事仲裁与调解相结合最早起源于中国国际经济贸易仲裁委员会。FDRC 启动仲裁的规则是“以调解作为前置程序”或“不经过调解直接仲裁”，从最初“先调解后仲裁”拓展至可选择只调解或只仲裁的动态调整，[③]这为“调解加仲裁”的大湾区跨境程序对接提供了实践依据。在广东，绝大多数地区的金融调解中心采用单独调解的模式。调仲对接主要包括“先调解后仲裁”和“先仲裁后调解”。[④] 因《关于内地与香港特别行政区相互执行仲裁裁决的安排》《关于内地与澳门特别行政区相互认可和执行仲裁裁决的安排》使三地仲裁裁决得以互认和执行，因此在以“调解合作为中心”的大湾区金融纠纷一体化解决机制下，本书将仅以相对于粤澳差异性更大的粤港为模板讨论大湾区“先调解后仲裁”的简单对接情形。

建立三地调诉对接程序时，由于香港在金融纠纷领域尚未形成调解、诉讼之间的程序及处理结果之间的对接，因此粤港之间的调诉对接更多的是对当事人调解不成之后，调解机构为当事人重新跨地域提起诉

---

① 参见赵蕾、于恺、蔡绿茵：《大湾区金融纠纷一体化解决机制建构》，载《商事仲裁与调解》2020 年第 4 期。

② 参见赵蕾、于恺、蔡绿茵：《大湾区金融纠纷一体化解决机制建构》，载《商事仲裁与调解》2020 年第 4 期。

③ 参见彭瑞驷、沈伟：《试论金融纠纷解决机制的优化——借鉴香港金融纠纷解决机制的研究》，载《上海经济研究》2018 年第 12 期。

④ 参见胡军辉、赵毅宇：《论仲调结合在“一带一路”商事纠纷解决中的运用》，载《南华大学学报（社会科学版）》2018 年第 4 期。

讼的一种辅助服务，案件是否受理仍然需要遵守法院的管辖规定。

调解协议若不能得到域外法院的认可，当事人将只能另行诉讼或者仲裁，这将使跨境商事交易的当事人不愿意将争议诉诸调解。因此，有必要利用大湾区先行先试以及“一国两制”的独特优势，探索调解协议的相互认可和执行。[①]

三、建立调解员认证机制，统一调解员资质标准化要求

商事调解员的素质和能力对于调解机构和调解服务来说至关重要。商事纠纷的调解需要综合素质很高的调解员，不仅要专业知识与实务经验丰富，还必须具有较高的沟通能力与调解技巧。统一调解员资质要求与认证标准是对调解质量制度上的保证，可以提高调解当事人对调解员的信任与期待，否则极有可能把有意向通过大湾区调解机构解决争议的当事人推向境外的调解服务机构。商事调解发展较快的国家和地区，对调解员的认证程序和资质都有明确要求。

目前，粤港澳大湾区还没有建立统一的调解员资质认证平台，对调解员的资质也没有标准化的要求。对此可以借鉴商事调解发达的国家和地区的经验建立调解员考核制度以及调解员资质认证平台。将培训作为调解员资格认证的前提，提高调解员的专业化水平，通过考核的人员可以成为大湾区的“认证调解员”。同时，建立联合调解员名册也应提上日程，实现粤港澳大湾区法律及争议解决专家资源互联互通。

对此，粤港澳大湾区可以通过专门培训来培养专业化的调解员，把调解员资格认定与培训相衔接。香港与粤、澳两地相比，有较为成熟的调解培训与资格认定机制。因此，可以借鉴香港的经验来发展大湾区商事纠纷调解员的认证机制，以点到面解决问题。我国香港地区对调解员

---

① 参见司艳丽：《粤港澳大湾区法律规则衔接疑难问题研究——以多元化纠纷解决机制为切入点》，载《中国法律评论》2022 年第 1 期。

的培训主要由非官方的调解机构组织进行,不同的调解服务机构,培训课程也有所不同,但教授的课程内容大体相同。以香港和解中心的综合调解员培训课程为例,综合调解员培训课程规定要完成40个小时的培训课程,出席率达100%及课程考试合格的成员可以获得香港调解中心颁发的"综合调解员培训证书"。综合调解培训课程内容主要包括调解的基本概念、趋势及前景、调解的程序和技巧。调解技巧包括沟通及提问技巧、聆听技巧、促进技巧、重塑技巧、谈判技巧、身体语言的运用、打破僵局、消除最后分歧。该培训课程以课堂形式为主,通过讨论、角色扮演及真实个案分享来进行。调解资历评审协会还为调解员的持续专业发展制定了要求,被认可的调解员需要在过去3年内进行不少于15个小时的持续专业发展训练才能更新会员资格。

现有数据表明,涉粤港澳商事纠纷当事人选择调解的比例不高。2020年,涉港澳一审民商事案件有9721件,而粤港澳大湾区九市金融行业调解委员会调解案件只有1628件。因此,粤港澳相关部门应该加大宣传,让更多的人了解商事调解的特点与优势,信任调解的结果,遇到纠纷首先考虑选择调解。另外,调解不仅是解决纠纷的一种方法,它也是一种文化,需要积累和传播。这种文化如果能够植根于法律界、商界及社会的不同阶层,调解将可发挥更大的作用。对于宣传的方式,除了以会议的形式进行宣传、交流调解经验外,还可以制定粤港澳大湾区的"调解指引",鼓励商事主体选择商事调解。① 在诉调对接上,粤港澳地区的深圳法院现已建立的诉调对接制度从诉前、诉中各个时间上保障当事人调解,设立的诉调对接中心实现了法官与调解员的分离,确保调解和司法的中立性。为了进一步完善诉调对接,扩大调解受益范围,深圳市中级人民法院还可以考虑与诉调对接中心以外的其他调解机构建立对接程序,考虑将中止诉讼适用至诉中调解,以充分保证办案期限。初步的

---

① 参见袁沙:《完善粤港澳大湾区商事调解制度的建议》,载《经济师》2021年第8期。

设想是,依托大湾区设立商事争议解决方式对接中心,该中心可提供各种商事争议解决服务,但诉讼和仲裁除外;同时注重发挥专家的作用,包括对案件进行诉讼或仲裁的评估、专家认定事实、特殊行业争议解决指导等;建议对接中心与大湾区的法院、仲裁院以及其他争议解决机构建立对接程序,为商事争议当事人提供完整高效的争议解决服务。

由于粤港澳三地法官、仲裁员和调解员处于不同的法系背景,对诉讼与调解的理念、争议解决方式的特性与运行方式难免看法不同,甚至存在较大差异,尤其是大陆法系和英美普通法系之间会发生冲突或抵触。如何消除分歧,形成共识,彼此需要有一些固定的交流平台,如在粤港澳三地成立司法、仲裁和调解员研究会,每年轮流在三地定期举办研讨会。除加强调解、仲裁和诉讼及其他商事争议解决方式的沟通与交流之外,还应聚焦粤港澳司法界、法学界共同关注的热点难点问题。研讨议题可以逐步深化拓展,形式可以灵活多样,内容不断丰富延伸,通过研讨出一些实实在在的成果,包括相互理解和借鉴各自争议解决方式的特色,搭建粤港澳司法界合作与人员往来的桥梁和纽带。[①]

四、建立调解规则衔接平台

2017 年商务部和澳门特别行政区经济财政司签署了《〈内地与澳门关于建立更紧密经贸关系的安排〉投资协议》,其中将调解作为解决投资争端的方式。[②] 最高人民法院与澳门特别行政区签署《关于内地与澳门特别行政区法院就民商事案件相互委托送达司法文书和调取证据的安

① 参见宋锡祥、张贻博:《论粤港澳大湾区多元纠纷解决机制的构建》,载《上海大学学报(社会科学版)》2020 年第 2 期。

② 参见《〈内地与澳门关于建立更紧密经贸关系的安排〉投资协议》,载《国务院公报》2018 年第 6 号。

排》,内地的司法文书包括调解书。[①] 广东省高级人民法院和省司法厅于2020年联合公布了《广东自贸区跨境商事纠纷调解规则》,为推动多元化解涉粤港澳三地商事纠纷提供了规范遵循。

广东省司法厅、香港特区政府律政司、澳门特区政府行政法务司联合建立了粤港澳大湾区调解平台,并由三地法律部门代表组成了粤港澳大湾区调解工作委员会。[②] 在大湾区多元化纠纷解决机制建设过程中,需要着力加强诉讼与仲裁、调解等替代性纠纷解决方式的衔接,畅通纠纷解决渠道,为当事人提供多元化的纠纷解决选项,特别是要打造诉调对接平台;以国际化和非诉化为方向完善仲裁制度,试行临时仲裁与网络仲裁,推广中立评估、协商和解等其他替代性纠纷解决方式等。

五、建立金融消费纠纷调解合作平台

粤港澳大湾区“金融消费纠纷解决网络”(“FIN-NET”)模式建立了金融消费纠纷调解机构联盟或网络,以自愿加入为原则,将各城市金融消费纠纷调解机构纳入其中,并通过案件移送处理协调机制实现跨境金融消费纠纷的异地处理,从而减少消费者对购买其他法域金融产品或服务的顾虑,推动大湾区金融市场的互联互通。在具体措施上,一方面可以将合作平台实体化,建立各调解机构代表共同参加的理事会,定期举行会议协商处理共性问题,同时设立常设机构秘书处,负责日常的案件管理等行政事务;另一方面,也可以同时将合作平台虚拟化,建立专门网站甚至是移动终端应用,为跨境消费者提供便捷的案件申请和登记端口,而秘书处也可以通过虚拟平台在各调解机构间移送案件、反馈处理

---

① 参见《最高人民法院关于内地与澳门特别行政区法院就民商事案件相互委托送达司法文书和调取证据的安排》。

② 参见司艳丽:《粤港澳大湾区法律规则衔接疑难问题研究——以多元化纠纷解决机制为切入点》,载《中国法律评论》2022年第1期。

信息等。①

经过若干年的不懈努力，粤澳全面和深度合作不断向前推进，《粤港澳大湾区发展规划纲要》将广州的南沙新区建设成为粤港澳全面和深度合作示范区，探索建设粤澳合作葡语国家产业园，探索建设国际航运保险等创新型保险要素交易平台和粤港澳大湾区国际商业银行，以及建设全球进出口商品质量溯源中心。② 随着粤澳合作葡语国家产业园区逐渐成型并初具规模，粤澳之间的经贸投资纠纷势必会日趋增多，为顺应新形势的发展需要，未来将澳门逐步打造成为中国与葡语国家商贸合作服务平台的法律保障机制的首选地，在时机具备或条件成熟时，可以考虑在澳门设立葡语国家仲裁和调解中心，以适应"一带一路"倡议和粤港澳大湾区建设发展需要。

当前，涉澳涉葡互助案件也在不断增加，中国内地与澳门特区以及中国内地和葡语国家的司法互助工作需要逐步构建，工作内容在不断扩展和深化，司法互助制度规范逐步健全和起效，司法互助工作基础日益强化和逐步完善，因而在新形势下建立更加合理和有效的国（区）际民商事司法协助体制和机制，是直接关系中国内地、澳门特区与葡语国家的法院审理跨国或跨法域案件和相互裁定认可与执行民商事判决的基础性工程。为此，只有中国内地和澳门特区双管齐下，分别与葡语国家签订一定数量的民商事司法协助条约或协定，才有可能与葡语国家建立起民商事司法协助法律体系，依法维护不同国家和不同法域的公司、企业和当事人的合法权益，并协调好内地和澳门特区与葡语国家之间的民商

① 参见江保国、赵蕾、孙梦：《论粤港澳大湾区金融消费纠纷调解合作机制的构建》，载《理论月刊》2022 年第 2 期。

② 参见中共中央、国务院：《粤港澳大湾区发展规划纲要》，载中国政府网 2019 年 4 月 10 日，http://www.mofcom.gov.cn/article/b/g/201904/20190402851396.shtml。

事司法协助的关系,使各方的司法合作机制更为顺畅。①

我国澳门特区与葡语国家的交往由来已久,目前澳门特区也正在打造内地与葡语国家的商贸合作服务平台,在查明葡语国家法律的途径上显然拥有得天独厚的优势,拥有一批既懂法律,又熟谙葡语的专门人才。此外,粤港澳大湾区的跨境交通设施建设不断完善,“珠三角一小时生活圈”成为现实,跨境市场准入门槛随着《内地与香港关于建立更紧密经贸关系的安排》升级版的付诸实施已逐步降低,这势必增加大湾区内不同法域之间的人员往来,三地之间区际民商事查明和法律适用将成为粤港澳大湾区内各法院的重要日常工作。② 对于内地法院而言,需要有稳定可靠的澳门特区法和葡语系国家法律的查明机制。因此,笔者建议在我国澳门特区设立葡语国家的法律查明中心,这有利于将澳门特区逐步建成多元纠纷解决的中心。依笔者之见,所有有关查明外国法的途径和方法的内容应逐步向《涉外民事关系法律适用法》及其司法解释靠拢或与之相吻合。在此基础上,有必要出台粤港澳三地有关涉外或涉港澳台地区法律查明的共同规则,以便有一个共同遵循的查明依据可循。③

① 参见宋锡祥、张贻博:《论粤港澳大湾区多元纠纷解决机制的构建》,载《上海大学学报(社会科学版)》2020 年第 2 期。

② 参见王千华、黄星达:《论建设葡语国家和澳门法查明中心》,载杨允中主编:《澳门特色“一国两制”的成功实践——纪念澳门基本法颁布 29 周年学术研讨会论文集》,澳门法基本法推广协会,第 124 页。

③ 参见宋锡祥、张贻博:《论粤港澳大湾区多元纠纷解决机制的构建》,载《上海大学学报(社会科学版)》2020 年第 2 期。

第八章

我国商事调解制度的完善

通过对当前主要国家或地区如美国、德国、英国、新加坡以及我国粤港澳地区商事调解制度的梳理，我们需要理解西方调解与中国调解在本体维度的差异，不盲从西方的调解范式，而要基于中国的主体视域，对《新加坡调解公约》落地的价值主张进行研判，对不同调解模式的文化偏好进行归旨，从而在有机的衡平中，设计和建构既与中国语境相契合、又与《新加坡调解公约》的要求相通的商事调解立法内容。唯有如此，才能保证《新加坡调解公约》在中国的有效落地与执行，才能真正推动中国商事调解制度的不断发展。

国家治理体系和治理能力的良性变迁，隐喻着社会治理欲求的目标应当在以下层面得到全面落实：优化执法资源配置、俭省执法成本、提升执法效率、增强执法认同感。循此逻辑，在执法资源稀缺、执法负荷沉重的双重约束下，社会治理亟须治理技术和能力的根本性转型，需要以整体主义的系统性制度观，全面衡量在特定的经济生产方式下治理目标所面临的社会约束条件，选择与之相匹配的治理机制和附着其上的规范体系。[①] 从治理技术的角度观察,国家治理的现代性变革和转型,其核心要义就在于确立“巧治理”(smart governance)的意识自觉和决策视角,有机整合不同的制度资源,深入提炼其中的治理机能,使各类规范都能因事因地而宜,皆有用武之地。[②]

第一节　加强商事调解立法

一、商事调解立法模式的探讨

在我国调解制度的语境下,调解的种类包括人民调解、司法调解、行政调解、商事调解、专业性行业性调解、律师调解等。但这些类别区别的标准不一,缺乏一以贯之的逻辑,业务内容也相互交叉。[③] 如果按照实施主体来划分的话,调解的分类是难以穷尽的,照这样发展下去,还可以细分出来公证调解、警察调解、互联网平台调解等。分类只追随了现象,而没有提取“共性”,进而就很难对这些调解类别配置相应的规则。

《新加坡调解公约》只适用于“商事调解”,采用的是排除法,将两类“非商事调解”达成的和解协议排除在了公约适用范围之外,即(1)为解决其中一方当事人(消费者)以个人、家庭或者家居为目的进行交易所产生的争议而订立的协议;(2)与家庭法、继承法或者就业法有关的协议。同时,在文本之外,《贸易法委员会国际商事调解和调解所产生的国际和

---

① 参见吴元元:《认真对待社会规范——法律社会学的功能分析视角》,载《法学》2020 年第 8 期。

② 参见吴元元:《认真对待社会规范——法律社会学的功能分析视角》,载《法学》2020 年第 8 期。

③ 参见肖璟翊:《为什么要对商事调解立法》,载微信公众号“蓝海现代法律”2021 年 5 月 14 日,https://mp.weixin.qq.com/s/PnG6PYahacSKL2XdHFcGMA。

解协议示范法》(以下简称《国际和解协议示范法》)第1条对“商事”一词作了广义解释,并对商事性质的关系作了列举式说明。这样的规定对我国的商事调解立法也有所启发,那就是将“非商事纠纷”排除在“商事调解”之外,同时可以结合我国的情况,以不穷尽列举的方式说明“商事”所涵盖的内容。为什么要区分“商事”和“非商事”呢?因为两者运作机理不同:商事调解是建立在“商业理性人”(a reasonable businessman)的假定上,主要通过商业谈判及妥协来促进达成符合相互“商业利益”的解决方案;对于非商事调解而言,其重点关注“商业利益”之外的“法益”,例如婚姻家庭的和谐关系,对劳动者、消费者等弱势群体的保护等。[①]

有学者认为,商事调解的适用范围主要包括贸易、金融、知识产权、航运、保险以及其他商事、海事等领域的争议。我国尚未将商事调解作为一种独立的调解方式作出制度规范,其相关规定散见于不同层次的法律规范和民间制度中。一方面,在诉讼和仲裁调解中有包含商事调解的内容,如《民事诉讼法》《民法典》《公司法》等都有相关的规定;另一方面,在人民调解、行业调解、行政调解中也有涉及商事纠纷的调解,发布行业的商事调解规则,成立以行业为基础的调解中心及综合性的商事调解中心。[②]

2022年1月1日施行的《民事诉讼法》第201条规定,经依法设立的调解组织调解达成调解协议,自调解协议生效之日起30日内,向有管辖权(当事人住所地、标的物所在地、调解组织所在地)的法院申请司法确认。第202条规定,一方当事人拒绝履行或者未全部履行的,双方当事人可以向人民法院申请执行。这是目前商事调解与诉讼程序对接的最主要的上位法。2022年4月10日,最高人民法院《关于适用〈中华人民

① 参见肖璟翊:《为什么要对商事调解立法》,载微信公众号“蓝海现代法律”2021年5月14日,https://mp.weixin.qq.com/s/PnG6PYahacSKL2XdHFcGMA。

② 参见邓伟强:《粤港澳大湾区诉讼外调解制度的发展与对策分析》,载《岭南学刊》2021年第1期。

共和国民事诉讼法〉的解释》实施,第 460 条规定,由作出确认调解协议裁定的人民法院或者与其同级的被执行财产所在地的人民法院执行。对照《民事诉讼法》第 201 条关于司法确认案件管辖规则的规定,对调解组织自行开展调解的司法确认案件管辖问题进行适应性修改。让非诉纠纷解决方式通过与诉讼的衔接,获得更多的司法强制力。

按照国际通用规则,结合我国国情以及国内法改革走向,做好我国国际商事调解专门法立法的顶层设计工作和原则框架构建是完善商事的关键。我国《十三届全国人大常委会立法规划》并未涉及“调解”立法计划,想要在短时间内制定和通过“商事调解法”不太现实。因此,结合当前国内商事调解的发展程度,并回应《新加坡调解公约》的落地要求,有学者建议可由国务院制定名为“商事调解条例”的行政法规,待条件成熟后再提请全国人大常委会制定“商事调解法”。但还有学者建议在维持现有的法院调解、人民调解和专门性调解制度的同时,直接制定一部“商事调解法”。近年来,不少国家和地区相继就调解进行了专门立法,我国也应当针对是否制定一部适用于国内、国际商事纠纷的调解基本法进行深入系统的研究,在内容上应以遵循当事人意思自治为核心原则展开制度设计,因为调解作为当事人主导的纠纷解决方式不同于诉讼和仲裁的第三方裁判,故当事人意思自治的作用与价值更加突出。这就要求在制度设计上为当事人意思自治保留充分空间,着力促成其达成合意。当然,在调解的推进中相关规则与制度也应促进意思自治的合流,通过有效的引领推动纠纷的实质化解,减少当事方的矛盾与冲突。①

还有学者认为《人民调解法》没有针对不同类型纠纷的特点而建立起多元化的社会调解体系,掩盖了商事调解、行业调解、专业调解等多元社会调解方式的制度特色,造成了这些非官方调解的法律定位不清,使得调解立法滞后于新型调解实践,并严重制约了多元调解形式的协调发

① 参见刘晓红:《论我国民商事纠纷多元化解决机制的现代化》,载《东方法学》2023 年第 2 期。

展，不利于纠纷解决的国际交流与合作。因此，有必要超越《人民调解法》，制定统一的“调解法”，体系框架应包括人民调解、行政调解、行业调解、商事调解这四大调解类型，并兼顾不断涌现出来的新型调解方式，明确各种调解的法律地位。[①]

同时，我们还应随时关注国际商事调解的发展和创新，掌握国际主流商事调解制度和规则的普遍规律和价值取向、效力层次关系等内涵要素，注意国内商事与国际商事调解的区别。根据《贸易法委员会国际商事调解示范法》及我国《仲裁法》《人民调解法》《民事诉讼法》等立法内容，我国商事调解立法应围绕基本原则、适用范围、可调解事项、调解及调解员准则、调解协议的效力、调解前置程序等问题进行系统研究。

二、地方商事调解立法

不同城市在商事调解方面发展不一，部分地方更注重以人民调解来解决商事纠纷，有些地方则将商事调解制度扩展至民商事调解制度。随着全球化、“一带一路”、我国粤港澳大湾区的推进，商事调解及其探索越来越受到各国或地区的重视，在示范法、商事调解规则、国际商事争议服务组织等多方面作出创新。

部分地方人大常委会大胆探索，先行先试。2015 年 4 月 12 日，《厦门经济特区多元化纠纷解决机制促进条例》（以下简称《厦门多元化纠纷解决机制条例》）公布，其作为中国第一部促进多元化纠纷解决机制建设的地方性法规，开创了我国多元化纠纷解决机制立法的先例，成为我国多元化纠纷解决机制发展历程的绚丽坐标。2016 年 7 月 22 日，国内第一部省级多元化解机制的地方性法规《山东省多元化解纠纷促进条例》（以下简称《山东多元解纷条例》）出台。2017 年 10 月和 11 月，黑龙江

---

① 参见廖永安：《关于我国统一“调解法”制定中的几个问题》，载《商事仲裁与调解》2020 年第 2 期。

省、福建省两个省的多元化解纠纷条例为《黑龙江省社会矛盾纠纷多元化解条例》(以下简称《黑龙江多元条例》)、《福建省多元化解纠纷条例》(以下简称《福建多元条例》)相继出台。四川、安徽、吉林等省的地方立法也提到议事日程。①

明确纠纷解决方式的对接程序。四个多元解纷条例明确和解、调解协议可以依法通过公证、仲裁或者司法确认赋予其强制执行效力。《厦门多元化纠纷解决机制条例》和《福建多元条例》均规定,以给付内容的和解协议、调解协议,当事人可以共同向公证机构申请办理具有强制执行效力的债权文书公证;经济纠纷经和解、调解达成的协议,当事人可以根据协议中约定的仲裁条款,或者达成的仲裁协议,向选定的商事仲裁机构申请确认其效力,制作调解书或者裁决书;经行政机关、调解组织调解达成的协议,双方当事人可以共同向行政机关、调解组织所在地基层人民法院申请确认其效力。通过上述规定,明确对公证债权文书,仲裁机构制作的调解书、裁决书,或者人民法院确认调解协议有效的裁定书,一方当事人不履行的,对方当事人可以向有管辖权的人民法院申请执行。②

2022 年 3 月 28 日经深圳市第七届人民代表大会常务委员会第八次会议通过,自 2022 年 5 月 1 日开始施行的《深圳经济特区矛盾纠纷多元化解条例》对调解也作出了明确分类,包括人民调解、劳动争议调解、商事调解、行政调解。这是国内同领域首部涉及全类型矛盾纠纷、囊括全种类化解方式、覆盖全链条非诉流程的地方性法规。并在全国首次对商事调解设立在专门的章节予以规定,与该条例中调解的一般规定、衔接机制、法律责任等,共同构建了商事调解制度的基础框架,为将来国家制

---

① 参见龙飞:《多元化纠纷解决机制立法的定位与路径思考——以四个地方条例的比较为视角》,载《华东政法大学学报》2018 年第 3 期。

② 参见龙飞:《多元化纠纷解决机制立法的定位与路径思考——以四个地方条例的比较为视角》,载《华东政法大学学报》2018 年第 3 期。

定相关规定提供了“深圳样本”。[①]《深圳经济特区矛盾纠纷多元化解条例》第36条确定了商事调解的适用范围，在没有上位法的情况下，借鉴了《新加坡调解公约》第1条、《国际和解协议示范法》第1条的相关精神，明确规定：贸易、投资、金融、运输、房地产、知识产权、技术转让、工程建设等商事领域发生的矛盾纠纷可以由商事调解组织调解。[②] 该条例一大亮点是创设民商事纠纷中立评估机制，将深圳先行先试经验固化于法，蹚出一条多元化纠纷解决机制的新路径。

三、要重视我国商事调解制度构建的“中国问题”

商事调解制度的完善必须以我国的实践为基础，要更加重视分析我国特有的问题，尤其要对《新加坡调解公约》的出台和生效对我国商事调解制度带来的影响进行充分的研究。

无论是从形式上还是从内容上看，我国对于独立商事调解的规定都寥寥无几且法律效力不高，远未形成制度体系。而《新加坡调解公约》第3条要求各国依据“本国国内程序”对和解协议进行救济，这就要求缔约国建立相应的国内对接程序，因此配套机制建设应当成为下一阶段的工作重点。一方面，为扩大适用范围，《新加坡调解公约》许多条款采取了折中或较为模糊的表述，相关条款的具体内涵尚需国内立法予以明确；另一方面，如何衔接统一国际和解协议和国内调解协议的救济方式，特别是执行程序，也是公约落地的难题。[③]

---

① 参见李磊明：《商事调解：打造粤港澳大湾区争议解决的“深圳样本”》，载《特区实践与理论》2023年第1期。

② 参见李磊明：《商事调解：打造粤港澳大湾区争议解决的“深圳样本”》，载《特区实践与理论》2023年第1期。

③ 参见朱华芳等：《年度观察专题丨中国商事调解年度观察（2020）》，载北京仲裁委员会网站2020年11月19日，http://www.bjac.org.cn/news/view?id=3840。

第二节 商事调解的司法确认程序的完善

一、司法确认的内容及我国关于司法确认的法律规定

根据最高人民法院《关于人民法院特邀调解的规定》和《民事诉讼程序繁简分流改革试点实施办法》的规定，我国调解协议司法确认制度，是指对经由人民调解委员会、特邀调解组织或者特邀调解员通过诉外调解达成的民事调解协议，通过双方当事人共同向人民法院申请司法确认，使其获得强制执行力的制度。商事调解的司法确认，系指人民法院经过一定程序的审查，确认非诉调解组织调解达成的调解协议有效或无效的司法活动。按照具体审查确认的程序启动方式不同，实践中存在"起诉型司法确认""主动型司法确认""申请型司法确认"三种形式。

2011 年 3 月，最高人民法院发布《关于人民调解协议司法确认程序的若干规定》，并同时公布司法确认申请书等四种文书样式，司法确认程序的规范化获得专门性司法解释的支撑。2012 年 8 月，第十一届全国人大常务委员会第二十八次会议通过《关于修改〈中华人民共和国民事诉讼法〉的决定》，新增确认调解协议专节，司法确认制度有了基本法层面的规定，司法确认的法律化至此正式完成。最高人民法院《关于适用〈中华人民共和国民事诉讼法〉的解释》，最高人民法院《关于人民法院特邀调解的规定》，最高人民法院、司法部《关于开展律师调解试点工作的意见》等在内的一系列司法解释及改革意见，对司法确认的规则框架、适用对象及范围进行了补强规定。2021 年 12 月 24 日，第 106 号主席令公布了全国人民代表大会常务委员会《关于修改〈中华人民共和国民事诉讼法〉的决定》。此次修改明确，经依法设立的调解组织调解达成调解协议，申请司法确认的，由双方当事人自调解协议生效之日起 30 日内，共同向下列人民法院提出：(1)人民法院邀请调解组织开展先行调解的，向

作出邀请的人民法院提出。(2)调解组织自行开展调解的,向当事人住所地、标的物所在地、调解组织所在地的基层人民法院提出;调解协议所涉纠纷应当由中级人民法院管辖的,向相应的中级人民法院提出。《民事诉讼法》的修正进一步完善了调解组织作出的调解协议进行司法确认获得强制执行力的程序,有力提升了商事调解组织在化解商事纠纷中的作用。依据修改前《民事诉讼法》的规定,有权向人民法院申请司法确认的调解协议仅限于人民调解委员会作出的调解协议,不包括商事调解组织作出的调解协议。

人民法院不断坚持和发展新时代"枫桥经验",但在社会治理观念和职能定位方面还是有待转变和完善。司法确认程序从本质上看是一种"赋权"的执行程序,但在实务中往往有名无实。最高人民法院于 2011 年和 2016 年先后出台了《关于人民调解协议司法确认程序的若干规定》和《关于人民法院进一步深化多元化纠纷解决机制改革的意见》,在二者均为有效的前提下,司法确认程序范围的规定却不相同,适用时难免会受到影响。[①] 最高人民法院《关于深化人民法院司法体制综合配套改革的意见——人民法院第五个五年改革纲要(2019—2023)》明确了司法确认制度,完善司法确认制度将成为人民法院的工作重点。[②]《人民法院在线调解规则》(2021 年)第 20 条规定,立案前达成调解协议,申请司法确认调解协议的,人民法院经审查符合法律规定的,可以制作调解书或者裁定书结案。司法确认程序以双方当事人合意提起,审查程序相对简便快捷,主要以书面审查为主,不以当事人的到场和质证、证据严格采信为原则,以弱化对抗、强调合作、简便快捷为要求。

---

① 参见朱明:《调解协议司法确认程序中多元纠纷解决机制的应用路径》,载《法制博览》2021 年第 33 期。

② 参见房昕:《〈新加坡调解公约〉背景下我国商事调解协议执行力问题研究》,载《商事仲裁与调解》2021 年第 5 期。

二、司法确认的作用及实践

调解是最尊重当事人自主权和处分权的纠纷解决方式，调解的意思自治原则应当贯穿调解程序始终，在调解协议的司法确认程序中也应做到尊重当事人的意愿。随着我国调解服务的专业水平不断提升，只要是调解协议中涉及的权利义务争议已经经过专业的调解员处理，当事人在调解协议上签字表明对协议内容予以认可，若当事人没有提出实体审查的请求，法院不介入实体内容的评判和处理。

民商事调解协议属于私法行为的范畴，司法确认则是公法行为，民商事调解司法确认是私权协议内容获得公权确认后产生的公法效力。换言之，司法确认后民商事调解协议虽仍然具有私权的内容，但其内容因经过特定程序构成裁判法律文书的内容，即产生公权执行保障效力。①

借助司法确认程序可以使调解协议这种具有私人性质的合同文书获得强制执行的法律效力，这对于巩固调解协议的成果意义重大。

民商事调解协议的司法确认是我国构建多元化纠纷解决背景下对传统纠纷解决方式的司法吸收和落实。司法确认机制的建立使非诉调解协议的效力得到有力的司法保障，对于促进民商事调解组织的发展、降低当事人的诉讼成本等诸多方面有着不可估量的现实意义。司法确认机制将极大地增强当事人对第三方调解组织的信任，提升第三方调解的社会公信力，使非诉调解组织获得广阔的发展空间。伴随我国民事程序法的修订与司法实践的积淀，民商事调解的民间性、独立性、在线性、效率性必将得到进一步的重视、推进和蓬勃发展。②

2019 年 12 月 30 日，上海金融法院发出首份司法确认裁定书，对一起标的额达人民币 1.65 亿元的金融商事调解协议作出司法确认。通过

---

① 参见杨荣宽：《新民事诉讼法的民商事调解司法确认》，载《中国律师》2022 年第 2 期。

② 参见杨荣宽：《新民事诉讼法的民商事调解司法确认》，载《中国律师》2022 年第 2 期。

与上海市金融消费纠纷调解中心诉调对接机制，该案从起诉到圆满解决，用时仅一周，不仅满足了当事人快速高效的解纷需求，也更好地实现了源头解纷、分流提速、简案快审、繁案精审的司法改革内在要求。

2021年9月，山东省青岛市中级人民法院在立案前通过人民法院调解平台，将一起标的额8400万元的商事纠纷委派给依法注册成立的民办非企业组织青岛市法润商事调解中心进行诉前调解，仅用3天时间就促成调解协议达成并依法裁定确认效力，这也是青岛市中级人民法院首次裁定确认法人型商事调解组织诉前主持达成调解协议的效力。

《新加坡调解公约》的签署为国际和解协议的执行提供了明确依据，虽然我国的商事调解制度需要经过司法确认程序才具有强制执行力与《新加坡调解公约》的规定存在冲突，但我国作为《新加坡调解公约》的主要制定国和首签国，还是有必要推进商事调解制度与《新加坡调解公约》的对接，不断构建并完善既具有中国特色，又符合国际标准的商事调解制度以及配套的运行机制。①

三、商事调解司法确认制度存在的问题

当前域外商事调解制度比较成熟，相较来看我国的商事调解司法确认机制在应用的过程中主要存在以下问题。

1. 审查标准混乱。最高人民法院《关于适用〈中华人民共和国民事诉讼法〉的解释》第356条规定，人民法院审查相关情况时，应当通知双方当事人共同到场对案件进行核实。人民法院经审查，认为当事人的陈述或者提供的证明材料不充分、不完备或者有疑义的，可以要求当事人限期补充陈述或者补充证明材料。必要时，人民法院可以向调解组织核实有关情况。第357条规定，确认调解协议的裁定作出前，当事人撤回

---

① 参见杨安琪、杨署东：《我国商事调解机制与〈新加坡调解公约〉对接的现实困境及其破解路径》，载《河南财经政法大学学报》2022年第2期。

申请的，人民法院可以裁定准许。当事人无正当理由未在限期内补充陈述、补充证明材料或者拒不接受询问的，人民法院可以按撤回申请处理。第358条规定，经审查，调解协议有下列情形之一的，人民法院应当裁定驳回申请：违反法律强制性规定的；损害国家利益、社会公共利益、他人合法权益的；违背公序良俗的；违反自愿原则的；内容不明确的；其他不能进行司法确认的情形。《最高人民法院关于适用〈中华人民共和国民事诉讼法〉的解释》第353、354条规定了司法确认制度的审查方式、审查内容及审查结果，[①]为法院的审查提供了指引和方向，但从实质审查角度来看，调解协议的内容是否具备可执行性的审查标准不明确，这就会造成法院在进行司法确认时法律风险较高。

2. 适用范围受限。商事调解中司法确认程序的启动需要双方共同提出申请，这也就意味着只要其中一方不配合就会使得司法确认程序陷入僵局，同时实务中双方当事人对申请司法确认的期间敏感度不高经常会因为相互扯皮导致申请过期。

3. 执行效力不高。我国现有的法律法规虽然对经商事调解组织达成的和解协议设置了司法确认程序，但从效力层面看，这种程序仅是确认和解协议是否有效，至于具体的执行效力并没有准确依据。从某种意义上来说这种司法确认程序相当于公证，是一种法院对当事人达成和解协议的证明。[②]

4. 配套机制滞后。尽管调解程序是纠纷解决中比较关键的一部分，但由于大众乃至学界对其专业化特征关注较少，在收费、赔偿等配套机制上还存在缺陷。这种缺陷就会导致商事调解缺乏经济杠杆的激励，极大程度上削弱了商事调解制度应当发挥的作用与地位。

① 参见许金鑫：《司法确认程序可执行内容要素式审查标准的建立——以527份涉农案件司法确认裁定书为视角》，载《山东法官培训学院学报》2021年第4期。

② 参见杨安琪、杨署东：《我国商事调解机制与〈新加坡调解公约〉对接的现实困境及其破解路径》，载《河南财经政法大学学报》2022年第2期。

四、司法确认制度现存问题的解决方案

针对上述问题，上海市第一中级人民法院课题组在对全国几个核心商事调解中心开展调研后指出，可以通过调整商事调解申请条件、细化案件审查内容、健全救济程序、健全配套机制等方式进一步完善商事调解司法确认制度。①

首先，从商事调解司法确认机制的申请条件来看，申请商事调解的司法确认需要由双方当事人共同向依法设立的调解组织提出申请，并且需要在调解协议生效后 30 日内向法院提出申请。为了进一步节约司法成本、提高司法效率，可以将共同申请放宽为单独申请，降低提起司法确认的门槛，这样就能从源头降低司法确认程序的启动难度。

其次，针对审查标准不一的问题最好要从内到外细化审查标准。从目的角度出发，商事调解的司法确认程序主要审查所达成协议本身的自愿性、合法性以及可执行性。因此，在进行形式审查时既要关注宏观方面当事人之间是否合法自愿，达成的协议内容是否具体可行，也要关注微观方面期限、管辖、行为能力等内容是否满足相关条件与要求，这样就能确保在各类审查标准的综合评判下达到商事调解的功效最优化。

此外，当事人对经过司法确认的调解协议有异议的，相应的救济措施也要跟上来，具体来说可以根据不同情形采取不同措施。对调解协议有异议的，可以向作出该判决、裁定的人民法院提出异议；对不予确认的调解协议，可以重新调解或变更原调解协议，也可以达成新的调解协议或向有管辖权的人民法院重新提起诉讼。但这种救济不是无节制的，在个人自由与社会效率发生冲突时，个人的自由应当受到限制，不可就同一司法确认裁决多次提出异议，否则滥用司法资源会导致效率低下。

---

① 参见刘峥、金晓丹、马骁：《2018—2019 年度司法体制综合配套改革专项调研课题观点综述》，载《人民司法》2020 年第 7 期。

最后,在商事调解司法确认程序的配套机制上还是得借鉴域外商事调解制度的经验,尤其是在各类费用方面应当采取反向激励机制。对不采纳合理调解建议导致败诉的当事人,其应当承担高于获得支持诉讼请求的费用,在这种反向激励的作用下,商事调解可以更加高效。

当前,国内外纠纷日益复杂,调解无疑是解决纠纷的最佳路径。中国作为负责任的大国,国内商事调解制度以及赋予调解协议以强制执行力的司法确认程序正在不断发展,下一步应加快国内与国际的接轨,构建具有中国特色的商事调解机制。

五、改革司法确认制度,提高执行能力

我国现行对国际商事和解协议采取的是司法确认的前置程序,且债权人寻求救济有赖于债务人配合,这与《新加坡调解公约》的直接执行机制不一致,很可能出现人为制造涉外因素谋取利益的虚假调解状况。

《新加坡调解公约》设置了"最优权利"条款,①当事人选择适用公约并不排除其转而适用缔约国国内法寻求救济的权利,还会导致当事人就同一国际和解协议使用不同规范申请执行的状况,增加了我国主管机关识别和执行的难度。此外,我国目前采用的是审执分离的执行模式,即法院对于生效法律文书中附条件的待执行债务并不一定执行,而《新加坡调解公约》对国际商事和解协议的形式和内容要求极为简单,其附条件、附期限或者包含对等给付义务等情形可能更为普通。

因此,在我国目前强制执行的实践中,《新加坡调解公约》确立的直

---

① 《新加坡调解公约》第 7 条规定:"本公约不应剥夺任何利害关系人可依寻求依赖和解协议所在公约当事方的法律或者条约所许可的方式,在其许可限度内,援用该和解协议的任何权利。"该条成为"最优权利"条款,即在适用国内法规或条约更有利时,允许当事人选择适用国内法规或条约的相关规定。

接执行机制可能造成大量国际商事和解协议在我国无法得到执行的困境,[①]要建立健全虚假调解惩治规则。

首先,增加案外人执行异议制度。《民事诉讼法》规定的案外人执行异议制度和执行回转制度可以作为参考,同时结合国际商事调解的特点加强其制度配套。例如,重点对潜在被执行财产进行评估,厘清财产所涉的利益相关方,并在执行前给予其就即将被执行的财产陈述意见的机会;参照新加坡调解制度,在存在第三方利益受威胁的情况下引入调解信息公开制度,并在第三方异议的情况下赋予法院调查取证的权利。案外人执行异议制度与执行回转制度相关联,对于已经执行的虚假商事和解协议,可参照执行回转制度进行补救。

其次,防范虚假调解关键就是要把控住和解协议的审查环节。建议最高人民法院针对国际商事和解协议设立专门的救济审查程序,主要是设置一系列必要的前置条件。例如,可要求国外商事和解协议书须经中国认可的正规公证机构予以公证,并附上经公证的中文翻译;也可要求申请执行方提供表示和解协议真实有效性的个人声明等。

最后,从民事、刑事等多方面加强虚假调解惩治。我国《民事诉讼法》第 115 条规定了民事诉讼程序中的虚假调解,其与在申请执行阶段通过虚假调解达成的国际和解协议具有本质上的一致性,都是通过恶意串通的方式,利用司法机关的审判权和执行权,损害第三人或国家的利益。在此种情形下,当事人意图通过《新加坡调解公约》在我国寻求救济的,审理法院应以《新加坡调解公约》第 5 条"和解协议无效或违反当事方公共政策"为由,驳回其请求,并视情节轻重予以罚款等处罚。虚假调解情节严重的还会构成刑事犯罪。[②]

---

① 参见杨安琪、杨署东:《我国商事调解机制与〈新加坡调解公约〉对接的现实困境及其破解路径》,载《河南财经政法大学学报》2022 年第 2 期。

② 参见杨安琪、杨署东:《我国商事调解机制与〈新加坡调解公约〉对接的现实困境及其破解路径》,载《河南财经政法大学学报》2022 年第 2 期。

第三节　诉调对接与仲调对接机制的完善

一、我国商事纠纷诉调对接和仲调对接的完善举措

（一）仲调对接

我国《仲裁法》的前瞻性就体现在1994年立法时，便明确写入了调解和仲裁相结合的规则，即仲裁庭应当主动询问当事人是否同意调解的意见，实际上就是鼓励调解加仲裁。早在法院出台多元化纠纷解决机制的相关促进政策之前，不少仲裁机构就已经发挥《仲裁法》中关于仲裁与调解相结合的优势，开始探索实行“仲裁确认”的纠纷解决机制。仲裁确认的调解协议还具有商事交易所青睐的保密性特点，是仲裁制度对商事调解的重要支撑，为商事调解多元发展提供了现实基础。[①] 相较于司法确认，调解协议的仲裁确认的难度要小得多。根据《仲裁法》第51条第2款的规定，当事人调解达成协议的，仲裁庭应当制作调解书或者根据协议的结果制作裁决书，调解书与裁决书具有同等法律效力。商事调解协议通过仲裁确认，更有利于发挥商事调解机制的重要作用。与人民法院裁判文书在域外执行需要经过当地法院的承认不同，商事调解协议转化成仲裁裁决书后，便可以通过《纽约公约》等确立的仲裁裁决快速执行通道，获得在域外有效执行。近期的仲裁法修改，我相信将会进一步强化仲裁与调解机制的衔接、融合。

《深圳经济特区矛盾纠纷多元化解条例》以专章的形式规定了多种衔接机制：矛盾纠纷当事人之间的和解、调解与当事人委托的中立第三方评估之间的衔接；公安机关、检察机关依法办理有关案件与人民调解

① 参见姜丽丽：《商事调解立法困境与可行性路径分析》，载微信公众号“哈尔滨仲裁委员会”2022年4月7日，https://mp.weixin.qq.com/s/2zyh_j_bSKBCzNJuNxJwMg。

的衔接;民商事仲裁与调解衔接;民商事纠纷、行政纠纷在诉讼前与调解的衔接;调解协议与司法确认程序的衔接;调解与人民法院财产保全的衔接;特定和解、调解协议与公证的衔接。

2020 年 1 月,厦门仲裁委员会发布《仲裁规则(2020)》,规定在仲裁案件审理过程中,当事人可以向仲裁委员会认可的调解机构申请独立调解,仲裁庭也可以根据当事人的请求或在征得当事人同意下委托调解组织进行独立调解,或者由仲裁庭与调解组织开展联合调解。2020 年 7 月,广州市中级人民法院与广州仲裁委员会签订诉调对接工作机制合作协议。2020 年 7 月,海南国际仲裁院与海口国际商事调解中心签署战略合作框架协议,创新"调解 + 仲裁"的争议解决新模式。2020 年 9 月,海南省海口市中级人民法院与海口国际商事调解中心签署多元解纷合作框架协议,搭建民商事领域诉调对接平台。①

这些地方的先行规定为我国仲调对接的法治完善提供了有效的立法支持与借鉴。

为更好提升国家治理能力与社会治理能力,进一步与国际通行规制接轨,全面修订现行《仲裁法》已提上日程,有学者建议调整可仲裁范围,在可仲裁性方面打破平等主体之间纠纷的限制,既要允许包括证券期货、知识产权以及数据交易、碳交易等新类型纠纷的可仲裁,也要支持国际投资、体育领域的纠纷进行仲裁,为相关行业仲裁的发展提供支持。同时,进一步强化仲裁与调解机制的衔接、融合。

(二)诉调对接

优化诉调案件的分流模式,如在诉调对接试点工作中,立足每个法院的案件特点,扩展案件受理的范围,最大限度地将可调解的案件分流进诉前调解程序,尽可能实现应调尽调,有效缓解诉讼案件压力,并提升

① 参见北京仲裁委员会/北京国际仲裁中心:《中国商事争议解决年度观察(2021)》,中国法制出版社 2021 年版,第 202 ~ 203 页。

诉前、诉中各自的办案成效。具体来说,需要对法院民商事、行政类案件历年来审理情况做充分的数据统计,重点分析不同类型案件的调解率、审理时长等指标,将一部分有较高调解率,且平均审理期限较短如 2 个月以内(不计算鉴定等法定事由)的案件纳入诉调程序可受理的范围之内。①

二、国际商事领域的仲裁与调解衔接机制完善

(一)混合模式程序的有效性

混合模式程序是指涉及争议解决机制组合的争议解决程序。最常用的混合模式程序涉及调解和仲裁元素。2020 年新加坡国际争议解决学院(SIDRA)分析了国际争端解决调查的结果证实了混合模式程序的重要作用。虽然国际调解的使用率(26%)远低于仲裁(74%)和诉讼(49%),但在考虑使用调解作为混合模式程序的一个组成部分后,这种情况发生了显著变化。SIDRA 调查发现,调解的总使用量(53%)包括单独使用(26%)或混合模式程序(27%)超过了国际诉讼的使用率。调解在跨境纠纷中的使用比我们想象得要多。随着《新加坡调解公约》的生效,这种情况还可能会增加。②

调查还显示,在被问及为什么选择使用涉及调解而不是独立仲裁的混合模式程序时,主要原因是需要维护业务关系,当被问及为什么不将调解作为独立的过程使用时,大多数受访者表示他们担心缺乏国际直接的调解机制。《新加坡调解公约》承诺为国际调解和解协议提供直接可执行机制。然而,《新加坡调解公约》的执行机制为用户提供与外国仲裁

① 参见沈朱杰:《论人民法院诉调对接平台的角色重置与功能归位——基于对上海市黄浦区人民法院 2020 年诉调对接平台运行情况的考察》,载《广西政法管理干部学院学报》2021 年第 6 期。

② See Alexander, Nadja & Tunkel, *Natasha*, *International Commercial Mediation and Dispute Resolution Contracts* (2022), *International Commercial Contracts: Law and Practice*, 1 – 35, Research CollectionSchool of Law.

裁决执行机制相同的信心还需要完善配套制度。因此,对混合程序的兴趣将持续增长。当事人友好解决问题时,可能会获得调解带来的好处。例如,减少解决争议的成本和时间投入;通过严格的确定性过程可能无法实现的结果;保持或更新双方业务关系的机会。

(二)仲裁、调解衔接程序的完善

《贸易法委员会国际商事调解示范法》第14条规定:"当事人同意调解并明确承诺不在规定的期限内或者具体规定的事件发生前对现有或未来争议提起仲裁程序或司法程序的,仲裁庭或法院应承认此种承诺的效力,直至所有承诺的条件实现为止,但一方当事人认为维护其权利需要提起程序的除外。提起此种程序,其本身不应视为对调解约定的放弃或者调解程序的终止。"《贸易法委员会调解规则》(以下简称《贸易调解规则》)第16条规定:"双方当事人应保证在调解程序期间不提出任何仲裁或司法程序,除非一方当事人认为仲裁或司法程序是维护其权利而需要提起时,其才可以提起该程序。"也就是说,如果当事人在仲裁前选择了调解,那么调解程序不会因任何一方提起仲裁或诉讼而结束,只有在调解不成时,才可进入仲裁或司法程序。此外,根据《贸易法委员会国际商事调解示范法》第13条"除非当事人另有约定,否则调解员不应担任与调解程序曾经或者目前涉及的争议有关的仲裁员,或者担任与同一合同关系或者法律关系或者任何相关合同关系或者法律关系所引起的另一争议有关的仲裁员"和《贸易调解规则》第19条"双方当事人和调解员应保证调解员在调解程序主题的争端的任何仲裁或司法程序中不得担任仲裁员或一方当事人的代表或律师,双方当事人也应保证在上述任何程序中不把调解员作为证人"的规定,调解员和仲裁员的身份应是相互独立的,除非当事人另有约定,否则调解员不能在后续的仲裁程序中担任仲裁员或证人。

上述规定确立的是"仲裁前调解"的仲裁与调解衔接机制,虽然仲裁与调解可以相互衔接，但仲裁和调解的程序相互独立，调解员与仲裁员的身份原则上不能混同。同时，值得注意的是，根据《贸易法委员会国际商事调解示范法》第 15 条的规定，通过此种模式进行调解所产生的和解协议具有拘束力和可执行性，即和解协议不用通过仲裁程序进行确认便具有强制执行力。

许多国家都有仲裁、调解相衔接的程序。新加坡国际仲裁中心（SIAC）对《仲裁规则》的制定以联合国国际贸易法委员会的仲裁规则为准，并作出了一些创新。根据新加坡国际仲裁中心的《仲裁规则》第 19.1 条"仲裁庭在征询当事人的意见后，应当以其认为合适的方式进行仲裁程序，以确保公平、快捷、经济、终局地解决争议事项"和第 19.3 条"仲裁庭组成后，仲裁庭应在实际可行的情况下，尽快与当事人举行审前预备会议，通过面谈或者其他任何方式，讨论对案件最适合和最有效率的程序"的规定，在仲裁庭组成后，当事人依然可以进行调解，且在实际可行时，仲裁庭是应当通过举行审前预备会议的方式与当事人讨论是否可采用调解或其他的方式解决争议。此外，根据该规则第 19.7 条"院长可以在仲裁程序的任何阶段，要求当事人和仲裁庭举行会议，讨论对案件最适合和最有效率的程序。该等会议可以通过面谈或者其他任何方式进行"的规定，院长可以在任何时候要求双方当事人和仲裁庭举行会议，讨论是否采用调解或者继续仲裁或者采用其他更合适高效的方式解决争议，且当事人必须参加该会议。从以上规定可以看出，SIAC 通过仲裁庭预备会议和院长会议的方式，使得调解以及其他纠纷解决方式与仲裁之间相互衔接，且该会议给予仲裁庭和当事人的责任和义务是强制性的，通过这种先由仲裁庭、院长等专业人士对案件进行充分考量和判断后，再与当事人商讨最优的解决方式和程序方式，促进当事人之间沟通和交流，减少当事人之间的对抗性，从而促进当事人之间达成调解。

韩国商事仲裁院（korean commercial arbitration board，KCAB）是韩国唯一的常设仲裁机构，其业务不仅限于仲裁，还通过商谈来预防纠纷的发生。KCAB 在《国内仲裁规则》中明确，在仲裁程序期间当事人可以在任何时候根据《调解规则》的规定，以书面的形式请求进入调解程序，如果调解程序终止，仲裁庭则应经当事人的请求重新开启仲裁程序。《国内仲裁规则》同时规定，调解员与仲裁员不得为同一人；除非当事人另有约定，任何一方当事人不得在仲裁程序中使用另一方当事人或者调解程序证人的陈述。《调解规则》第 13 条规定，当事人在调解期间达成协议的，应当制定协议并签名或记名。协议中应包括如果之后发生争议，则采用将争议提交至韩国商事仲裁院的仲裁条款。[①]

2022 年 7 月 1 日，国际投资争端解决中心（international center for settlement of investment disputes，ICSID）修订的规则开始施行，并将对国际投资仲裁的规则和实践产生深远影响。ICSID 引入新的事实调查和调解规则，能够为各方提供更广泛的争端解决工具，并为投资者—国家争端解决整体改革注入新动力。通过增加所能提供的争端解决程序和手段的种类，各方在决定解决争端的最佳方式时有了更多的选择。[②]

第四节　调解前置程序的相关法律问题

一、调解前置程序实施背景与效果

随着经济社会不断发展，社会矛盾日益突出，从 2015 年 5 月 1 日实行立案登记制之后，立案门槛降低，大量案件涌入基层法院。根据相关数据，法院处理的案件位居前 3 名的案件类型分别是债券纠纷、民间借贷纠纷以及物业服务合同纠纷，其中囊括了大量简单重复的、适宜通过

① 参见广州仲裁委员会：《我国商事仲裁与商事调解衔接制度的法律问题探析（中）》，载广州仲裁委员会网站 2021 年 1 月 25 日，https://www.gzac.org/fzxc/334。

② 参见漆彤：《投资争端解决机制现代化改革的重要里程碑——评 2022 年 ICSID 新规则》，载《国际经济评论》2023 年第 3 期。

调解解决的案件，如机动车交通事故责任纠纷，追索物业费、供暖费的物业服务合同纠纷，小额的民间借贷纠纷等。[①] 因此设立调解前置程序是建立多元化纠纷解决机制的良好举措，既能节省司法资源，也能为当事人节约诉讼成本。

2016 年 6 月 28 日，最高人民法院颁布《关于人民法院进一步深化多元化纠纷解决机制改革的意见》，提出探索建立调解前置程序，有条件的基层人民法院对家事纠纷、相邻关系、小额债务、消费者权益保护、交通事故、医疗纠纷、物业管理等适宜调解的纠纷，在征求当事人意愿的基础上，引导当事人在登记立案前由特邀调解组织或者特邀调解员先行调解。在全国范围内确立了一批试点法院。调解前置程序的司法实践取得了一些成果，但依然面临较多问题。“适宜调解”成为调解前置程序案件范围的界定标准，但“适宜”界定标准具有模糊性且该意见鼓励法院积极探索，在改革试行的过程中，调解前置程序适用的案件范围地方差异性较为突出。[②]

二、调解前置程序的启动

适宜调解前置程序的案件范围可以从三个方面来考量：首先，调解前置程序的功能定位。其次，案件的成熟度，即通过司法实证中案件调解成功的数量、调解成功率、调解周期等因素分析案件适用调解前置程序的适宜性，从而确定适用前置调解的纠纷类型和范围。最后，司法社会化的程度。[③]

基层法院调解前置程序适用的案件范围已经突破了相关的规定。

① 参见陈亢睿：《我国调解前置程序的构建》，载《法治论坛》2018 年第 3 期。

② 参见徐胜萍、梁蕾：《调解前置程序适用的案件范围研究——基于 B 市基层法院改革试点的调查分析》，载《新疆大学学报（哲学 · 人文社会科学版）》2022 年第 2 期。

③ 参见徐胜萍、梁蕾：《调解前置程序适用的案件范围研究——基于 B 市基层法院改革试点的调查分析》，载《新疆大学学报（哲学 · 人文社会科学版）》2022 年第 2 期。

有学者根据基层法院的试点做了相关实证研究，证实了其突破了规定的案件基本类型。样本数据中除了民事案件外，还有商事案件，包括合伙协议纠纷、与公司有关的纠纷、与企业有关的纠纷、证券纠纷、知识产权权属及侵权纠纷、票据纠纷等。虽然商事案件整体调解成功的案件数量都极少，不具有代表性，但有些类型案件如保险纠纷和证券纠纷的解纷方式已经出现向诉前调解发展的政策趋势。[①]

从《厦门多元化纠纷解决机制条例》《山东多元解纷条例》到最高人民法院《关于人民法院进一步深化多元化纠纷解决机制改革的意见》，再到《四川省纠纷多元化解条例》等都对调解组织或调解人员应当通过说服、疏导等方法，促使当事人自愿达成调解协议，化解纠纷提出了要求。通过法院向当事人提交调解告知书的方式，使当事人掌握调解的优势以及无正当理由拒绝调解时可能面临的惩罚。

最高人民法院《关于人民法院进一步深化多元化纠纷解决机制改革的意见》第 27 条明确以“征求当事人意愿”为该程序启动基础，但“案件类型法定”与“当事人自愿”不可避免地呈现紧张关系。统观各地试点法院的司法实践，调解前置程序大致呈现“自愿启动”“合意诱导启动”“强制启动”三种类型。通过对各省市颁布的相关实施细则的观察来看，采用较多的是“合意诱导启动”模式，即以当事人自愿为基础，法院对适用案件当事人进行良性引导。这既充分尊重当事人意愿，又对其充分说明选择调解的利弊。通过向案件当事人呈现客观情况，引导并说服案件当事人选择先行调解。[②] 这种调解启动模式更利于在保护当事人选择权的同时兼顾司法资源配置。但是此种模式的建立需做好配套工作，一是明确判断纠纷是否适宜调解的标准，目前无论是法律规定、理论探讨还是

---

① 参见徐胜萍、梁蕾：《调解前置程序适用的案件范围研究——基于 B 市基层法院改革试点的调查分析》，载《新疆大学学报（哲学 · 人文社会科学版）》2022 年第 2 期。

② 参见刘爽、廖红霞：《调解前置程序的困境与出路》，载《昆明理工大学学报（社会科学版）》2020 年第 4 期。

司法实践，对适宜调解的纠纷类型多采用列举的方式，导致“同案不同处理”的情况颇为严重。[①] 二是要完善法院的诱导机制，促使当事人作出更合适的选择。

三、调解前置程序的适用范围

从立法层面来看，《关于人民法院进一步深化多元化纠纷解决机制改革的意见》第 27 条采用正面列举的方法，认为家事纠纷、相邻关系、小额债务、消费者权益保护、交通事故、医疗纠纷和物业管理等纠纷是适宜先行调解的纠纷，另外还存在司法解释所规定应适用调解的纠纷类型实际上可能并不适合通过调解解决的情况。[②] 但是此种方法不可能穷尽纠纷类型，导致司法实践中如何对案件进行分流缺乏统一的标准和机制。[③]

除了反向排除和正面列举相结合外，在司法实践中也有一些法院采取了独创性规定，如深圳福田区法院将简单的知识产权案件也纳入调解前置程序的适用范围，这一规定符合当地的经济状况。

调解前置程序适用案件范围的一级分类可以包括两大类型：一是分流型纠纷，即能够通过诉前调解实现便捷、高效解纷，突出调解前置程序的效率性原则；二是促进型纠纷，纠纷当事人之间有固定或比较固定的社会关系，通过诉前调解，可以使双方当事人之间的对抗性减弱，促进双方当事人关系的恢复和长远维系，有利于纠纷的彻底解决。[④] 通过归纳不同地区以及不同案件类型可以总结出适用调解前置纠纷的案件具有

---

① 参见廖永安、陈海涛：《构建调解前置程序的路径选择》，载《石河子大学学报（哲学社会科学版）》2018 年第 4 期。

② 参见最高人民法院《关于进一步贯彻“调解优先、调判结合”工作原则的若干意见》第 4 条。

③ 参见廖永安、陈海涛：《构建调解前置程序的路径选择》，载《石河子大学学报（哲学社会科学版）》2018 年第 4 期。

④ 参见徐胜萍、梁蕾：《调解前置程序适用的案件范围研究——基于 B 市基层法院改革试点的调查分析》，载《新疆大学学报（哲学 · 人文社会科学版）》2022 年第 2 期。

如下特征：一是双方当事人通常具有熟人关系；二是双方当事人之间的关系在未来一段时间内仍将存续；三是双方当事人之间的力量较为平衡；四是纠纷所涉及的标的额相对较小；五是双方权利义务关系较为明确。[①] 因此在判断何种纠纷适合用调解前置程序时，可以参考以上五个要素，将案件进行适当分流。

四、调解前置程序的困境

调解前置程序面临的第一个困境就是自愿性和强制性的矛盾。调解的初衷是以自愿原则为基础，但是由于法官办理案件通常遵循"调判结合，调解优先"的政策，调解中出现了强制性启动的规定，类似于劳动合同类型的纠纷中仲裁前置程序。立法明确的特定类型案件必须先经由法院引导进入调解程序，调解程序无法有效处理的才会进入正常诉讼阶段。这会导致许多案件在没有当事人自愿的前提下进入调解程序，不能与立案登记制改革以及调解程序的制定初衷保持一致。

调解前置程序面临的第二个困境是与诉讼程序衔接不畅，在衔接时往往出现以下问题：首先，案件的信息不能被及时获取，这主要因为调解前置程序与诉讼程序归属于不同的组织主持。若将全部调解信息移交至法院，有可能会扰乱法官的主观判断，将无争议事实提交至法院则会阻碍法院的审判效率。但是若考虑以上因素，选择性地移交材料，有可能会使法官难以掌握案件细节，对审判工作产生影响。其次，调解前置程序中的调解协议效力也并不等同于法院的裁判文书，需要法院通过额外程序赋予调解协议效力，才能取得与法庭调解同样的法律效力。考虑到司法效率，我国需要设计建立更简便的程序使调解协议具有强制执行力，才能符合实践发展需要。最后，调解前置程序中特邀调解组织与调

---

① 参见廖永安、陈海涛：《构建调解前置程序的路径选择》，载《石河子大学学报（哲学社会科学版）》2018年第4期。

解人员虚置。虽然最高人民法院颁布的《关于人民法院进一步深化多元化纠纷解决机制改革的意见》及《关于人民法院特邀调解的规定》对特邀调解组织与人员任职要求、工作职责、调解程序等作了具体规定，但是在实践中由于司法案件繁多，特邀调解组织和人员往往不能胜任繁多的调解工作，大量案件仍由法院指派调解人员直接介入处理。基于此，在缺乏专业司法人员辅助时，特邀调解组织或人员是否能以兼职身份完全胜任调解工作，实际可能因人而异出现偏差。

五、解决调解前置程序困境的举措

首先，在解决调解自愿性与强制性的矛盾时，需要合理确定案件类型。在遵循法定性原则的基础上，注意案件类型边界的扩张性和谦抑性。除了根据法律规定直接适用和直接不适用调解程序的案件之外，需要根据当事人状况、纠纷复杂程度等确定是否适用，合理搭配适用程序。因此，结合大数据分析、案件要素化指引等方式，建立社会矛盾纠纷统一处理平台等，将包含司法资源在内的社会治理资源作统一调配，避免"强迫调解""久调不立"等情形出现。

其次，要注意调解与诉讼程序的衔接问题。个别法院通过搭建一站式案件受理平台，于立案前在同一程序内完成调解程序与诉讼程序的合并，如案件信息录入工作、诉讼准备工作。即使调解不成功，相应的诉讼准备任务也即完成，案件交付下一个诉讼程序阶段，即庭审程序处理。但诉讼、审判的核心法庭审理和裁判仍然保持其程序的纯粹性和独立性。[①] 2021 年 9 月，上海市高级人民法院与上海市司法局联合出台《关于探索实行调解程序前置试点的实施办法》，在上海全市开展调解程序前置的试点工作，通过试点形成可复制、可推广的工作经验，对于探索商

---

① 参见郑金玉：《调审分合的尺度把握与模式选择——兼论〈民事诉讼法〉修正后诉讼调解制度的演进方向》，载《河南大学学报（社会科学版）》2015 年第 1 期。

事调解的前置程序将起到重要支撑。

最后,针对特邀调解组织与调解人员虚置的问题,可以适当增加调解辅助人员,将调解程序与司法诉讼程序的工作人员明确分工。人民法院应依据法律规定,在指导、管理、服务、培训和业绩评估等几方面加强对特邀调解员的引导。法院可以将常驻法院调解员列入特邀调解员名册,供当事人选择,当事人无法达成合意时,才由法院指定。

第五节　完善调解员的资质和认证制度

仲裁的好坏取决于仲裁员的好坏(arbitration is only as good as its arbitrators),没有当事人满意的仲裁员制度,就不会有令人满意的仲裁制度。商事调解也是如此,专业有素的调解员是调解成功的重要保障。建立起高质量的调解员制度体系,包括调解员道德准则、调解员责任追究机制、调解收费制度、调解机构管理功能等在内的调解员制度非常重要。①

调解员作为从事调解活动的核心主体,是化解纠纷解决的重要力量,直接关系调解的质量、行业的发展和声誉,其品德与水平、专业素质与能力、公信力与公正性都是影响调解质量的重要因素。而商业纠纷的专业性使得商事调解对调解员的能力和素质提出了更高的要求。因此,对标国际,明确具体的准入规则,强化调解员队伍专业化与职业化建设是必要的。②

国际商事调解与国内民商事调解对调解员的素质要求截然不同。

---

① 参见宋连斌、胥燕然:《我国商事调解协议的执行力问题研究——以〈新加坡公约〉生效为背景》,载《西北大学学报(哲学社会科学版)》2021 年第 1 期。

② 参见赵丹:《探索调解员专业队伍建设　完善商事争议解决体系》,载《深圳特区报》2021 年 10 月 19 日,第 A12 版。

国际商事调解的调解员除应具备国内民商事案件调解员应具备的基本素质之外,还需具备外语能力、跨文化沟通能力,最好还要对大陆法系和普通法系的体例、特点有一定的了解。以跨文化沟通能力为例,文化背景将影响调解员在调解过程中与双方当事人的互动,例如与双方当事人建立友好互信的关系,理解双方当事人的需求和利益诉求,理解当事人的谈判行为及谈判策略;不同国家、地区的人在谈判中的作风差别很大,美国是高度结果导向型的,而中国、日本等东亚国家和地区的谈判人员则更重视谈判过程,且谈判中的人际关系可能直接影响谈判的结果。

调解员的行为准则是调解员在调解过程中应当遵守的职业伦理,具体包括以下内容:一是尊重当事人自治,不得基于任何原因损害任何一方当事人的意愿;二是保持中立公平,在调解过程中不应带有偏见;三是保守秘密,不得披露调解过程的有关情况,不得在就相关案件进行的诉讼中作证;四是能力匹配,必须具备相应的调解资质和能力,满足当事人解决纠纷的合理期望;五是利益冲突披露,必须对是否存在潜在的或者实际的利益冲突进行合理调查,披露所有应知晓的被合理认为有可能影响公正性的利益冲突。同时制定违反行为的准则的惩戒,对于有偏袒一方当事人的,侮辱当事人的,索取收受财物或者谋取其他不正当利益的,泄露当事人的个人隐私、商业秘密的,应当进行惩戒。①

一、调解员的资质问题

由于调解多样性的特性,无论是调解机构还是调解员都难以有一个统一的资格认定标准,不同层级、行业、目的的调解组织或调解员各有各的标准。

在国际层面上,调解的基本特征之一是多样性,以此满足不同人群

---

① 参见赵丹:《探索调解员专业队伍建设　完善商事争议解决体系》,载《深圳特区报》2021年10月19日,第A12版。

和不同类型纠纷的需要；这一多样性使很多种调解难以满足严格的、统一化的合法性要求，从而与公权的合法性确认之间存在内生性的冲突。不同于仲裁裁决和司法判决的质量和合法性通常有严格的程序保证，调解机构和调解员的多样性使不同的调解组织和调解员对调解的操作及其涉及的道德、法律准则等的理解差别很大。多样性是调解的重要特点，调解的目的在于尽可能地解决矛盾，具有浓厚的非正式、非法定的色彩。即便是调解结果已经经过双方当事人的合意认可，调解的水平和结果合法性也可能存在巨大的差异和隐忧，这些都影响到了调解结果合法性的确认和司法执行力的实现。[①]

鉴于调解员在国际商事调解中所扮演的重要角色，若想使我国的商业实体充分享受《新加坡调解公约》带来的便利，有必要借鉴境外经验，建立调解员的认证机制。例如，我国香港特区采取由香港大律师公会、香港律师会、香港调解中心、香港国际仲裁中心设立的香港调解资历评审协会有限公司主持调解员资质认证的行业认证模式。又如，新加坡采取通过法律授权新加坡国际调解协会来主持调解员资质认证的官方认证模式。[②]

《奥地利调解法》规定了调解员注册制度，授权奥地利联邦司法部负责维护注册调解员的名单。[③] 奥地利对调解职业的规范实行激励模式，该模式允许任何人担任调解员，而无须经过许可。同时奥地利高度重视调解员的专业素质与业务技能，其为民事调解员的训练和职业资格获取制定了细致的标准和规范。2005 年，奥地利在《欧洲调解员管理规范》的基础上，发布了规范调解员调解行为的《调解员管理规范》。该规范在

---

① 参见蔡伟：《〈新加坡调解公约〉的困境和应对》，载《清华法学》2022 年第 2 期。

② 参见张洁、朱亮：《〈新加坡调解公约〉起草过程综述及其对中国的启示》，载东方律师网 2021 年 12 月 6 日，https://www.lawyers.org.cn/info/aa96307a2b944e50a0d5ea15e17674ef。

③ See Marianne Roth & Marianne Stegner, *Mediation in Austria*, 3 Yerabook on International Arbitration 367 (2013).

前言中注明：如果纠纷当事人向那些遵守《调解员管理规范》的调解员寻求调解服务，就可以依法获得有关调解服务、调解质量与条件、调解员的任职资格与调解能力等最全面、准确的资讯。因此，虽然该规范不是强制性规定，却得到奥地利调解员的普遍遵守。

奥地利也是第一个针对调解员职业资格制定成文立法的欧洲大陆国家，2004 年 5 月 1 日生效的《民事案件调解员训练细则》详细规定了对调解员的训练内容和知识储备的标准。此外，该法针对奥地利《调解法》中对于联邦司法部在调解培训机构的资质认定及调解员认证方面的严格要求制定了相应的详细规则，并进一步规定了具备资质的调解员的权利与义务。此外，与调解职业相关的委任、资格认定要求，《民事案件调解员训练细则》中都有明确规定。[①]

香港律政司牵头设立的调解专责小组于 2010 年发布了《调解工作组报告》，提出从监管制度的建立、调解员的培训与认证、调解公众知晓度的提升三个方面着手构建香港商事调解制度的建议，该建议得到了采纳和实施。

2012 年 8 月，香港调解资历评审协会有限公司宣告成立，该公司由香港相关的专业团体负责设立，专门负责处理调解员的资格、培训标准和纪律等相关工作，是我国香港特区唯一的调解员认证机构。成立至今，香港调解资历评审协会有限公司通过培养、考核、聘任等方式，已拥有超过 2000 名合资格调解员。这些调解员有不同的文化和专业背景，能够应对纷繁复杂的商事争议并提供多元专业的调解服务。为了加大企业采用调解解决争议的积极性，香港在 2009 年开始推出名为“调解为先”承诺书的签署活动。参与活动的企业，无论是跨国企业还是中小企业，都必须承诺在发生纠纷时首先考虑以调解方式去处理，以此不断鼓

① 参见许林波：《奥地利调解制度的发展与改革》，载《东南司法评论》2014 年第 7 卷。

励更多企业加入活动，推广调解的应用与发展。[①]

针对调解员的道德准则和职业操守问题，香港调解专责小组于2010年制定了《香港调解守则》，该守则所规定的调解员义务涵盖五个方面：公正对待各方当事人；与调解事项没有利益冲突；不得对任何一方有偏见；保障双方当事人有合理的机会与调解员进行沟通；确保当事人获取与调解程序相关的信息。该守则被香港多家调解服务机构所采用。[②]

新加坡法律部于2017年10月制定了《调解规则》作为《调解法》的补充，调解员是否合格不应由调解机构自己决定，否则就是"自己做自己的法官"，因此专门成立SIMI，负责对调解员的任职资格、专业标准、道德规范进行规制，并将调解员资质公开以供当事人选择。为了确保调解的中立，SIMI仅从事调解员标准制定和资格认证，不从事调解服务。作为新加坡唯一的调解员认证机构的SIMI制定了《SIMI调解员职业守则》。该守则规定：调解员必须承诺遵守某一个调解行为守则，并在被当事人任命之前告知当事人该信息；如调解员未选择其他调解行为守则，则该调解程序将自动适用《SIMI调解员职业守则》。为增强该守则对调解员的约束力，SIMI还制定了《SIMI调解员职业行为评估》，调解案件的当事人可以据此对调解员进行投诉，被认定存在违反职业守则行为的调解员将面临书面警告、暂停一年SIMI调解员的资质、永久取消SIMI调解员的资质等不同程度的处罚。[③]

在《新加坡调解公约》中，第5条拒绝准予救济的理由中有涉及调解员违反调解准则、"披露"的内容。第5条第1款e项是关于调解员违反

---

① 参见谢绮雯：《论我国商事调解体系的完善构想》，华东政法大学2020年硕士学位论文，第30页。

② 参见唐琼琼：《〈新加坡调解公约〉背景下我国商事调解制度的完善》，载《上海大学学报（社会科学版）》2019年第4期。

③ 参见唐琼琼：《〈新加坡调解公约〉背景下我国商事调解制度的完善》，载《上海大学学报（社会科学版）》2019年第4期。

调解准则的规定,即调解员严重违反适用于调解员或者调解的准则,若非此种违反,该当事人本不会订立和解协议;第 5 条第 1 款 f 项是关于“披露”的规定,即调解员未向各方当事人披露可能对调解员公正性或者独立性产生正当怀疑的情形。[①] 上述内容在起草过程中曾表述为:调解人未公平对待各方当事人,或者未披露可能对其公正性或者独立性产生有正当理由怀疑的情形。后联合国国际贸易法委员会讨论了“调解人的行为不端”与“公平对待”之间的关系,认为由于调解制度的特殊性,在调解中过度强调“公平对待”并不现实。于是采用折中的方式建议将第 5 条第 1 款 e 项范围局限于调解人的不端行为对和解协议有直接影响的情形;又建议应将公平对待问题和披露问题分开处理。并强调在措辞上,提及诸如调解人的不当行为或严重不端行为对一方当事人有实质性影响或不当影响,若非如此,该当事人本来不会订立和解协议。[②] 在“披露”方面,未予披露对一方当事人有实质性影响或者不当影响,若非此种未予披露,该当事人本不会订立和解协议。[③] 上述内容涉及调解员的执业操守,但作为国际公约是无法对调解员制定资质标准的。

保加利亚《调解法》对于调解员的学历并没有强制性要求,但大多数调解员具有法律专业文凭。成为一名符合法律规定的调解员通常应具备以下条件:没有刑事犯罪记录;未被禁止从事调解活动;完成调解员课程培训,成绩合格;被列入调解员统一登记名册。对于外籍调解员,保加

---

① 《联合国关于调解所产生的国际和解协议公约》第 5 条第 1 款第 1 项:“(e)调解人严重违反适用于该调解人或调解的标准,如无此种违反行为,该当事人就不会订立和解协议;或调解员未能向各方当事人披露会对调解员的公正性或独立性产生合理怀疑的情况,而且这种未披露对一方当事人产生了重大影响或不当影响,如果没有这种影响,该当事人就不会订立和解协议。”

② 参见联合国国际贸易法委员会第二工作组:《第二工作组(仲裁和调解)第六十五届会议工作报告》,载联合国国际贸易法委员会网 2016 年 9 月 30 日,https://documents-dds-ny. un. org/doc/UNDOC/GEN/V16/085/09/PDF/V1608509. pdf? OpenElement。

③ See Eunice Chua, *The Singapore Convention on Mediation—A Brighter Future for Asian Dispute Resolution*, 9 Asian Journal of International Law 202(2019).

利亚《调解法》要求其必须是欧盟成员国的公民或欧洲经济区国家的公民或瑞士公民。

调解员由当事人从调解员名册中选择。如果当事人没有选择调解员,当事人选择的调解机构将会为当事人推荐调解员。调解活动可由一名或多名调解员主持。在共同调解中,调解员之间的角色和专业应尽可能形成互补。例如,在家事调解中,如果采用共同调解的方式,那么调解员最好分别来自法律和心理专业。随着协商调解等非诉讼纠纷解决方式日益受到重视,相关教育培训逐步成为重点。调解员应具备特定的准入条件,达到法定的业务要求。在保加利亚若想成为一名调解员,必须首先完成调解员培训项目。调解员培训项目至少需要 60 小时,包括理论学习和实践模拟两个部分,其中实践训练不少于 30 小时。通过调解员培训后,调解员候选人必须申请进入调解员统一登记名册,申请费用为 20 列弗(1 列弗约合人民币 3. 73 元)。司法部将会向符合条件的调解员候选人发放调解员资格证书。只有进入调解员统一登记名册的调解员才能使用"调解员"这一称谓。①

调解员统一登记名册记载调解员姓名、身份证号码、学历、职业、外语技能、联系方式等信息。如果调解员的个人信息发生变化,调解员应当自记载事项变更之日起 14 日内通知登记机关。调解员统一登记名册对外公开,以方便民众进行查询和监督。如果调解员不再具备调解员应当具备的条件,那么司法部会将该调解员从调解员统一登记名册中剔除。如果调解员不服司法部的决定,他可以向保加利亚最高行政法院提起诉讼。调解员培训机构的质量高低直接影响调解员的素质,因而保加利亚特别重视对调解员培训机构的审查。《2007 年司法部第二号令》规定了调解员培训机构的批准条件和调解员培训的要求,调解员培训机构的设立需要经过司法部长的特别批准,如果调解员培训机构的设立申请

① 参见齐树洁:《保加利亚调解制度》,载《人民调解》2019 年第 8 期。

被驳回,该组织可以向保加利亚最高行政法院起诉。

在葡萄牙,只有列入治安法院名单的调解员才能够主持调解、获得报酬,该名单由司法部审定,由《法律日报》公布。在治安法院担任调解员必须具备以下条件:年满 25 周岁;具有完全民事行为能力;有相关的大学学历;拥有司法部颁发的职业许可;无犯罪记录;葡萄牙语流利;居住在相关的治安法院管辖区域者优先。上述调解员选任标准均由职业资格申请委员会解释。在葡萄牙,开办调解员培训课程必须经葡萄牙司法部的许可。调解员需要接受包括至少 40 个小时的一般性 ADR 培训和至少 140 个小时的治安法院纠纷调解理论和实践的培训。调解员必须于每年年末声明是否在下一年继续从事调解业务。未声明的,下一年将不再被列入调解员名单。违反有关规定并构成犯罪的调解员将丧失调解员资格。[①]

2000 年 2 月,澳大利亚法律委员会(the law council of australia)制定《调解人行为准则》(ethical standards for mediators),该准则适用于所有类型的调解,为调解人实施调解行为提供了一般性指引。该准则试图发挥以下三个方面的功能:一是指引调解人行为;二是向参与调解的当事人明示调解人应遵循的行为标准;三是增进公众对调解的信心。该准则主要包括以下内容:(1)公平(impartiality)。调解人在调解中必须保持公平。无论调解进行到什么阶段,只要调解人丧失了公平的立场,就应当退出调解。(2)利益冲突(conflicts of interest)。开始调解之前,调解人必须披露自己已经知道的所有实际的或潜在的利益冲突。如果利益冲突出现在调解过程中,也必须予以披露。披露之后,如果所有当事人都同意并且调解人认为该利益冲突不会影响调解人职责的适当履行时,调解人可以继续指挥调解程序。(3)能力(competence)。调解人只有具备必要的能力并能够满足当事人的合理期望时,才能够进行调解。

---

① 参见齐树洁:《葡萄牙调解制度》,载《人民调解》2018 年第 1 期。

(4)保密(confidentiality)。根据法律规定,调解人必须对当事人要求的信息保守秘密。(5)程序质量(quality of the process)。调解人必须勤勉地准备和指挥调解,和解协议必须是当事人自愿的结果。(6)终止调解(termination of mediation)。调解人认为存在以下情况时可以终止调解,即当事人正在滥用调解程序的;不存在达成和解的希望的。(7)记录和解条款(recording settlement)。当事人之间达成和解的,调解人应当鼓励当事人以书面形式对达成的和解条款予以记录。(8)广告宣传(publicity and advertising)。调解人不得从事误导或欺骗公众的活动或广告。调解人不得对调解过程、调解成本和收益、调解人的角色、技巧或能力进行虚假或误导性的陈述。(9)费用(fees)。调解人必须向当事人充分披露其收取的费用。①

纵观各国关于调解员资质的要求,结合《新加坡调解公约》的相关规定,可以概括出我国需要加强商事调解员人才队伍的建设这一结论。调解员需要具备比仲裁员和法官更高水平的专业理论素质和更全面的能力,例如对文化差异敏锐的洞察力,对商事主体心理的准备把握,对国际商事规则的精通以及卓越的调解技能技巧。在人才队伍的培养上也需要培养精通三类法系调解规则的专业调解员。同时,打造具有竞争力的营商环境,为企业提供不同法域的风险控制和合规管理,这亟须加强涉外法律人才,尤其是商事调解员的培养,补足短板,借助政策红利厚植优势。最高人民法院已经初步明确了国内有权受理国际商事调解案件的机构,对于境外调解机构或者调解员的资质问题尚无明确规定。

因此,我国可以首先考虑借鉴新加坡国际调解中心的资格认证体系。通过专门的调解机构和调解员名册或者注册管理电子系统,依据调

① 参见史长青:《调解人行为规范的国际视野与国内现象》,载中国国际贸易促进委员会调解中心网 2019 年 3 月 5 日,https://adr. ccpit. org/articles/81。

解专业技能和执业反馈[①]将调解员划分为不同等级，比如不同级别的调解员需要达到特定的调解时长并提交服务对象的评价表。列入调解员名册也便利了协议的执行，方便审查作出的调解机构或者调解人员是否具有相应的资质。其次，健全规范的调解员薪酬体系，将认证等级与调解员的薪酬体系挂钩，薪酬体系是把控调解员质量的长效机制。最后，调解人才的评核认定应该体现"跨文化"的考量，区分不同法域的人才评价标准。同时鉴于现阶段涉外高端法律人才缺乏的现状，外国专家成员人选可以通过认证体系成为注册调解员。

二、完善调解员等级评定标准

调解作为一门技艺，调解员的技巧与经验直接影响调解成功率的高低。经过系统培训的专业调解员，掌握了沟通交流技巧，善于分析当事人双方的心理活动并总结争议焦点，知道如何帮助当事人消除分歧、达成合意，促使调解获得成功。英、美、法等国都已将调解作为一项社会化职业进行谋划，规定调解员必须经过专门的职业培训才能获得资质认证，并且对培训的课时量和培训内容都作了精细要求。

调解员培训课程可分为两大类：(1)初级调解员的入门技能培训；(2)为已获得认证的调解员提供的后续专业性技能提升培训。英国注重加强调解人力资源建设，制定了一套严格的调解员职业资格制度(mediation national vocational qualification，NVQ)。该资格可由当地的NVQ中心颁发，任何有意从事调解的人士都必须通过必要的学习和培训，以获得NVQ的资格证明。

如爱尔兰根据调解经验和完成的调解课时数将调解员分为一般调解员(general members)、准调解员(associate members)、认证调解员

---

① See E. Birch, *Practical and Cultural Aspects of International Mediation*, 5 Yearbook on International Arbitration 215 (2017).

(certified members)以及执业调解员(practitioners members)四种。我国在制定调解员等级标准时,也可以参考该等级标准,统一的等级评定标准便于当事人选择调解员,并有利于调解队伍的管理与建设。①

三、商事调解员公正性和当事人自决权的探讨

很多商事调解理论与调解员行为准则和指南都从伦理上要求调解员应当保持公正性从而实现当事人的自决权。美国《调解员行为示范标准》明确规定当事人自决权是首要的调解伦理标准:"调解员应当依据当事人自决的原则进行调解。自决权是一种自愿地、非被强迫地达成决定的行为,是各当事方对于程序和结果做出自由和明智的选择。"澳大利亚《调解员伦理指南》对于当事人自决权也作出了相似的规定,规定调解员在调解中应当"促使争端各方通过达成非强制性的协议来解决争端","使当事人能够达成他们自己的协议"。

首先,调解是给当事人赋能,使其能够达成适合于自身的独一无二的解决方案,促使和实现当事人自决权是辅助性调解的重要目标和基本价值取向。调解员应当帮助各当事人积极直接地进行沟通和谈判,帮助争议各方当事人解决争议,促使当事人自己找出解决方案,并帮助他们自主达成协议以及决定协议的条款。②

调解员首要的角色是促使实现当事人自决权的辅助者,调解员为当事人提供的核心服务就是实现当事人自我决策。与其他调解伦理相比,当事人自决权是调解员的核心伦理义务,调解员是实现当事人自决权的忠实服务者。如果调解员能帮助当事人实现自决权,那么他们的所有调解行为和决策都是符合调解伦理的。换言之,能导致实现当事人自决权

---

① 参见齐树洁:《爱尔兰调解制度》,载《人民调解》2018 年第 4 期。

② 参见郭高峰:《商事调解员公正性与当事人自决权的冲突之解决——基于语境伦理学视角的探讨》,载《河南财经政法大学学报》2021 年第 4 期。

的行为都具有伦理正当性,不能实现当事人自决权的行为则不具有伦理正当性。调解员的干预行为本质上没有好坏之分。判断调解员行为好坏的首要伦理标准是该行为是否有助于实现当事人的自决权。

其次,商事调解员的公正性和当事人自决权存在内在逻辑冲突。调解员的公正性和当事人自决权之间存在如下伦理关系:一个不具偏见的调解员才有可能促成当事各方达成一个非强制性和自主的协议;反之,一个具有偏见的调解员则不能够促使当事各方达成一个自愿性的协议。从伦理的角度,调解员不仅应当尊重当事人的自决权,还应当做到公正无私。

然而上述的这种伦理存在一定的问题。第一,如果调解员完全严格遵守公正性,放任各方当事人自由地进行权力博弈,必定是更强势方主导整个调解过程,从而达成有利于己方的协议,那么所谓的当事人自决权就只是更强势方的自决权。第二,在调解实践中,调解员很难完全做到100%的公正。作为社会中的人,调解员的认知、动机、价值观和偏见等不可避免地对调解过程产生影响,有学者将这种影响称为"选择性促进"(selective facilitation)。"选择性促进"是指在调解过程中,调解员有意识或无意识地运用特殊的技巧来影响当事各方达成他们各自想要的结果。在此情形中,当事人的自决权或多或少会受到一定程度的侵蚀,即使不存在"选择性促进",为了解决调解过程中出现的调解僵局、权力失衡等各种问题,调解员也会积极介入和进行干预,这与调解员的公正性要求相冲突。在实践中为了促进各方达成决定,调解员有时不得不偏向某一方当事人。这使调解员不得不经常面对既要保持公正性又要尊重当事人自决权这样的调解伦理困境。[①]

因此,在商事调解语境下,当事人的自决权和调解员的公正性存在

---

① 参见郭高峰:《商事调解员公正性与当事人自决权的冲突之解决——基于语境伦理学视角的探讨》,载《河南财经政法大学学报》2021年第4期。

定程度的冲突，需要积极探索相关理论，如通过调解员的积极干预使当事人的相对自决权的实现成为可能。

四、开展个人调解制度的展望

调解包括机构调解和个人调解两种形式。长期以来，我国对调解实施排他性的机构管理模式。我国境内发生调解协议的司法确认需由调解机构背书，并且我国对调解员设置了相对严苛的准入要求，没有机构的辅助，调解活动及调解员实践等都难以开展。在实践中，个人调解工作室制度并非实质意义上的个人调解，仅仅是以人民调解员姓名或特有名称命名设立的调解组织。即使是人民法院特邀调解员和律师调解，也都高度依赖的组织和机构，实际上是由组织或机构指定或经由组织或机构背书的调解员。[①]

依据《贸易法委员会国际商事调解示范法》第 1 条第 2 款和第 3 款的规定，"调解人"系指单独一名调解人或指两名或多名调解人。对该法而言，"调解"系指当事人请求一名或多名第三人（调解人）协助他们，设法友好解决他们由于合同引起的或与合同或其他的法律关系有关的争议过程，而无论其称为调解、调停或以类似含义的措辞相称。调解人无权将解决争议的办法强加于当事人。

近年来，我国司法机关似乎已经开始尝试扩大调解主体范围。2017 年 9 月 30 日最高人民法院、司法部发出《关于开展律师调解试点工作的意见》（司发通〔2017〕105 号），在 11 个省市允许一名或者多名律师以调解员名义，作为中立第三方主持调解，协助纠纷各方当事人通过自愿协商达成协议解决争议。此外，在自由贸易试验区内建立临时仲裁制度也

① 参见孙南翔：《〈新加坡调解公约〉在中国的批准与实施》，载《法学研究》2021 年第 2 期。

在积极讨论中。[①] 依据《新加坡调解公约》的规定，个人调解与机构调解所产生的国际调解协议具有相同的效力。商事调解的达成更突出当事双方的意思自治，调解员的功能在于“促进”（facilitate）当事双方达成协议，而非“指导”（conduct）当事双方，调解员无权在调解过程中作出决定。[②] 由此，有学者认为对调解员的约束机制与仲裁员或法官不同，无须由机构承担担保或监督功能。虽然我国国内规定不允许个人调解，但是也无法基于国内法对适用《新加坡调解公约》的国际调解协议加以约束。当事方可依据在我国经个人调解达成的国际调解协议赴其他缔约方申请执行，我国也无法拒绝在外国经个人调解达成的国际调解协议在我国申请执行。由此，如何约束个人调解员的行为成为我国批准《新加坡调解公约》所应解决的重要问题。[③]

近年来，各地充分发挥调解能手的引领示范作用，推动建立以个人命名的人民调解工作室，有效化解了大量矛盾纠纷。实践证明，个人调解工作室是传统调解组织形式的创新发展，是基层调解组织触角的有效延伸，对于增强人民调解员的积极性、主动性，扩大人民调解工作的权威性、影响力，提升人民调解工作质量水平具有重要意义。我国司法部印发的《关于推进个人调解工作室建设的指导意见》和《关于发布实施〈全国人民调解工作规范〉等4项行业标准的公告》规定，人民调解委员会根据人民调解员申请，并由县级以上司法行政机关命名，可以人民调解员姓名和特有名称设立个人调解工作室，为个人商事调解的合法化、突破性迈出了重要的一步。[④]

---

① 参见温先涛：《〈新加坡公约〉与中国商事调解——与〈纽约公约〉〈选择法院协议公约〉相比较》，载《中国法律评论》2019年第1期。

② 参见孙南翔：《〈新加坡调解公约〉在中国的批准与实施》，载《法学研究》2021年第2期。

③ 参见孙南翔：《〈新加坡调解公约〉在中国的批准与实施》，载《法学研究》2021年第2期。

④ 参见王源泉：《国际实践视野下商事调解员的素质及个人调解的作用》，载《商事仲裁与调解》2021年第4期。

为了适应国际市场的需要，还需要勇于冲破传统观念的束缚，尽快排除难于管理的顾虑，大胆突破现有机构调解的框架。作为我国调解制度未来突破的方向，应该将个人调解正式纳入非诉讼纠纷解决机制的方式之一。可喜的是，我国部分省市如厦门市、山东省和黑龙江省通过制定地方法规这一形式将个人调解作为当事人自主选择和自愿申请的调解解决纠纷方式之一。

我国粤港澳地区有关个人调解的实践在一定程度上可以体现我国个人调解的发展现状，并为个人调解发展指明方向。我国的粤港澳大湾区包括香港、澳门和广东，三地有相近的文化和历史传统，经济发达，商事活动活跃，跨境商事纠纷也比较多。同时，我国香港特区是世界知名的商事纠纷多元解决的中心，具有完备的法制、人才和经验。三地在调解方面具有很好的跨境调解的合作基础，能够为《新加坡调解公约》在我国可能遇到的问题与如何应对提供样本和借鉴，值得进一步研究。[①] 2020 年年底，广东法院首批粤港澳大湾区跨境商事纠纷特邀调解员聘任仪式在广州举行，我国粤港澳三地 90 名资深的退休法官、商事律师和法律专家将以特邀调解员的身份，全面参与广东法院粤港澳大湾区跨境商事纠纷调解工作。聘任仪式采取线上线下相结合的方式举行。首批特邀调解员中，来自内地的退休法官、律师及法律专家 60 名，香港特区律师及法律专家 25 名，澳门特区律师及法律专家 5 名，他们均为长期从事商事审判、商事仲裁、商事调解等工作的专业人士，这些特邀调解员将遵循平等、自愿、公正、高效、便捷、保密等原则，协助广东法院开展跨境商事纠纷调解工作。[②]

---

① 参见蔡伟：《从〈新加坡调解公约〉看我国商事调解的改革》，载《安徽大学学报（哲学社会科学版）》2021 年第 2 期。

② 参见广东省高级人民法院：《广东高院聘请 90 名粤港澳大湾区跨境商事纠纷特邀调解员》，载广东法院网 2020 年 12 月 23 日，https://www.gdcourts.gov.cn/xwzx/gdxwfb/content/post_1046832.html。

五、提高国际商事调解机构及人才队伍的建设水平

首先,要建立法人治理结构的国际商事调解组织。我国商事调解组织应朝着“市场化”的方向发展,摆脱内嵌于仲裁机构的发展模式,实施以理事会为核心的法人治理结构,分离机构决策权、监督权和执行管理权,实行企业财务制度,从制度上淡化行政色彩,消除外国当事人选择我国商事调解机构的顾虑。理事会应享有充分的自主权,可决定机构设置、规则设计、行政管理人员和薪酬制度等重要事项。另外,理事会成员应具有专业性和国际性,具备丰富的调解经验和权威性。鼓励选任一定数量的外国专家担任理事,确保理事会决策监督的公正、透明。在体制上要明确理事会与执行管理层的权责关系,实行理事会决策与管理机构分离的组织架构。科学合理的收费标准是激活国内商事调解市场的重要方法和手段,因此,对于商事调解收费标准的设定应实行市场化机制,对不同大小、不同类型、不同需求的调解服务创设灵活的收费模式,更好地满足不同类型、不同层次商事调解的需求。

其次,要建立统一的调解员职业化发展长效管理机制。长效管理机制是形成科学决策的重要依据,应该包括认证机制、发展机制、退出机制以及淘汰管理机制。第一,授权专门机构作为商事调解员的认证机构并负责认证的促进工作,联合律师协会、仲裁与调解组织等民间力量推动统一调解员认证机制的形成。具体来说,应当根据调解员的专业能力、调解经验和调解成果的评估设置不同等级的调解员认证体系,并明确不同等级调解员的晋升标准,例如完成一定的培训项目、通过协会的知识和技能评估、具备一定时长的调解经验等。① 同时,加强与国际上相关认证机构的合作,例如新加坡国际调解协会、国际调解委员会等,提高我国

---

① See *SIMI. About The SIMI Credentialing Scheme* [EB /OL], [2021 - 05 - 12], http://www.simi.org.sg/What-We-Offer/Mediatiors/SIMI-Credentialing-Scheme.

国际商事调解员的国际知名度。第二,建立定期评估机制,保障调解员持续专业发展。要激发调解员的职业生命力,必须做好职业发展管理,并且国际调解员除了要熟悉相应的国际贸易法律外,还需要丰富的国际商事经验和跨文化沟通能力,因此需要认证调解员持续参与调解实践、相关技能、知识方面的专业训练,对其实行定期评估制度以保障认证调解员的调解质量和可信度。第三,建立调解员投诉机制。应设立调解员投诉中心,接受对调解员在调解过程中不当行为的投诉;可根据投诉情况和业绩考评情况,对不适合或不能胜任调解员工作的予以淘汰,从而实现人力资源的优化配置。①

再次,要制定规范的调解员行为准则。目前中国各调解机构的调解员行为守则专业化程度不高,例如,上海经贸商事调解中心《调解员守则》仅有10条规定、"一带一路"国际商事调解中心《调解员行为规范》仅有8条规定,且这些规定较为笼统模糊,与国际知名调解机构的调解员行为准则差距较大。因此,应由专门机构如律师协会、仲裁与调解组织等制定调解员职业守则范本,供各商事调解机构、律师调解员管理组织、行业协会选用,从而为调解员执行行为提供指引和约束,并为执行程序的正当性提供审查标准。

最后,要加快商事调解人才培养。针对我国现状,商事调解人才应侧重于专业化、国际化和职业化的人才培养目标。国际商事纠纷相对复杂疑难,专业化要求调解员综合掌握法学、谈判学、心理学、管理学等多学科的知识和技能;国际化要求调解员须熟练掌握一门以上的外语,并能够及时跟踪国际商事调解的前沿动态;职业化则要求提升商事调解职业管理水平,通过执业许可、资格认证、等级考试等方式,不断优化调解员的职业培训体系,提升队伍建设的职业化水平。高等院校可以探索设

① 参见李文婧:《〈联合国关于调解所产生的国际和解协议公约〉研究》,西南政法大学2020年博士学位论文,第160页。

立相关调解专业，为国际商事调解的职业化建设提供人才资源。目前，上海政法学院从 2012 年开始开展调解专业教育的试点和探索，人才培养已经初见成效。同时，国内知名商事调解机构可以通过设立调解科研基地等方式与高校建立长效合作机制，发挥高校在国际合作交流方面的重要平台作用，积极推动国际调解高端人才的培养。

第九章

我国的商事调解实践

第一节　商事调解组织的市场化探索

随着中国经济进入高质量发展时期，无论是法治化营商环境建设，还是多元化纠纷解决机制的完善，都有赖于非诉纠纷解决机制的进一步市场化发展。尤其在经贸商事领域，非诉纠纷解决机制在预防和化解矛盾纠纷方面具有独特的专业优势、职业优势和实践优势，这源于它更强调纠纷解决的可交易性和双赢的可能，更加关注效益、利益最大化与纠纷程序、成本的考量，更加需要恪守市场规则和行业惯例。因此，非诉纠纷解决机制只有更好地走向市场化和营利性，才能供应更高质量的专业纠纷解决服务。①

一、商事调解组织的发展契机

党的二十大提出了中国式现代化的宏伟蓝图，尤其

① 参见宣一洲、郁玥：《法经济学视域下非诉讼纠纷解决机制市场化运行的现状检视与优化路径——以S市经贸商事调解中心为样本》，载《上海法学研究》2021年第15卷。

强调要在法治轨道上全面建设社会主义现代化国家，而妥善化解民商事纠纷则是其中的重要内容。伴随“一带一路”建设的不断发展，我国与沿线国家的贸易往来越发频繁，而随着贸易往来数量的增加以及贸易规则差异引起的摩擦，贸易纠纷也逐渐增多。如何在商事蓬勃发展的背景下构建合理的纠纷解决机制，既能促进沿线国家的商事交流，又能与国际接轨，实现我国商事调解制度与《新加坡调解公约》的有效融合，是我国面临的重要课题。

中共中央办公厅、国务院办公厅发布的《关于加快推进公共法律服务体系建设的意见》，将商事调解和商事仲裁纳入公共法律服务范畴，与其他纠纷解决机制统一规划、协调发展。最高人民法院发布的《关于人民法院进一步深化多元化纠纷解决机制改革的意见》，提出全面建设多元化纠纷解决机制的目标，即积极推动社会力量建设调解组织并完善诉讼与非诉讼的衔接。第 9 条中明确提出“积极推动具备条件的商会、行业协会、调解协会、民办非企业单位、商事仲裁机构等设立商事调解组织、行业调解组织，在投资、金融、证券期货、保险、房地产、工程承包、技术转让、环境保护、电子商务、知识产权、国际贸易等领域提供商事调解服务或者行业调解服务”。

许多商事调解组织在经济和社会双重要求的背景下应运而生，这些商事调解组织在司法实践中已经开始与人民法院进行有效磨合对接，并产生了较好效果。商事调解组织的建立既可以畅通商事纠纷的化解途径，亦可以缓解社会矛盾，还可以减轻司法机关繁重的诉讼压力。同时，也能为商事主体提供高效公平、便利公正、适应不同需求的商事纠纷化解机制，而且是成本较低、对抗性较弱、有利于修复关系的纠纷化解途径，满足不同商事主体对纠纷化解的诉求，维护社会的公平正义，促进经济繁荣和社会文明进步。

二、我国商事调解组织的类别

党的十八大以来，除了在法院、仲裁委员会这些传统争议解决机构下设调解中心这一组织模式外，还涌现了许多由社会团体独立设立的调解组织，全国商事调解机构的形式和数量不断增多。现有的调解机构涵盖了事业单位、民办非企业性质组织、社团组织等多种形式。此外，商事调解组织对调解资源整合与利用更加重视，越来越关注调解与仲裁、诉讼、中立评估机制的衔接与互补，积极开展培训交流活动。调解员队伍建设的专业化、规范化也不断增强。①

（一）商会、行业协会属下的调解组织

商会调解是一种商事调解方式，是采取商会组织作为中间人的方式，依据独立自愿的原则为商会会员进行服务。比起其他商事调解组织与法院互融互通的运作模式，商会能够使企业快速掌握政府最新的规定以作出商业调整，是防范化解商事纠纷必不可少的服务型团体。商会调解组织的机构设置包括商会会长、资深成功的企业家、商会的法律顾问、公认的调解专家等，调解权则来自全体会员的合意授权。这保证了商会既有足够的商事调解能力以解决纠纷，也能够体现会员的意思自治。1987 年，我国成立了中国国际贸易促进委员会②调解中心。为了推动调

---

① 参见王芳：《中国商事调解这十年：紧跟时代砥砺奋进 探索创新谱写华章》，载《中国对外贸易》2022 年第 10 期。

② 中国国际贸易促进委员会（China Council for the Promotion of International Trade，CCPIT）成立于 1952 年，是全国性对外贸易投资促进机构。中国国际商会总会调解中心、上海经贸商事调解中心等一批商事调解机构逐渐兴起并积累良好经验。中国贸促会（中国国际商会）调解中心在 2020 年 8 月针对浙江外贸企业的调查显示，新冠疫情导致更多商业纠纷的产生：有 50.94% 的受访企业遭遇过货款支付的纠纷；49.69% 的企业经历了产品质量纠纷；44.64% 的企业在运输过程中碰到纠纷；42.14% 的企业遭遇了交货延期、数量不足等矛盾。其中，85% 以上的企业希望能通过调解，而不是诉讼或仲裁来解决问题。在突如其来的灾难面前，调解正是能够为当事人带来“双赢”结果的纠纷解决方式。

解的进一步发展,从 1992 年开始,中国国际贸易促进委员会在全国陆续建立各分会调解中心,至 2022 年年底,中国国际贸易促进委员会或中国国际商会系统在全国各省、市、自治区及一些重要城市设立分会调解中心 62 家,每年受理案件 2000 余件,调解成功率达到 80% 以上。全国工商联系统商会调解组织有 3283 家,2018 年以来调解各类纠纷 149,676 件,年均受理调解案件 29,935 件。

(二)各地商事仲裁机构设立的调解中心

北京仲裁委员会/北京国际仲裁中心(以下简称北仲)于 2011 年 8 月 1 日设立了北京仲裁委员会调解中心。深圳仲裁委员会/深圳国际仲裁院(以下简称深国仲)成立了深圳国际仲裁院调解中心和深圳证券期货业纠纷调解中心。

全国 270 家仲裁机构在仲裁过程中大力开展调解工作,由仲裁庭在仲裁过程中进行调解和仲裁机构协助调解取得了较高成功率。

例如,北仲 2022 年结案数量 7313 件,其中裁决结案 4369 件,占比 59.74%,同比下降 1.47%;调解结案 1117 件,占比 15.27%,同比下降 3.79%;撤案结案 1827 件,占比 24.98%,同比增长 12.71%。深国仲 2022 年结案 6825 件,其中裁决结案 4865 件,占比 71.28%;调解结案 657 件,占比 9.63%;撤案结案 1303 件,占比 19.09%。武汉仲裁委员会截至 2022 年底,共受理仲裁案件 235,087 件。历年审结案件的总体调解和解率在 60% 以上,裁决正确率在 99% 以上。从上述统计数据看,北仲、深国仲、武汉仲裁委员会办结仲裁案件的调撤率分别达到 40.25%、28.72% 和 60%,再加上调解未成功的案件,估计有 50% 以上的案件都经历过调解。

(三)由社会力量合作成立的调解组织以及行业性商事调解组织

此类调解组织如在北京设立的国际商事争端预防与解决组织、“一带一路”国际商事调解中心,在上海设立的上海经贸商事调解中心、中国商事调解发展合作机制,在深圳设立的粤港澳仲裁调解联盟等。在行业调解方面,金融领域纠纷的行业调解机制相对较为成熟。证券、期货、保险、银行等行业调解组织在化解涉及中小投资者和金融消费者的金融纠纷方面发挥了重要的作用。我国证券期货市场经营主体的强制调解规定首次出现在 2016 年最高人民法院和中国证监会联合发布的《关于在全国部分地区开展证券期货纠纷多元化解机制试点工作的通知》中,该通知不仅明确中国证券投资者保护基金有限责任公司和中证中小投资者服务中心等八家专业机构成为试点调解组织,还特别规定了投资者申请采用调解方式解决纠纷的,证券期货市场经营主体应当积极配合参与调解。《证券法》关于强制调解制度的规定,是对该通知的进一步确认与发展,对于资本市场解纷效率的提升、解纷成本的降低,尤其是普通投资者的维权保障,优势显著。

(四)地方的商事调解组织

作为全球投资的高热区域,海南自贸港的商事纠纷显著增长。《海南省多元化解纠纷条例》是海南首次以地方立法的形式确立了多元化解纠纷机制建立的必要性。此外,《海南自由贸易港法》明确,国家支持探索与海南自由贸易港相适应的司法体制改革。2020 年 6 月 1 日,我国建立了海南国际仲裁院国际商事调解中心,该调解中心不仅受理国内的商事纠纷,而且也受理域外商事主体与国内商事主体之间的争议,同时接受一些法院等机构委托的案件。其采用"仲裁 + 调解"的双轨运作模式,当事人在任何时候均可申请调解,而不受其是否有仲裁协议或是否已经进入诉讼程序的约束。在专业化程度上,该调解中心充分吸收了国内和国外调解机构的制度,在与《新加坡调解公约》的制度衔接方面也设计了相关程序,这有利于海南自贸港与国际贸易进行交流,有利于我国经济的国际化趋势发展。

除了海南自贸港是我国经济发展的前沿阵地外,上海作为国际经济交流中心,在贸易往来方面也有着不可低估的地位。上海经贸商事调解是全国第一家民办非企业性质专业从事商事纠纷调解的机构,在册调解员近100名,还包括一些外籍调解员,这保证了该机构可以更好地借鉴域外经验,解决当事人涉及国际贸易的商事纠纷。上海法院还通过"一站式"多元纠纷解决平台,与许多商事调解组织以及证券、银行等行业机构保持密切联系,实现了审判与调解的全面互通。

广州位于我国粤港澳大湾区内,也是我国对外贸易的一个重要城市,广州的商事调解组织类型多样。广州国际商贸商事调解中心、知识产权纠纷人民调解委员会等机构,都能为商事调解的专业性进行补充,不断提高基层法治的治理水平。

三、商事调解组织存在的问题

(一)商事调解组织的运行机制比较混乱

我国商事调解主体多元化能够给广大市场主体提供更多救济权利的渠道,由于没有统一的商事调解立法,国内对于如何设立商事调解组织缺乏明确的立法规定。在实践中,商事调解组织设立和管理以及运行机制较为混乱,民间性组织的独立与自治不足,传统商事调解与新型消费争议与行业性、专门性调解机制也没有形成明确分工,许多商事调解组织没有准确定位、没有建立合理的运营模式,公益性或市场化服务、收费与否及多少都还不够清晰。[①]

(二)我国调解员资质的认定没有统一的标准

各地选任调解员往往依据地方标准,层次水平参差不齐,这很难保证法律的公平客观。因为调解多样性的特性,无论是调解机构还是调解员都难以有一个统一的资格认定标准,不同层级、不同行业的调解组织

---

① 参见范愉:《商事调解的过去、现在和未来》,载《商事仲裁与调解》2020年第1期。

或调解员的标准各不相同。即便到了今天,各国各机构对于调解员的资质规定也是多种多样。但如果对调解员施加统一化的资质要求,则可能会挫伤其积极性,过多的专业培训和过高的准入资格可能会提高商事调解的专业化,但也会导致调解失去灵活性,因为调解的核心优势就是运用非正式的、非法律化的手段经济便捷地解决纠纷。[①] 美国曾为调解员的规范做出了各种努力,但成效十分有限。各州对调解员的资格有各不相同的要求:有些要求某种学历,有些要求完成某种调解培训课程,有些要求两者兼而有之,但有少数几个州根本没有这种要求。[②] 调解员的职业操守也没有明确规定,没有州对调解员进行特别的认证,也没有一个全国或全州范围内的委员会来约束所有调解员的职业操守。[③] 在欧盟,对于调解员的资格或调解过程的质量控制,也没有普遍适用的规则;各界在是否要制定全欧盟统一适用的调解质量标准也存在巨大的争议。欧洲议会的决议也承认调解的监管面临着困境,如果施加过于严格的标准,那么调解可能会失去自身的价值和吸引力。[④]

(三)诉讼机制与商事调解的对接在实际运行中存在不足

一是诉调对接机制的现实利用率较低。相对于法院的受案量而言,商事纠纷启用诉调对接机制并成功的案件数量较少,法院诉讼调解在调解机制中发挥的作用远超于诉调对接的作用。诉调对接机制缺乏资金

① See Paul J. Spiegelman, *Certifying Mediators: Using Selection Criteria to Include the Qualified - Lessons from the San Diego Experience*, 30 University of San Francisco Law Review 677 (1996).

② See Bobby Marzine Harges, *Mediator Qualifications: The Trend Toward Professionalization*, 1997 Brigham Young University Law Review 653 (1997).

③ See Michel Kallipetis, *Mediation Ethics in Europe*, 2 Dovenschmidt Quarterly 65 (2014).

④ See Report of the Commission to the European Parliament, *The Council and the European Economic and Social Committee on the Application of Directive* 2008 /52 /*EC of the European Parliament and of the Council* 21 *May* 2008 *on Certain Aspects of Mediation in Civil and Commercial Matters*, *EUR-Lex*, https: / /eur - lex. europa. eu /legal - content /EN/ TXT/? uri = CELEX% 3A32008L0052&qid = 1646994298964.

保障,目前法院托商事调解组织或邀请调解员参与调解的费用方面没有明确的规定。商事调解的难度大、专业性高,没有回报的付出难免会挫伤调解员的积极性,没有经费保障做支撑,诉调对接机制将难以维系。二是诉调对接机制的发展缺乏统一性。诉调对接呈现点状发展态势,各地法院虽然与商事调解组织建立对接关系,但法院之间缺乏协调互通,在对接程序和模式方面并没有形成统一的操作规范,导致操作规范模糊,对接效果不佳。

此外,我们在实地调研中还发现,我国法院调解平台中的自建平台与统建平台的衔接不流畅。我国各高级人民法院的自建平台在使用中存在一些问题,诸如虽然可以全程录音录像,但是功能不完善,调解视频无法传输到统建平台,这会导致最高人民法院不能及时收集到高级人民法院的商事调解数据。统建平台也不能与高级人民法院的自建平台有效对接,当事人若想申请立案,需要在这两个平台上进行重复操作,这既加重了基层法院的负担,也不利于调解自身效率的发挥。

除了衔接机制出现问题,经费保障也不充裕。以山西晋城城区法院为例,该院2019~2021年共受理各类案件7564、8346、11,068件。因区财政紧张,法院报请的工作经费尚未批复,目前2822件调解成功案件的补贴经费共计84.66万元只能挤占法院办案办公经费,因经费不足,特邀调解员补贴已有6个月,累计1954件案件补贴总计58.62万元未发放到位。加上即将到期的30万元场地租赁费,目前共有88.62万元的资金缺口。因此,贯彻落实法院调解平台的经费保障问题,也是缓解法院压力,促进当事人积极行使调解权利的必要举措。

四、完善商事调解组织的举措

(一)提高商事调解组织的竞争力

商事调解组织的民间性决定了其无法以自身力量保障调解协议的

有效性与可执行性，而有效性与可执行性却构成商事调解组织能否存续的基础。鉴于此，应加强商事调解组织与人民法院以及公证机关的对接，从而增强商事调解组织对当事人的吸引力。对以给付为内容的商事调解协议，当事人可以选择向公证机关申请办理具有强制执行效力的债权文书公证。对公证机关依法赋予强制执行效力的债权文书，一方当事人不履行的，对方当事人可以向有管辖权的人民法院申请执行。对符合法律规定的调解协议，当事人可以依法共同向人民法院申请确认其法律效力。对人民法院裁定有效的调解协议，一方当事人拒绝履行或者未全部履行的，对方当事人可以依法申请执行。[①]

（二）加强对商事调解的法律支持

我国目前缺少关于商事调解的法律法规，只有 2009 年最高人民法院颁布的《关于建立健全诉讼与非诉讼相衔接的矛盾纠纷解决机制的若干意见》，其是我国首次以司法指导性文件的形式为"商事调解"立名。但是该文件并不是司法解释，只能在司法实践中用作参考，这对于我国商事调解的有序发展未能提供强有力的保障。坚持立法先行，为商事调解提供具有强制力的法律规范支持，是我国完善商事调解组织努力的方向。

因此，有观点认为可以先制定行政法规，将一些贸易往来频繁的地区作为试点地区，例如我国粤港澳大湾区以及上海浦东地区等，通过实施行政法规并进行试点，取得良好成效之后可以探索制定法律。

《深圳经济特区矛盾纠纷多元化解条例》以地方性立法的方式率先作出如下规定：一是明确了商事调解适用范围；二是明确了司法行政部门为商事调解组织的主管部门，负责调解组织的设立登记及监管；三是明确了商事调解市场化收费制度、调解规则和调解员等信息公开制度，

---

① 参见臧天翔：《商事调解组织在多元纠纷解决中的实践探索》，载《人民法院报》2016 年 7 月 17 日，第 2 版。

以及相关参与人员的保密义务；四是明确了商事调解行业组织的职责，推动行业自治，引导和促进商事调解的良性发展。可以预见，这将为深圳商事调解的发展提供有利的制度保障，促进及引导当事人合理通过调解解决商事纠纷，也将为全国商事调解工作的改进和完善提供可推广、可复制的有益经验。

目前，现有的《人民调解法》因商事调解与人民调解性质的根本不同无法规范商事调解活动，导致我国商事调解领域事实上的长期无法可依，这一状况严重制约了我国商事调解事业的发展，对此很多学者如刘晓红教授建议在维持现有的法院调解、人民调解和专门性调解制度的同时，制定一部“商事调解法”。在内容上应以遵循当事人意思自治为核心原则展开制度设计，因为调解作为当事人主导的纠纷解决方式不同于诉讼和仲裁的第三方裁判，故当事人意思自治的作用与价值更加突出。这就要求在制度设计上为当事人意思自治保留充分空间，着力促成其达成合意。当然，在调解的推进中相关规则与制度也应促进意思自治的合流，通过有效的引领推动纠纷的实质化解，减少当事方的矛盾与冲突。①同时，“商事调解法”中应明确商事调解组织的性质，鼓励和培育经验丰富、声誉优良、市场化运作的商事调解组织，体现和实现商事调解的独立性、中立性和非官方性。同时，对于商事调解组织的资质、运行及对其监管要求作出明确的立法规定。②

（三）加强对商事调解组织的管理

我们在实地调研中发现，我国现存的商事调解组织，由于种类较多且没有固定分类，因此很容易造成监管难题。为了实现有效监管，可以请法院的人民调解平台进行对接，将需要调解的案件编号通知给各级法

---

① 参见刘晓红：《论我国民商事纠纷多元化解决机制的现代化》，载《东方法学》2023 年第 2 期。

② 参见中国社会科学院国际法研究所“中国商事调解立法”研究课题组、刘敬东：《论我国商事调解立法的必要性、立法路径及立法框架》，载《人民调解》2023 年第 1 期。

院的调解平台，再由法院进行编号管理。法院可以规定调解期限，并与调解组织确认，如果需要调解的案例在规定期限之内未完成，法院将直接转入立案系统。这可以防止调解机构的案件堆积，确保调解能真正发挥时效优势。

同时针对网上调解要全程保证录音录像，为以后核查追溯保留证据。在促进调解员审慎调解方面，可以将案件的调解成功率、调解员活跃度等因素适当放入考核标准之中，但是不能盲目追求指标达标而造成调解质量的下降。我国于 2018 年 2 月开始运行的人民法院调解平台，从运行至今取得了显著成效。其能通过现代信息技术实现部门和区域之间的互联互通，又能够将协商、调解等组织与该平台结合起来，这对于我国多元化纠纷解决机制的建立起到了推进作用。我国商事调解机构要始终与此类法院调解平台保持联系，以便能快速获取最新信息，同法院一起保障当事人权益。

对于线上调解系统的功能缺乏问题也要及时改进，避免当事人因为体验不好、网络不畅等因素不选择进行调解。此方面可以与国家发改委等部门相联系，共同进行走访、实际调研等，针对用户反馈及时调整。在线上关键词检索部分应需要随着时代发展不断更新，可以逐步推出类案推送、语音识别、协议自动生成等功能，方便当事人解决纠纷。若平台对接不畅，则需要及时与全国总工会、国家知识产权局等部门进行沟通，在调解员入驻线上平台时，要及时检验其在证券期货、价格争议等方面的专业素养，将擅长同一领域的调解员组成一个群体，使彼此之间保持密切联系，在当事人需要解决不同需求时就能及时分类，直接查找相对应的资源库。

在完善调解经费方面，可以参考借鉴其他省市矛盾纠纷化解工作经费保障情况。目前省级层面的有广东省、湖南省、青海省、海南省等，市级层面分别有深圳市、成都市、广州市、杭州市等出台了关于多元化解经费的保障办法。目前已出台经费保障办法的地区无论是从经费发放角度,还是从审计角度考虑,基本参照“以案定补”方式发放补贴,补贴范围包括调解成功案件、信访化解成功案件,案件类型大致分为一般矛盾纠纷案件,较复杂疑难矛盾纠纷案件,群体性矛盾纠纷案件,社会和党委政府重点关注的重大、特大矛盾纠纷案件等,均为调解成功后,根据调解卷宗按期申请补贴。因此可以参考其他省市规范,将人民调解员经费补贴标准等确定具体补贴标准,推动山西省法院诉源治理、多元解纷建立长效工作机制。

(四)商事调解组织的市场化

2019 年,中央深改委审议通过的《关于政法领域全面深化改革的实施意见》为商事调解组织按市场化方式参与矛盾纠纷解决服务提供了制度支撑。市场化调解是多元解纷的新探索和新尝试,是指以市场需求为导向,以优胜劣汰为手段,以效率最大化为目标,实现调解资源合理充分的配置。市场化促使专业化的调解服务产品以合理的价格由调解组织提供给当事人,寻找供给与需求的平衡对接,实现调解市场的良性运作。[①]

在实践中,以社会团体法人登记并进行市场化运作的商事调解组织已进入稳步发展阶段。与此同时,在制度规定上,最高人民法院在 2016 年发布的《关于人民法院进一步深化多元化纠纷解决机制改革的意见》中明确表态支持商事调解组织等按照市场化运作,根据当事人的需求提供纠纷解决服务并适当收取费用。2021 年,最高人民法院提出“市场化调解”的概念,即“在商事等领域探索开展市场化调解,推动建立公益性调解与市场化调解并行模式。市场化的运作方式无疑是社会性商事调解机构发展之必须,有利于促进社会性法律服务专门机构的良性竞争,

① 参见白春辉:《调解市场化应处理好“三对关系”》,载《人民法院报》2021 年 4 月 8 日,第 8 版。

进而推动调解机构的专业化和职业化发展”。[①] 2022年，烟台市首家独立法人地位商事调解组织“烟台多元商事海事调解中心”获得市行政审批服务局批准成立，并已入驻人民法院调解平台，开展全流程在线调解、在线申请司法确认或调解书等诉调对接工作。该调解组织的成立，无疑为商事调解组织的市场化发展迈出了重要一步。

随着市民社会的日益成熟，商事领域对纠纷化解的高效性、专业性和权威性的需求日益迫切，该领域中的市场主体愿意通过付费方式购买高端的调解服务。因此，加强对高端调解市场的供给侧结构性改革，提供与收费水平相匹配的服务就是以人民为中心的体现。经济学上价值决定价格规律反映到调解市场就是：调解服务本身给纠纷主体止损或者增值的价值大小决定了其价格的高低，这也意味着调解主体的专业化、高效性得到了解纷主体的信赖，需要通过持续的正向循环，不断做大做强有偿调解市场。[②]

五、上海商事调解的创新实践

上海作为我国改革开放的“排头兵”“先行区”，长期在制度创新上走在全国前列。在我国商事调解制度总体进行完善的过程中，上海更应加速商事调解在内的多元化纠纷解决机制的建设，发挥特殊经济区先行先试的优势，深耕商事调解试验田。

（一）坚持调解先行，完善诉调对接机制

2019年11月11日，上海市司法局印发《关于进一步加强诉调对接工作的若干意见》，细化诉调对接工作机制与流程，主要亮点包括明确法

① 参见成阳：《管辖与执行：多元解纷体系中商事调解制度疑难问题研究》，载《上海法学研究》2022年第17卷。

② 参见白春辉：《调解市场化应处理好“三对关系”》，载《人民法院报》2021年4月8日，第8版。

院委派调解、委托调解案件范围;确定上海市各区非诉讼争议解决中心(人民调解中心)是枢纽性工作平台,当事人起诉后,法院可以通过非诉讼争议解决中心在线委派或委托调解组织进行调解;调解员在征得各方当事人同意后,可以书面记录案件争议焦点及各方无争议的事实,并由当事人签字确认,在诉讼程序中,除涉及国家利益、社会公共利益和他人合法权益之外,当事人无须对调解过程中已确认的无争议事实举证;经各方当事人同意,法院可以在先行调解阶段开展委托审计、评估、鉴定工作;经各方当事人同意,调解员可以通知与调解案件有利害关系的第三人参加调解;建立诉讼费激励机制,当事人接受委托调解的可以适当减免诉讼费用,如果委托调解成功并撤诉,免收案件受理费。

(二)加快建立涉外商事纠纷诉讼、调解、仲裁多元化解决"一站式"工作机制

最高人民法院《关于人民法院为中国(上海)自由贸易试验区临港新片区建设提供司法服务和保障的意见》提出,坚持把非诉讼纠纷解决机制挺在前面,着力推动新片区调解制度创新,形成调解、仲裁与诉讼相互衔接的多元化纠纷解决机制。《上海法院服务保障中国(上海)自由贸易试验区临港新片区建设的实施意见》提出,组建上海国际商事专家委员会,专家委员会成员可接受法院委托对国际商事、金融案件主持调解。2019 年 12 月,上海市高级人民法院印发《上海法院涉外商事纠纷诉讼、调解、仲裁多元化解决一站式工作机制的指引(试行)》,涉及商事调解的主要内容包括当事人申请立案后,法院对于双方有调解意向的纠纷、事实较简单双方争议不大的纠纷以及其他适宜调解的纠纷,引导当事人选择调解;法院在法律适用等方面为调解组织和仲裁机构提供裁判指引,促进诉讼、调解、仲裁之间的法律适用统一;法院支持仲裁机构和调解组织引入外籍调解员、仲裁员,建立外籍调解员、仲裁员名册。

(三)改革创新调解组织和调解员队伍建设

2019年,上海出台一系列政策文件,大力改革创新和推动调解组织和调解员队伍建设,主要制度创新包括明确调解组织可以设立为民办非企业单位(社会服务机构)、公司等组织形式,鼓励探索设立个人独资企业、合伙企业等新型调解组织,探索设立营利性调解组织登记制度;成立全市性调解行业组织,对调解组织实行行业自律;调解组织对于商事纠纷和部分民事纠纷案件,可进行有偿的法律咨询和调解,调解组织可以选择根据争议标的金额或者调解时间收取咨询费和调解费;推动各类社会调解组织建立办案补贴标准,推动政府向调解组织购买服务,支持符合条件的调解组织探索市场化运作;大力完善在线调解功能,推进调解组织普及应用"智慧调解"系统;制定调解员队伍发展规划,推进上海市级调解智库建设,加强对调解实践的指导;制定调解员职业道德准则、等级评定办法,明确评定条件、评定程序、报酬补贴、考核奖励等,建立完善调解员分类、分级管理制度。①

中共中央、国务院《关于支持浦东新区高水平改革开放打造社会主义现代化建设引领区的意见》提出,浦东要"加强商事争端等领域与国际通行规则接轨"。2022年7月15日,《浦东新区促进商事调解若干规定》正式施行,亮点规定有:明确调解组织设立方式和名册管理制度,加强对商事调解组织的监督指导;吸引国际商事调解组织集聚发展;支持律师、仲裁员等调解员个人参与国际商事调解;创新小额商事纠纷快速调处机制,助力纠纷高效、便捷、低成本解决;明确商事调解支持举措,促进行业健康持续发展。这是地方人大出台的首部以专门立法的形式促进商事调解工作发展的法律性文件,是浦东新区深入贯彻中央决策部署,顺应立法发展趋势,在商事争端领域探索与国际通行规则接轨的一

① 参见北京仲裁委员会/北京国际仲裁中心编:《中国商事争议解决年度观察(2020)》,中国法制出版社2021年版。

个创新举措,在全国范围内具有先行先试的示范意义。

(四)发挥自贸区(港)先行先试优势

首先,允许常设调解机构与临时调解或个人调解并行。目前,个人调解的效力在我国法律层面上不被认可,商事调解机构也大多合并于常设仲裁机构中,可在上海自贸区尝试承认临时调解或个人调解在调解业务中的作用,建立健全专职调解员的管理制度及薪酬体系,鼓励具有专业知识和能力的法律执业者专门从事商事调解工作;考虑到调解机制更加注重当事人的自治权,自贸区调解机构的设立模式也应具备更强的灵活性。

其次,建立和解协议直接执行机制试点。《新加坡调解公约》中国际商事和解协议的直接执行与我国司法确认制度存在冲突。结合我国相关实践,可以尝试在上海自贸区暂时搁置《新加坡调解公约》与国内法的冲突,率先通过出台司法文件的方式尝试建立与公约统一的直接执行机制,明确国际商事和解协议在自贸区内可作为独立的执行依据类型,并采取形式审查、审执分离的模式;同时,为鼓励国际商事调解发展提供政策支持,以具体实践为导向,及时总结问题,寻找法律调整、衔接的方案,结合规则导向和实践优势,有针对性地为公约在我国顺利落地积累经验。①

中国应借助实施《新加坡调解公约》和发展“一带一路”的契机创新规则,加快将中国建设成为具有竞争力的国际商事调解中心。为此,应当围绕调解员、调解机构和调解行业构建相关的规范和守则。通过这些制度建设,能够以点带面地发展国内商事调解事业,树立全球调解规则标杆。比如,中国可以顺应国际调解行业的发展态势,借鉴中国香港特区 2010 年《调解守则》、2017 年新加坡国际调解协会《(调解员)职业守

① 参见徐小璇:《〈新加坡调解公约〉落地中的若干法律问题研究》,中国社会科学院大学 2020 年硕士学位论文,第 22 页。

则》等规定，对职业调解员的任职资质、调解规范、任免条件、职业操守、披露标准等进行规定，在专业调解员的培养和管理方面引领话语权。此外，中国可以有意识地通过法律政策扶持及规制商事调解组织和商事调解活动，培养更多类似“北京融商一带一路国际商事调解中心”“上海经贸商事调解中心”等市场化专业调解机构，活跃和规范商事调解生态圈。①

第二节　我国的金融业纠纷调解实践

近年来，金融纠纷案件审理数量攀升。2016 年至 2021 年，各级人民法院受理、审理金融借款、保险、证券等案件每年均近百万件。上海金融法院的数据显示，截至 2021 年 8 月 20 日，该院共受理各类案件 21,766 件，审结 20,088 件，涉案标的总额达 5489.94 亿元人民币。与此同时，受种种因素影响，金融机构仍然有大量特定金融纠纷案件立案无门，如金额小、数量多、执行难的银行信用卡、网贷案件等。为应对上述问题，我国迫切需要构建有效的金融纠纷解决路径。

对于金融消费者保护进行专门立法已经逐渐形成共识，金融消费的特殊性决定了需要构建不同于普通消费者权益保护的制度体系。二十国集团发布的《金融消费者保护高级原则》明确指出，保护（protection）、可获（access）、教育（education）是三大重要支柱。世界银行发布的《金融消费者保护的良好经验》也指出，应为消费者提供独立的第三方纠纷解决机制。②

---

① 参见包康赟：《〈新加坡调解公约〉的“后发优势”与中国立场》，载《武大国际法评论》2020 年第 6 期。

② 参见肖成华：《构建专业化综合性金融消费者投诉处理机制》，载《当代金融家》2021 年第 3 期。

调解具有自愿性强、非对抗性、程序灵活、费用相对较低等特点,尤其适用于争议金额相对较低、纠纷数量多的金融消费纠纷。而金融消费纠纷第三方调解机制要充分发挥作用,需要增进消费者权益保护和规范金融机构经营服务的实效,也依赖于其法律效力和调解结果的执行落实。脱离了这个关键点,调解机制就会失去公信力和影响力,难以得到金融消费者和金融机构的认可。

欧盟针对金融消费的纠纷解决方式对我国有一定借鉴意义。欧盟成立了跨国金融纠纷解决网络(FIN-NET)。该网络连接了50个院外替代性纠纷解决机制,涉及了欧盟范围内多个国家的金融服务领域的纠纷解决。为了能够帮助消费者解决跨国金融领域的纠纷,应该提供一种纠纷解决机制,使得消费者在其本国,就能够获得针对外国金融机构的纠纷解决机制。通过建立该网络,欧盟范围内的消费者能够更容易地接触院外纠纷解决机制和了解这些纠纷机制,确保在欧盟范围内的院外纠纷解决机制之间能够交换信息,以利于跨国纠纷尽可能迅速、有效和专业地解决,确保欧盟共同体国家间的院外纠纷解决机制都能遵循同一套原则。①

根据我国现状,诉讼在金融纠纷解决上存在诸多局限性。其一,金融产品的复杂化与快速更迭使得金融纠纷的审判工作更加棘手,而通过替代性纠纷解决引入金融领域专业人员更有利于纠纷的解决。其二,金融纠纷的消费者通常一方众多,纠纷数量大但单个涉案金额小,如果通过诉讼的方式,纠纷解决耗时长,并且会占用较多司法资源。因此,为了保护金融消费者的权益,维护金融稳定,应当完善现有的非诉讼纠纷解决机制。②

---

① 肖成华:《构建专业化综合性金融消费者投诉处理机制》,载《当代金融家》2021年第3期。

② 施旦娜、薛景方:《浅析我国金融非诉纠纷解决中第三方调解的完善路径——基于上海银行业纠纷调解中心实践经验》,载《上海法学研究》2022年第22卷。

为高效解决我国金融消费纠纷，我国应坚持立法创新，尽快出台金融消费者权益保护条例。目前，我国金融消费者保护的专门立法存在缺失。《消费者权益保护法》明确了消费者的权利，确立和加强了保护消费者权益的法律基础，弥补了原有法律、法规在保障消费者权益方面调解作用不全的缺陷，但是对于金融消费者这一特殊群体而言，其专业性、适用性并不强。一方面，该法并未涵盖金融消费者权益保护，另一方面，《消费者权益保护法》中的消费者权利、经营者义务、法律责任等相关规定也明显不适用于金融消费者。此外，目前在金融消费纠纷解决领域影响力较大的政府文件是国务院办公厅发布的《关于加强金融消费者权益保护工作的指导意见》，这是第一个国家层面的保护金融消费者权益的制度，第一次明确了保障金融消费者的“八权”，即财产安全权、知情权、自主选择权、公平交易权、依法求偿权、受教育权、受尊重权、信息安全权。但遗憾的是，该意见并没有明确金融消费者“八权”的补偿机制，特别是发生金融消费投诉的监管、处理等方面的工作规范。近年来，我国陆续发布了中国人民银行《金融消费者权益保护实施办法》（中国人民银行令〔2020〕第5号）、中国银保监会《关于银行保险机构加强消费者权益保护工作体制机制建设的指导意见》（银保监发〔2019〕38号）等，部分区域金融机构也签订了《金融业金融消费者权益保护自律公约》等。但大部分是行业性的行政法规、规章，其效力远低于法律法规，对一些跨区域、跨部门、跨金融业态的金融消费投诉，还缺乏权威法规。①

一、我国银行业纠纷调解实践探索

有效防范和及时化解金融纠纷风险，是商业银行经营管理中一项长期而艰巨的任务。随着金融产品和金融服务种类的增多、市场竞争的加

---

① 参见肖成华：《构建专业化综合性金融消费者投诉处理机制》，载《当代金融家》2021年第3期。

剧以及金融消费者维权意识的增强,银行与金融消费者之间因购买、使用金融产品或服务所产生的民事争议大幅增长。产生此类纠纷,可以通过人民调解方式化解金融借款合同纠纷。银行金融借款合同纠纷大致有三种情况:(1)企业借款合同纠纷。大多数情况是借款方失去偿债能力,如果不能及时进入执行程序,将会给银行带来实际损失。通过调解达成调解协议,再对调解协议进行司法确认,无须经过起诉环节,银行便可快捷有效地得到执行文书,从而进入财产执行阶段。(2)个人消费贷款纠纷。当前,住房贷款、购车贷款、家装贷款等呈现出“小额、频发、复杂”的特点,往往存在客户数量多、涉及面广、维权成本高的问题。银行可以通过人民调解途径,借助小额速调机制、诉调对接机制、中立评估机制等解决此类纠纷,并利用调解的服务职能,督促债务人早日偿还借款,以节约银行的人力、时间、经济成本。[①] (3)信用卡逾期还款纠纷。信用卡债务纠纷,往往使银行陷入“催收效果有限,诉讼被告不来”的尴尬现状,最好的解纷途径就是通过调解,把一次性还款变为在规定期限内有条件的分期还款,以化解持卡人沉重的债务之痛。

上海银行业纠纷调解中心还积极探索诉前批量调解工作机制。信用卡类的诉讼案件在法院占据了较大比重,而信用卡诉讼案件中较大一部分涉及持卡人逾期还款的纠纷。根据市场情况,银行业纠纷调解中心与杨浦法院探索了一条“诉前批量调解”的道路,对于被申请人出席的诉讼案件采用诉前调解的方式来取代传统的审理流程,以期快速、有效地解决此类案件。[②] 此外,为进一步推动长三角金融消费纠纷多元化解机制建设,将各地人民银行分支机构之间的合作机制进一步下沉至调解组织,建立和巩固调解组织互联互通关系,形成长三角金融消费纠纷多元

---

① 参见窦念长:《探索运用人民调解方式 化解商业银行金融纠纷》,载《人民调解》2021 年第 9 期。

② 参见上海银保监局:《创新深化银行业纠纷多元化解机制建设——基于上海银行业纠纷调解中心的实践》,载《中国银行业》2020 年 Z1 期。

化解工作合力，在人民银行金融消费权益保护局的指导下，以及人民银行上海总部、南京分行、杭州中支、合肥中支、宁波市中支的共同推动下，各地金融消费纠纷调解组织前期共同拟定了《长三角地区金融消费纠纷调解组织合作机制框架协议》。①

为更好发挥金融纠纷调解的作用，需要密切关注以下重点。

1. 明确金融纠纷调解的基本原则

首先，金融监管机构应当设立全国性金融纠纷调解委员会，构建金融消费者投诉和金融纠纷统一解决机制，将金融纠纷调解作为诉讼前置程序。2019 年 11 月 19 日，最高人民法院、中国人民银行、中国银行保险监督管理委员会发布《关于全面推进金融纠纷多元化解机制建设的意见》，规定落实委派、委托调解。人民法院在受理和审理金融纠纷案件过程中，应当落实“调解优先、调判结合”方针，对于具备调解基础的案件，按照自愿、合法原则，采取立案前委派、立案后委托、诉中邀请等方式，引导当事人通过金融纠纷调解组织解决纠纷。人民法院委派、委托调解时，应当向金融纠纷调解组织发送委派、委托调解函，并将案件相关材料移送金融纠纷调解组织。鼓励当事人通过人民法院调解平台（以下简称法院调解平台）提交调解申请，人民法院通过法院调解平台向金融纠纷调解组织委派、委托调解案件。

美国金融业监管局（the financial industry regulatory authority, FINRA）是美国最大、最有影响力的独立非政府证券业自律监管机构。其职权相当广泛，除了有针对金融机构制定监管规则（regulation）、进行合规性管理（complication）、教育培训（education）和执法（enforcement）的权力外，还包括保护和教育金融消费者的职责，并整合了前身 NASD（National Association of Securities Dealers）和 NYSE（New York Stock

① 参见周轩千：《长三角：共建金融消费纠纷调解组织合作机制》，载《金融时报》2021 年 12 月 24 日，第 5 版。

Exchange)的证券仲裁和调解业务,设有全北美最专业且全世界规模最大的证券纠纷非诉讼解决平台,下设"纠纷解决机制"(FINRA dispute resolution,FINRADR)。FINRA 内部承担监管职责的部门人员为监管公司人员,在所有的公开场合统称为FINRA。FINRA 的监管职责主要由会员监管部门和市场监管部门承担,会员监管部门监管 FINRA 所有会员,市场监管部门监管证券交易所市场及场外市场,美国几乎所有的股票期货交易所均与 FINRA 签约。FINRA 通过承包协议为全国性证券交易所提供纠纷解决服务,其中包括 BATS(Bats Global Markets Inc)证券交易所、波士顿证券交易所、国际证券交易所、纳斯达克、纽约证交所和费城证交所等多家证券交易所。这些大型交易所在与 FINRA 签订协议后,其内部不再设立纠纷解决机构以及配备专业人员。根据交易所与 FINRA 之间的协议,即使证券经纪商不是 FINRA 的成员,但只要其是上述任意一家交易所中的会员,投资者就可以选择 FINRA 作为解决争议的平台。①

2. 申请司法确认

经金融纠纷调解组织调解员主持调解达成的调解协议,具有民事合同性质。经调解员和金融纠纷调解组织签字盖章后,当事人可以向有管辖权的人民法院申请确认其效力。经人民法院委派调解并达成调解协议、当事人申请司法确认的,由委派调解的人民法院依法受理。人民法院可以通过法院调解平台对调解协议进行在线司法确认。经人民法院确认有效的具有明确给付主体和给付内容的调解协议,一方拒绝履行的,对方当事人可以申请人民法院强制执行。

3. 增加金融消费纠纷处理条款

《商业银行法》可参照《证券法》设置纠纷解决条款,包括以下内容:

---

① 参见董新义、王馨梓:《新〈证券法〉证券纠纷调解的保障机制建设——以域外经验为借鉴》,载《银行家》2020 年第 2 期。

鼓励金融消费者与银行协商和解;消费者要求调解则必须先行调解。纠纷调解可由行业调解组织进行,也可由社会公益或商事调解机构进行。发挥行政监管机构和行业协会查处和督促解决金融消费纠纷的作用,对于跨市场、跨行业金融产品与服务的金融消费纠纷,由人民银行协调相关监管部门共同解决。①

全国人大代表刘峰建议,我国应当在总结近些年来国内金融纠纷调解实践、借鉴国外及地区金融纠纷调解立法经验、参照有关国际条约的基础上尽快制定"金融纠纷调解条例",以有效回应金融机构化解金融纠纷诉求,助力金融风险化解,完善金融法制。② 建立金融消费纠纷中立评估机制,针对调解僵局,聘请第三方专家作出专业评估报告,提出解决方案,作为纠纷化解的参考。

二、我国证券业的强制调解制度

证券纠纷通常是指以证券为诉讼标的或者诉讼内容与证券有关的各类民商事纠纷,其不同于一般民商事纠纷的特征:第一,证券纠纷涉及纷繁复杂的证券金融产品,专业性较强;第二,纠纷类型包含合同纠纷与侵权纠纷等,合同纠纷占比高,侵权纠纷认定复杂;第三,纠纷涉及多个资本市场主体与众多投资者,牵涉面广。③

强制调解,即将调解设定为诉讼前置必经程序,规定双方当事人有义务参加,并与诉讼程序形成衔接。其基本要件是:法律对适用强制调解的案件类型(范围)和条件有明确规定,或授权法官有权决定强制交付;当事人拒不参与调解应承担不利后果或法律责任,如需承担对方当

① 参见吴弘:《金融消费者保护应是〈商业银行法〉修订重点》,载《中国银行业》2021年第2期。

② 参见仇兆燕:《全国人大代表刘峰:制定金融纠纷调解条例》,载《中国银行保险报》2022年3月9日,第1版。

③ 参见沈伟、黄桥立:《论证券纠纷调解机制的优化路径——以日本证券金融商品斡旋咨询中心为镜》,载《山东科技大学学报(社会科学版)》2020年第3期。

事人的诉讼费或丧失诉权等；有严格的程序规定，如调解期限等。以往强制调解制度的正当性受到质疑，主要理由在于：一是强制调解违背自愿或侵犯诉权。对此，大多数国家和地区认为这种强制仅限于参加的强制，尽管对当事人的选择权进行了一定限制，但并不意味着强制其接受处理结果，如果不能达成和解，当事人仍然有权提起诉讼。二是违背自愿的调解难以达成和解。对此，美国的实证研究证明了一个"调解悖论"，恰恰是那些不愿意参与强制性调解程序的当事人，对公正的调解程序表现出了与自愿参与调解的当事人同样的满意度。实际上，有时最不愿意参与调解的当事人反而比那些愿意参与调解的当事人对调解程序和结果表现出更强烈的满意度。①

我国《证券法》的强制调解是指，普通投资者跟证券公司发生纠纷，向投资者保护机构提出了调解申请，证券公司就一定要同意参与调解，后续调解能否成功还要看双方意愿。在我国，对证券期货市场经营主体的强制调解规定首次出现在2016年最高人民法院和中国证监会联合发布的《关于在全国部分地区开展证券期货纠纷多元化解机制试点工作的通知》，明确中国证券投资者保护基金有限责任公司和中证中小投资者服务中心等八家专业机构成为试点调解组织，还特别规定投资者申请采用调解方式解决纠纷的，证券期货市场经营主体应当积极配合参与调解。《中证中小投资者服务中心调解规则》在第8条"受理范围"和第7章第3节规定的"单边承诺调解"中对普通投资者与纠纷对象如上市公司、证券经营机构等作出区分规定，除此之外一律用"当事人"指代双方当事人，未体现出对投资者的倾斜保护。《证券法》(2019)增设"投资者保护"专章，第88条至第95条详细规定了投资者保护相关规则，反映出我国金融法制关注重点逐渐从金融稳定转向市场健康发展与重视投资

① 参见范愉：《当代世界多元化纠纷解决机制的发展与启示》，载《中国应用法学》2017年第3期。

者权利机制并举的动向。第94条第1款规定，投资者与发行人、证券公司等发生纠纷的，双方可以向投资者保护机构申请调解。普通投资者与证券公司发生证券业务纠纷，普通投资者提出调解请求的，证券公司不得拒绝。首次将证券纠纷强制调解制度以具体条文的形式规定下来，赋予了普通投资者“绝对调解权”，体现了对处于信息获取弱势地位、抗风险能力较弱的普通投资者的倾斜保护。但该条文属于框架性规定，并没有对证券纠纷调解程序和实体问题作进一步规定，可操作性不强。[①]《证券法》关于强制调解制度的规定，是对《关于在全国部分地区开展证券期货纠纷多元化解机制试点工作的通知》的进一步确认与发展，对于资本市场解纷效率的提升、解纷成本的降低，尤其是普通投资者的维权保障，优势显著。

2020年7月30日，最高人民法院印发《关于证券纠纷代表人诉讼若干问题的规定》，进一步细化完善证券纠纷代表人诉讼制度，并提出充分发挥多元解纷机制的功能，引导和鼓励当事人通过调解等非诉讼方式解决证券纠纷，法院审理过程也应当注重调解。鉴于代表人诉讼中调解协议的内容不一定符合全体原告意志，《关于证券纠纷代表人诉讼若干问题的规定》就调解书的出具作出了特殊规定，主要包括以下内容：(1)代表人与被告达成调解协议草案的，代表人应当向法院提交制作调解书的申请及调解协议草案，其中申请书应当列明草案对原告的有利因素和不利因素；(2)法院经初步审查，认为调解协议草案不存在违法、违背公序良俗以及损害他人合法权益等情形的，应当向全体原告发出通知，告知调解协议草案、代表人申请书、原告发表权利和提出异议的具体方式等；(3)对调解协议草案有异议的原告，有权出席听证会或提交书面说明，代表人和被告可以根据听证会情况修改调解协议草案，修改后的调解协议

① 参见沈伟、黄桥立：《论证券纠纷调解机制的优化路径——以日本证券金融商品斡旋咨询中心为镜》，载《山东科技大学学报(社会科学版)》2020年第3期。

草案亦应向全体原告通知;(4)法院应当综合考虑当事人赞成和反对意见、该案所涉法律和事实情况、调解协议草案的合法性、适当性和可行性等因素,决定是否制作调解书;(5)法院准备制作调解书的,提出异议的原告可以申请退出调解,法院制作的调解书经代表人和被告签收,对被代表的原告发生效力,申请退出原告的诉讼则继续审理。①

2021年12月,上海金融法院发布的《关于证券纠纷示范判决机制的规定》,强化了调解优先原则,规范先行调解程序、完善诉调对接流程,示范判决生效后要求平行案件当事人先行调解。同时将诉讼费用的减免标准进一步向立案前委派调解倾斜,引导当事人以非诉方式解决纠纷。

如日本在斡旋咨询中心建立之前,投资者与金融机构的纠纷主要由证券基金行业协会负责协调。行业协会与其会员的关系紧密,难免让投资者对其中立性产生怀疑。斡旋咨询中心为第三方民间行业团体,由主管行政机关指定并监督,具有中立性和权威性。调解程序的公正性与中立性很大程度取决于调解员的构成。民事调解组织虽然具有中立性,但证券金融行业专业性强,一般民事调解组织无法胜任;从业人员虽然专业知识丰富,但往往和行业关系密切、存在利益冲突,难以保持中立性。斡旋咨询中心的斡旋委员非该机构职员,亦非证券从业人员,而是享有独立地位并具有金融专业背景的律师。这在人员构成上有利于斡旋的中立性与权威性,可以增强普通投资者参与斡旋的信心。②

根据2015年印度《商事法庭法》第12A条的规定,原告在诉前调解的救济措施用尽之前不得提起诉讼,除非该诉讼包含本法下规定的任何

① 参见北京仲裁委员会/北京国际仲裁中心编:《中国商事争议解决年度观察(2021)》,中国法制出版社2021年版,第221页。

② 参见沈伟、黄桥立:《论证券纠纷调解机制的优化路径——以日本证券金融商品斡旋咨询中心为镜》,载《山东科技大学学报(社会科学版)》2020年第3期。

紧急临时救济。此条规定了在提交商业诉讼之前的强制性调解，可以促进调解和减轻印度法院负担，并确保争议当事方在法院提起诉讼之前真正解决问题。在德里高等法院宣判的 Turning Point *v.* Turning Point Institute Private Ltd. [251(2018)DLT 563]的判决中，裁判庭法官表示其认为上诉人和被上诉人本应合理通过调解来协商解决他们之间的分歧并允许分歧共存。裁判庭的这一具体观点清楚地表明，调解作为一种成功的争议解决方法的重要性日益提高。

第三节　我国在线纠纷调解的探索与实践

人工智能的兴起使“互联网＋调解”成为大势所趋，ADR 向在线化 ODR 转变。2021 年，最高人民法院发布《人民法院在线诉讼规则》和《人民法院在线调解规则》，与《民事诉讼法》一起搭建了在线诉讼和在线调解的框架体系，对促进在线纠纷解决机制改革具有里程碑意义。

一、商事纠纷的在线调解

在线调解具有制度基础，其是建构我国多元化纠纷解决机制必不可少的一种制度创新形式。最高人民法院《关于人民法院进一步深化多元化纠纷解决机制改革的意见》（法发〔2016〕14 号）中明确提出：“根据‘互联网＋’战略要求，推广现代信息技术在多元化纠纷解决机制中的运用。推动建立在线调解、在线立案、在线司法确认、在线审判、电子督促程序、电子送达等为一体的信息平台，实现纠纷解决的案件预判、信息共享、资源整合、数据分析等功能，促进多元化纠纷解决机制的信息化发展。”在线调解符合“人民调解是人民自我管理的自治性机构，而不是国家机器，它的工作是调解而不是强制执行，其权威源于调解的合法性和公平性以及争执者的合议”的论述,具有广阔的应用前景。[①]

互联网时代,传统审判流程从线下转移到线上,数据信息从纸面转移到“云”上或“链”上,立案、送达、调解、庭审、举证、质证等诉讼环节发生深刻变化,由此建立的与互联网时代相适应的审判模式、在线诉讼程序和实体裁判规则等,有机构成了互联网司法。[②] 现有的互联网法院如杭州互联网法院、北京互联网法院和广州互联网法院及各地法院的在线平台,重点多落脚于诉讼审判流程在线化,并未对多元化纠纷解决中的诉调对接在线上平台中的作用给予重视。建立健全“线上调解 + 司法确认”模式对于完整的在线诉讼体系来说是必不可少的。

近年来,人民法院全面建设一站式多元解纷和诉讼服务体系,陆续与中央台办、全国总工会、中国侨联、全国工商联、国家发改委、人社部、人民银行、银保监会、中国证监会、国家知识产权局及中小企业协会建立“总对总”在线诉调对接机制,全面推广应用人民法院调解平台。2021年12月30日,最高人民法院发布《人民法院在线调解规则》,自2022年1月1日起施行。这是继《人民法院在线诉讼规则》后,最高人民法院出台的又一个具有标志意义的司法解释,对于完善具有鲜明中国特色、实践特色、时代特色的纠纷解决制度体系,构建中国特色、世界领先互联网司法新模式,实现更高水平的数字正义,具有里程碑意义。《人民法院在线调解规则》从司法解释层面对在线调解适用范围、人民法院在线调解内涵、在线调解组织和人员、在线调解程序、在线调解行为规范等作出规定,为全国法院深入推进一站式多元纠纷解决工作提供制度保障。该规则明确了在线调解框架体系,丰富了人民法院调解形式,填补了在线调解程序空白,创新完善了互联网时代人民群众参与司法的制度机制,拓

① 参见钱大军:《组织与权威:人民调解的兴衰、重振和未来发展逻辑》,载《法制与社会发展》2022年第2期。

② 参见李少平:《最高法院副院长谈互联网法院五大发展趋势》,载北京互联网法院网2020年8月16日,http://www.chinatrial.net.cn/news/28264.html。

展了调解资源共享的广度深度，是人民法院贯彻落实习近平法治思想的生动实践。[①]

在线诉讼平台嵌入诉调对接板块，在当事人在线提交相关电子立案材料后，符合立案条件的，根据当事人的意愿，在线导入诉调对接功能，由当事人自主选择调解员或调解组织，当事人选定调解员后，平台短信通知调解员及时登录平台开展在线调解。线上诉调对接版块，协调、调动集结各方力量，通过推行调解前置化解各类矛盾纠纷，以多元促调解，优化智能服务，能提升调解的体验感和成功率，打破调解的时空限制，提升诉讼效率。

目前，调解平台已经与中国证监会全国证券期货纠纷在线调解平台、全国工商联商会调解服务平台、中国人民银行中国金融消费纠纷调解网等实现互联融通、业务协同、数据共享，正在与人力资源和社会保障部劳动人事争议在线调解服务平台进行系统对接，并与在线服务、律师服务、委托鉴定等其他对外服务平台打通。在线调解覆盖婚姻家庭、劳动争议、道路交通、证券期货、银行保险、金融消费、价格争议、商事企业等纠纷领域。

二、融合 ADR 和 ODR 纠纷解决路径的中国特色在线多元纠纷解决模式

经过近几年发展，人民法院在线调解应用场景更加广泛，参与调解的社会力量不断壮大，在线调解数量大幅增加，调解纠纷类型更加丰富，诉调对接模式不断创新，在线调解工作逐渐成熟，呈现出不同于传统线下调解新的特点和运行要求。[②] 人民法院依托调解平台，将法院履行定

① 参见钱晓晨、刘雪梅、徐德芳：《〈人民法院在线调解规则〉理解与适用》，载《人民司法》2022年第10期。

② 参见钱晓晨、刘雪梅、徐德芳：《〈人民法院在线调解规则〉理解与适用》，载《人民司法》2022年第10期。

分止争职能与坚持和发展新时代“枫桥经验”统一起来，将司法调解与信息化技术、社会化参与结合起来，形成融合 ADR 和 ODR 纠纷解决路径的中国特色在线多元纠纷解决模式。

考虑到商事调解与普通民事调解存在一定的场景差异，针对企业间的商事纠纷的特点，如主体多为企业而非个人，一般为多人决策而非个人决策、情绪化因素相对较少等，完善整体产品功能和流程，优化线上体验，是提高商事调解数量、商事调解成功率的强大推手。[①]

尤其是在证券领域，随着资本市场的发展，证券期货纠纷呈现多发性、群体性、专业性等特点，如何运用多元化纠纷解决机制以及科技手段，将纠纷消弭于初始阶段，是完善资本市场法治建设的一项重要内容。2021 年 8 月初，最高人民法院与中国证监会联合建立的“总对总”证券期货纠纷在线诉调对接机制，明确提出为证券期货纠纷当事人提供多元调解、司法确认、登记立案等一站式、全流程在线解纷服务。随着注册制的全面推行，证券市场虚假陈述、内幕交易、操纵市场等证券欺诈民事责任纠纷也不断增多。中国证监会不断探索建立健全适应注册制改革的投资者保护基础制度体系，切实增强投资者的获得感和安全感。尽管司法裁判是化解纠纷的最后一道防线，但通过对接机制，有助于实现“示范裁判 + 专业调解”或者“代表人诉讼 + 专业调解”的推行，优化调解机制和示范诉讼、代表人诉讼等群体诉讼机制的有效衔接，助力提高纠纷化解的质效。[②]

中国证监会已批准投服中心成立资本市场唯一跨区域、跨市场的全国性调解公益机构——中证资本市场法律服务中心。在最高人民法院立案庭、民二庭和中国证监会投资者保护局统筹指导下，中证中小投资

---

① 参见白涛：《打造首都商事调解新格局》，载《北京观察》2023 年第 4 期。

② 参见杨毅：《“总对总”在线调解机制助力证券期货纠纷高效化解及时专业又不失柔性》，载中国金融信息网 2021 年 12 月 29 日，https://www.financialnews.com.cn/zq/202112/t20211229_236401.html。

者服务中心和上海金融法院率先运用在线诉调对接机制,成功化解某上市公司虚假陈述引起的群体性纠纷,成为该机制建立后最先实施并成功的案例。浙江也通过在线调解平台成功解决了一批群体性证券纠纷,这是全国第一例通过法院调解平台和中国投资者网在线调解平台的“总对总”线上诉调对接机制解决的证券纠纷。

参考文献

一、中文期刊

1. 祁壮:《国际商事调解发展的新趋势与我国的应对》,载《江西社会科学》2023 年第 2 期。

2. 刘晓红:《论我国民商事纠纷多元化解决机制的现代化》,载《东方法学》2023 年第 2 期。

3. 李磊明:《商事调解:打造粤港澳大湾区争议解决的"深圳样本"》,载《特区实践与理论》2023 年第 1 期。

4. 成阳:《管辖与执行:多元解纷体系中商事调解制度疑难问题研究》,载《上海法学研究》2022 年第 17 卷。

5. 王刚:《论非诉讼纠纷解决机制嵌入国家社会治理之基本途径——以青藏地区现实运作为切入点》,载《青海民族研究》2022 年第 1 期。

6. 肖滨、戴少斌:《判决抑或调解——基层法官行为选择的政治学分析》,载《吉林大学社会科学学报》2022 年第 5 期。

7. 钱大军:《组织与权威:人民调解的兴衰、重振和未来发展逻辑》,载《法制与社会发展》2022 年第 2 期。

8. 湖南省司法厅:《行政调解机制研究——以湖南

省行政调解工作为例》,载《人民调解》2022 年第 12 期。

9. 张超、杜玉华:《司法调解的正当化基础、体系矛盾与改革》,载《东华大学学报(社会科学版)》2021 年第 4 期。

10. 张卫平、李浩、陈卫东、陈瑞华、左卫民、熊秋红、章志远:《关于"案多人少"的形成和破解有关问题讨论》,载《民主与法制周刊》2022 年第 13 期。

11. 刘沁予:《〈新加坡调解公约〉签署后我国商事调解员的任职资格》,载《商事仲裁与调解》2022 年第 3 期。

12. 熊浩:《语境论视野下的〈新加坡调解公约〉与中国商事调解立法:以调解模式为中心》,载《法学家》2022 年第 6 期。

13. 王宇石:《我国自由贸易试验区商事调解制度的优化与创新——以〈新加坡公约〉为背景》,载《求索》2022 年第 5 期。

14. 司艳丽:《粤港澳大湾区法律规则衔接疑难问题研究——以多元化纠纷解决机制为切入点》,载《中国法律评论》2022 年第 1 期。

15. 杨安琪、杨署东:《我国商事调解机制与〈新加坡调解公约〉对接的现实困境及其破解路径》,载《河南财经政法大学学报》2022 年第 2 期。

16. 肖成华:《构建专业化综合性金融消费者投诉处理机制》,载《当代金融家》2021 年第 3 期。

17. 施旦娜、薛景芳:《浅析我国金融非诉纠纷解决中第三方调解的完善路径——基于上海银行业纠纷调解中心实践经验》,载《上海法学研究》2022 年第 22 卷。

18. 蔡伟:《〈新加坡调解公约〉的困境和应对》,载《清华法学》2022 年第 2 期。

19. 江保国、赵蕾、孙梦:《论粤港澳大湾区金融消费纠纷调解合作机制的构建》,载《理论月刊》2020 年第 2 期。

20. 杨荣宽:《新民事诉讼法的民商事调解司法确认》,载《中国律师》2022 年第 2 期。

21. 薛清兰:《行政诉讼调解制度必要性及问题浅析》,载《经济师》2021 年第 12 期。

22. 吴元元:《人民调解员的制度角色考》,载《中国法学》2021 年第 4 期。

23. 温先涛:《调解产业论——兼与仲裁、诉讼比较》,载《商事仲裁与调解》2021 年第 3 期。

24. 王聪:《作为诉源治理机制的行政调解:价值重塑与路径优化》,载《行政法学研究》2021 年第 5 期。

25. 宣一洲、郁玥:《法经济学视域下非诉讼纠纷解决机制市场化运行的现状检视与优化路径——以 S 市经贸商事调解中心为样本》,载《上海法学研究》2021 年第 15 卷。

26. 孙南翔:《〈新加坡调解公约〉在中国的批准与实施》,载《法学研究》2021 年第 2 期。

27. 邓伟强:《粤港澳大湾区诉讼外调解制度的发展与对策分析》,载《岭南学刊》2021 年第 1 期。

28. 郭高峰:《商事调解员公正性与当事人自决权的冲突之解决——基于语境伦理学视角的探讨》,载《河南财经政法大学学报》2021 年第 4 期。

29. 王源泉:《国际实践视野下商事调解员的素质及个人调解的作用》,载《商事仲裁与调解》2021 年第 4 期。

30. 蔡伟:《从〈新加坡调解公约〉看我国商事调解的改革》,载《安徽大学学报(哲学社会科学版)》2021 年第 2 期。

31. 房昕:《〈新加坡调解公约〉背景下我国商事调解协议执行力问题研究》,载《商事仲裁与调解》2021 年第 5 期。

32. 孙志煜、沈旦:《浅议"一带一路"背景下国际商事和解协议的强制执行效力》,载《法治论坛》2021 年第 2 期。

33. 许金鑫:《司法确认程序可执行内容要素式审查标准的建立——以527份涉农案件司法确认裁定书为视角》,载《山东法官培训学院学报》2021年第4期。

34. 袁沙:《完善粤港澳大湾区商事调解制度的建议》,载《经济师》2021年第8期。

35. 周建华:《商事调解立法体系的递进式构建研究》,载《北京理工大学学报(社会科学版)》2022年第5期。

36. 祈崇捷、楼贝贝、管莨茗:《执行治理体系和能力现代化的范式研究——基于自动履行正向激励机制的建立切入》,载《中国信用》2021年第5期。

37. 朱明:《调解协议司法确认程序中多元纠纷解决机制的应用路径》,载《法制博览》2021年第33期。

38. 窦念长:《探索运用人民调解方式 化解商业银行金融纠纷》,载《人民调解》2021年第9期。

39. 周轩千:《长三角:共建金融消费纠纷调解组织合作机制》,载《金融时报》2021年12月24日,第5版。

40. 吴弘:《金融消费者保护应是〈商业银行法〉修订重点》,载《中国银行业》2021年第2期。

41. 宋连斌、胥燕然:《我国商事调解协议的执行力问题研究——以〈新加坡公约〉生效为背景》,载《西北大学学报(哲学社会科学版)》2021年第1期。

42. 沈伟、沈平生:《我国证券纠纷调解机制的完善和金融申诉专员制度合理要素的借鉴》,载《西南金融》2020年第5期。

43. 吴元元:《认真对待社会规范——法律社会学的功能分析视角》,载《法学》2020年第8期。

44. 董新义、王馨梓:《新〈证券法〉证券纠纷调解的保障机制建设——以域外经验为借鉴》,载《银行家》2020年第2期。

45. 刘峥、金晓丹、马骁：《2018—2019 年度司法体制综合配套改革专项调研课题观点综述》，载《人民司法》2020 年第 7 期。

46. 黄忠顺：《论商事调解的市场化》，载《人大法律评论》2020 年第 1 期。

47. 范愉：《商事调解的过去、现在和未来》，载《商事仲裁与调解》2020 年第 1 期。

48. 穆子砺：《鉴往知来，砥砺前行——回顾中国贸促会、中国国际商会调解中心发展历程展望中国商事调解发展前景（下）》，载《商事仲裁与调解》2020 年第 3 期。

49. 赵泽慧：《〈新加坡调解公约〉的衔接困境与突围——从调解协议效力的冲突切入》，载《商事仲裁与调解》2020 年第 4 期。

50. 包康赟：《〈新加坡调解公约〉的"后发优势"与中国立场》，载《武大国际法评论》2020 年第 6 期。

51. 上海银保监局：《创新深化银行业纠纷多元化解机制建设——基于上海银行业纠纷调解中心的实践》，载《中国银行业》2020 年 Z1 期。

52. 沈伟、黄桥立：《论证券纠纷调解机制的优化路径——以日本证券金融商品斡旋咨询中心为镜》，载《山东科技大学学报（社会科学版）》2020 年第 3 期。

53. ［德］彼得·哥特瓦尔德、曹志勋：《德国调解制度的新发展》，载《经贸法律评论》2020 年第 3 期。

54. 黄一文、王婕：《新加坡商事调解制度的发展及其启示》，载《商事仲裁与调解》2020 年第 3 期。

55. 赵蕾、于恺、蔡绿茵：《大湾区金融纠纷一体化解决机制建构》，载《商事仲裁与调解》2020 年第 4 期。

56. 宋锡祥、张贻博：《论粤港澳大湾区多元纠纷解决机制的构建》，载《上海大学学报（社会科学版）》2020 年第 2 期。

57. 温先涛：《〈新加坡公约〉与中国商事调解——与〈纽约公约〉〈选

择法院协议公约〉相比较》,载《中国法律评论》2019 年第 1 期。

58. 齐树洁:《保加利亚调解制度》,载《人民调解》2019 年第 8 期。

59. 齐树洁:《德国调解制度》,载《人民调解》2019 年第 1 期。

60. 柴永旺:《德国的法官调解制度:历史、实践与反思——以劳动法院不作本案判决的法官调解制度切入》,载《中德法学论坛》2019 年第 2 期。

61. 唐琼琼:《〈新加坡调解公约〉背景下我国商事调解制度的完善》,载《上海大学学报(社会科学版)》2019 年第 4 期。

62. 彭瑞驷、沈伟:《试论金融纠纷解决机制的优化——借鉴香港金融纠纷解决机制的研究》,载《上海经济研究》2018 年第 12 期。

63. 齐树洁:《英国调解制度》,载《人民调解》2018 年第 12 期。

64. 欧秋钢:《美国如何运用 ADR 机制化解社会矛盾》,载《人民调解》2018 年第 10 期。

65. 胡军辉、赵毅宇:《论仲调结合在“一带一路”商事纠纷解决中的运用》,载《南华大学学报(社会科学版)》2018 年第 4 期。

66. 廖永安、陈海涛:《构建调解前置程序的路径选择》,载《石河子大学学报(哲学社会科学版)》2018 年第 4 期。

67. 陈柳波:《首宗涉港案件中立第三方评估案例体现的制度创新和意义——多元化纠纷解决机制和香港法查明机制交叉创新的探索》,载《法律适用(司法案例)》2018 年第 4 期。

68. 陈亢睿:《我国调解前置程序的构建》,载《法治论坛》2018 年第 3 期。

69. 龙飞:《多元化纠纷解决机制立法的定位与路径思考——以四个地方条例的比较为视角》,载《华东政法大学学报》2018 年第 3 期。

70. 齐树洁:《葡萄牙调解制度》,载《人民调解》2018 年第 1 期。

71. 范愉:《当代世界多元化纠纷解决机制的发展与启示》,载《中国应用法学》2017 年第 3 期。

72. 王亚明:《中美调解机制比较再探》,载《海峡法学》2016 年第 3 期。

73. 郑金玉:《调审分合的尺度把握与模式选择——兼论〈民事诉讼法〉修正后诉讼调解制度的演进方向》,载《河南大学学报(社会科学版)》2015 年第 1 期。

74. 许林波:《奥地利调解制度的发展与改革》,载《东南司法评论》2014 年第 00 期。

75. 范愉:《当代世界多元化纠纷解决机制的发展与启示》,载《中国应用法学》2017 年第 3 期。

76. 金惠亮:《香港地区调解制度简述》,载《法制博览(中旬刊)》2014 年第 1 期。

77. 范愉:《中国非诉讼程序法的理念、特点和发展前景》,载《河北学刊》2013 年第 5 期。

78. 李政:《ADR 视野下私人调解的程序和效力——以美国 JAMS 公司为例》,载《法学杂志》2009 年第 11 期。

79. 王春燕:《Mini-Trial(微型审判程序)在我国适用的意义》,载《山东纺织经济》2007 年第 4 期。

80. 高晓力:《加拿大替代性纠纷解决方式与法院调解》,载《法律适用》2003 年第 Z1 期。

81. 李广辉:《试论澳大利亚民商事纠纷的解决机制》,载《河南省政法管理干部学院学报》2000 年第 2 期。

二、中文著作

1. 北京仲裁委员会/北京国际仲裁中心编、费宁、赵芳、陈菁菁:《中国商事争议解决年度观察(2022)》,中国法制出版社 2022 年版。

2. 北京仲裁委员会/北京国际仲裁中心编、朱华芳、顾嘉、郭佑宁:《中国商事争议解决年度观察(2021)》,中国法制出版社 2021 年版。

3. 北京仲裁委员会/北京国际仲裁中心编、朱华芳、顾嘉、郭佑宁:《中国商事争议解决年度观察(2020)》,中国法制出版社2020年版。

4. 范愉:《非诉讼程序(ADR)教程》,中国人民大学出版社2020年版。

5. 廖永安、覃斌武主编:《调解实训教程》,中国人民大学出版社2019年版。

6. 徐昕主编:《调解:中国与世界》,中国政法大学出版社2013年版。

7. 蒋惠岭主编、最高人民法院司法改革领导小组办公室编:《域外ADR:制度·规则·技能》,中国法制出版社2012年版。

8. [澳]娜嘉·亚历山大主编:《全球调解趋势》,王福华等译,中国法制出版社2011年版。

9. 邱星美、王秋兰:《调解法学》,厦门大学出版社2010年版。

10. 范愉主编:《多元化纠纷解决机制》,厦门大学出版社2005年版。

11. [美]斯蒂芬·B. 戈尔德堡、弗兰克·E. A. 桑德、南茜·H. 罗杰斯等:《纠纷解决——谈判、调解和其他机制》,蔡彦敏等译,中国政法大学出版社2004年版。

三、中文报纸

1. 湖北省工商联:《在基层协商治理中更好发挥商会人民调解作用》,载《中华工商时报》2022年8月25日,第3版。

2. 仇兆燕:《全国人大代表刘峰:制定金融纠纷调解条例》,载《中国银行保险报》2022年3月9日,第1版。

3. 周轩千:《长三角:共建金融消费纠纷调解组织合作机制》,载《金融时报》2021年12月24日,第5版。

4. 赵丹:《探索调解员专业队伍建设 完善商事争议解决体系》,载《深圳特区报》2021年10月19日,第A12版。

5. 王涛:《英国强制调解制度的变迁》,载《人民法院报》2021年7月

23 日,第 8 版。

6. 刘晓红:《〈新加坡公约〉背景下的商事调解制度构建》,载《法治日报》2021 年 5 月 25 日,第 10 版。

7. 白春辉:《调解市场化应处理好“三对关系”》,载《人民法院报》2021 年 4 月 8 日,第 8 版。

8. 廖永安、江和平:《构建中国特色多元化纠纷解决机制》,载《人民法院报》2021 年 4 月 6 日,第 2 版。

9. 董凡超、章宁旦:《一站式调解助三地快速化解纠纷》,载《法治日报》2021 年 1 月 12 日,第 3 版。

10. 赵青:《广东 90 名首批粤港澳大湾区跨境商事纠纷特邀调解员正式上任》,载《南方都市报》2020 年 12 月 25 日。

11. 洪泉寿、施威:《德国商会调解制度的特点》,载《人民法院报》2020 年 2 月 28 日,第 8 版。

12. 李少平:《努力构建具有中国特色的多元化纠纷解决体系》,载《人民法院报》2016 年 7 月 6 日,第 5 版。

13. 龙飞:《新加坡 ADR 制度的发展及启示》,载《人民法院报》2013 年 8 月 16 日,第 8 版。

14. 廖永安、江和平:《构建中国特色多元化纠纷解决机制》,载《人民法院报》2021 年 4 月 6 日,第 2 版。

四、外文文献

1. Dorcas Quek Anderson, *The Evolving Concept of Access to Justice in Singapore's Mediation Movement*, 16 International Journal of Law in Context 128 (2020).

2. EuniceCHUA, *The Singapore Convention on Mediation—A Brighter Future for Asian Dispute Resolution*, 9 Asian Journal of International Law 202(2019).

3. Jurisdictional Reports, *Singapore*, 2018 Lawasia Journal 221 (2018).

4. Dorcas Quek Anderson, *A Coming of Age for Mediation in Singapore?*, 29 Singapore Academy of Law Journal 275 (2017).

5. E. Birch, *Practical and Cultural Aspects of International Mediation*, 5 Yearbook on International Arbitration 215 (2017).

6. Michel Kallipetis, *Mediation Ethics in Europe*, 2 Dovenschmidt Quarterly 65 (2014).

7. Laura A. Kaster & Janine Dickey, *Progress on the N. J. Mediation Front*, 211 New Jersey Law Journal 794 (2013).

8. Lord Dyson, *A word on Halsey v. Milton Keynes*, 77 Arbitration 337 (2011).

9. Urska Velikonja, *Making Peace and Making Money: Economic Analysis of The Market for Mediators in Private Practice*, 72 Albany Law Review 257 (2009).

10. Lord Phillips, *Alternative Dispute Resolution: An English Viewpoint*, 74 Arbitration: The International Journal of Arbitration, Mediation and Dispute Management 406 (2008).

11. Anthony Clarke, *The Future of Civil Mediation*, 74 Arbitration: The International Journal of Arbitration, Mediation and Dispute Management 419 (2008).

12. Don Peters, *Can We Talk? Overcoming Barriers to Mediating Private Transborder Disputes in the Americas*, 41 Vanderbilt Journal of Transnational Law 1251 (2008).

13. Maurits Barendrecht & Berend R. de Vries, *Fitting the Forum to the Fuss with Sticky Defaults: Failure in the Market for Dispute Resolution Services?*, 7 Cardozo Journal of Conflict Resolution 83 (2005).

14. D. Ryan Nayar, *Texas ADR* 101: *Analyzing the Use of Compulsory Mediation Clauses in Commercial Contracts: Advantages, Enforceability, and Drafting Guidelines*, 40 Texas Journal of Business Law 257 (2004).

15. Ngoh-tiong Tan, *Community mediation in Singapore: Principles for community conflict resolution*, 19 Conflict Resolution Quarterly 289 (2002).

16. John Lande, *Getting the Faith: Why Business Lawyers and Executives Believe in Mediation*, 5 Harvard Negotiation Law Review 137 (2000).

17. Frank E. A. Sander, *The Future of ADR*, 1 Pepperdine Dispute Resolution Law Journal 3 (2000).

18. George W. Coombe, *Jr.*, *The Resolution of Transnational Commercial Disputes: A Perspective from North America*, 5 Annual Survey of International & Comparative Law 13 (1999).

19. Libbey, D. E., *Avoiding a Civil Action: Mandatory Summary Jury Trial in the Settlement of Products Liability Design Defect Cases in Light of the Restatement (Third) of Torts*, 15 Ohio State Journal on Dispute Resolution 285 (1999).

20. Bobby Marzine Harges, *Mediator Qualifications: The Trend Toward Professionalization*, 1997 Brigham Young University Law Review 653 (1997).

21. Woodley, A. E., *Strengthening the Summary Jury Trial: a Proposal to Increase Its Effectiveness and Encourage Uniformity in Its Use*, 12 Ohio State Journal on Dispute Resolution 541 (1997).

22. See Paul J. Spiegelman, *Certifying Mediators: Using Selection Criteria to Include the Qualified -Lessons from the San Diego Experience*, 30 University of San Francisco Law Review 677 (1996).

23. Robert M. Smith, *Saving Ourselves From Being Lawyered to*

Death, *WashingtonPost*, 24 Sept 1995, at C21.

24. Joshua D. Rosenberg & H. Jay Folberg, *Symposium on Civil Justice Reform: Alternative Dispute Resolution: An Empirical Analysis*, 46 Stanford Law Review 1497 (1994).

25. Justice William H. Erickson, *Limited Discovery In the Use of Alternative Procedures for Dispute Resolution*, 29 International Society of Barristers Quarterly 333 (1994).

26. Carl Tobias, *Executive BranchCivil Justice Reform*, 42 American University Law Review 1521 (1993).

27. Bryant Garth, *From Civil Litigation to Private Justice: Legal Practice at War With the Profession and Its Values*, 59 Brooklyn Law Review 950 (1993).

28. Peter S. Adle, *State Offices of Mediation: Thoughts on the Evolution of a National Network*, 81 Kentucky Law Journal 1013 (1993).

29. David A. Rammelt, *Inherent Power and Rule* 16: *How Far Can a Federal Court Push the Litigant Toward Settlement?*, 65 Indiana Law Journal 965 (1990).

30. Honorable Gladys Kessler & Linda J. Finkelstein, *The Evolution of a Multi-Door Courthouse*, 37 Catholic University Law Review 577 (1988).

31. Stephen B. Goldberg, etal., *ADR Problems and Prospects: Looking to the Future*, 69 Judicature 291 (1986).

32. Davis & Omlie, *Mini-Trial: the Courtroom in the Boardroom*, 21 Willamette Law Review 531 (1985).

33. Leonard L. Riskin, *Mediation and Lawyers*, 43 Ohio State Law Journal 29 (1982).

34. Roger Fisher & William Ury, *Getting to Yes*, Random House Business, 1981, p. 41 – 42.

